U0529361

2020年度黑龙江省哲学社会科学研究规划项目"我国教师教育制度变迁研究（1949—2020）"（20EDC194）研究成果

2021年度哈尔滨学院青年博士科研启动基金项目"宋代理学家道德养成思想研究（HUDF2021101）"研究成果

宋代理学家道德养成思想研究

王睿 著

中国社会科学出版社

图书在版编目（CIP）数据

宋代理学家道德养成思想研究 / 王睿著. -- 北京：中国社会科学出版社，2024.8. -- ISBN 978-7-5227-3996-0

Ⅰ.B222.05；B82-092

中国国家版本馆CIP数据核字第2024FE0580号

出 版 人	赵剑英	
策划编辑	孙　萍	
责任编辑	彭　丽　李嘉荣	
责任校对	冯英爽	
责任印制	王　超	

出　　版	中国社会科学出版社
社　　址	北京鼓楼西大街甲158号
邮　　编	100720
网　　址	http://www.csspw.cn
发 行 部	010-84083685
门 市 部	010-84029450
经　　销	新华书店及其他书店
印　　刷	北京明恒达印务有限公司
装　　订	廊坊市广阳区广增装订厂
版　　次	2024年8月第1版
印　　次	2024年8月第1次印刷
开　　本	710×1000　1/16
印　　张	17.5
插　　页	2
字　　数	252千字
定　　价	89.00元

凡购买中国社会科学出版社图书，如有质量问题请与本社营销中心联系调换
电话：010-84083683
版权所有　侵权必究

前　言

"四维不张，国乃灭亡""人而无德，行之不远"。道德对于国家生存与个人发展至关重要。道德的根基在于养成，而道德养成之难以至于中外先贤都在不断思考与实践以试图破解这一难题，也由此形成了丰富多彩的道德养成思想与实践智慧，这为我们今天的德育提供了丰富的思想资源和历史经验。

在中华民族漫长的教育发展进程中，宋代是一个至关重要的历史时期：它是继春秋战国以后中国古代教育思想发展的又一高峰，是中国教育思想与文化奔流涌动的黄金时代。其中，宋代理学家"致广大，尽精微，综罗百代"的道德养成思想是这一时代教育思想丰赡发展的成果和重要标识。对宋代理学家道德养成思想的历史回顾、意义澄清和现代价值转化，不仅可为有中国特色的德育理论的本土创生、德育实践的有效开展提供历史依据，是对新时代德育工作新要求的回应，也是全球化、多元化背景下提升教育理论话语权、坚定教育自信的必然选择。因此本书的研究具有重要的现实意义。

本书的创新在于：一是在研究视角方面，将宋代理学家道德养成思想作为一个完整的学术思想体系展开研究，注重其整体性、独特性的同时聚焦其历史意蕴和现实价值的挖掘；二是提出一种观点，即认为宋代理学家道德养成思想的实施与传播是儒家思想从书斋到民间，从思想到实践的过程，它深刻影响了中华民族的文化心理结构与民族特性；三是以古鉴今，对宋代理学家道德养成思想的生命价值进行重新评估和合理转化，为当下德育理论的完善与创新提供重要的历史参照与理论支撑，挖掘中国古代教育思想中的"立德树人"智慧，以回应新时代对教育工作提出的新要求。

本书通过历史研究、比较研究、个案研究的方法，围绕宋代理学家道德养成思想何以一反道德滑坡、势力浇漓之乱象，成功实现"尽人情之美"、风敦俗睦的同时汇聚发展成为中国古代修身立德的文化信仰这一核心问题的解决而展开。本书主要分为三个部分。

第一部分回答"宋代理学家道德养成思想是什么"的问题。通过分析"宋代理学家""道德养成"这些被广泛使用却含义不清的概念，确定道德养成的特征与内涵。采用思想史、专题史的研究框架，对周敦颐、邵雍、张载、程颢、程颐、王安石、朱熹、陆九渊、张栻、陈亮、叶适等宋代理学家道德养成思想进行分析、归纳和总结，回答了宋代理学家道德养成思想究竟是什么的问题，并从中揭示宋代理学家道德养成思想发展的阶段性特征与总体趋势。

第二部分回答"宋代理学家道德养成思想何以必要与可能"的问题。首先，从政治、经济、文化、科技等方面对宋代理学家道德养成思想的创生环境进行分析，以期描绘宋代理学家道德养成思想创生环境的宏大画卷，进而揭示宋代理学家道德养成思想产生的历史合理性。其次，分析宋代理学家道德养成思想对宋代社会的深刻影响，阐述其时代影响和历史意蕴。

第三部分回答"新时代的道德养成何以可能"问题。宋代理学家道德养成思想虽存在历史局限性，但仍然饱含立德树人智慧，为当今教育提供了重要启示：关注人生根本问题的道德养成可以很好地解决和回答现今德育针对性不强、方法陈旧刻板等问题；德育应该兼顾道德主体的内在自觉性与道德规范的外在约束性；道德养成在倡导内省修身、道德践履的同时不应排斥以道德理想为价值导向的功利追求，而应该将二者整合为一；道德养成过程中榜样的力量不容忽视；道德养成应该是"道德的实践"与"实践的道德"之统一；道德养成必须坚持民族特色与文化立场。

目 录

导 论 …………………………………………………………（1）

第一章 道德养成的学理审视 ………………………………（28）
  第一节　相关概念界定 ………………………………………（28）
    一 "理"与"理学" …………………………………………（28）
    二 宋代理学家 ………………………………………………（31）
    三 道德养成 …………………………………………………（32）
    四 道德养成思想 ……………………………………………（39）
  第二节　道德养成思想的基础与依据 ………………………（39）
    一 哲学基础：道德可教 ……………………………………（39）
    二 心理学基础：习惯可成 …………………………………（44）
    三 历史依据：思想溯源 ……………………………………（45）
  第三节　宋代理学家道德养成思想的划分依据 ……………（47）
    一 以历史的发展进程为依据 ………………………………（48）
    二 以学派主张或地域为依据 ………………………………（48）
    三 以宋代理学思想发展阶段为依据 ………………………（48）

第二章 宋代理学家道德养成思想之奠基塑型 ……………（50）
  第一节　一理二气，五行分合：周敦颐道德养成思想 ……（51）
    一 "自太极论始"的哲学基础 ……………………………（52）
    二 "顺万物化万民"的教育目的 …………………………（54）

三　以"诚"为主的教育内容 …………………………………（56）
　　四　"主静""行之"的原则方法 ……………………………（57）
　　五　"穷禅客"真儒家：周敦颐道德养成思想评价 …………（60）
第二节　以物观物，体四用三：邵雍道德养成思想 ……………（62）
　　一　以"即物穷理"为哲学基础 ……………………………（63）
　　二　"以道尽人""正人""效我"的教育目的与作用 ………（64）
　　三　以儒家典籍为主要内容 …………………………………（66）
　　四　"循理""润心""慎独尚行"的原则方法 ……………（66）
　　五　"以物观物"的"异数"：邵雍道德养成思想评价 ……（68）
第三节　民胞物与，礼以持性：张载道德养成思想 ……………（68）
　　一　以气本论与人性二元论为哲学基础 ……………………（69）
　　二　"敦本善俗""变化气质"的教育目的 …………………（71）
　　三　"民胞物与""尊礼贵德"的教育内容 …………………（72）
　　四　"养正于蒙""事中明理"的原则方法 …………………（74）
　　五　"为往圣继绝学，为万世开太平"：张载道德养成
　　　　思想评价 …………………………………………………（77）
第四节　养正于蒙，敬义兼持：二程道德养成思想 ……………（79）
　　一　"人与天地一物"的哲学基础 …………………………（80）
　　二　"醇教化""尽人情之美"的教育目标 …………………（83）
　　三　"九德""六艺"的教育内容 ……………………………（84）
　　四　"敬义兼持""习而后能安"的原则方法 ………………（86）
　　五　"德性宽宏""文理密察"：二程道德养成思想评价 …（91）
第五节　性情一也，陶冶成之：王安石道德养成思想 …………（92）
　　一　王安石道德养成思想基础 ………………………………（93）
　　二　"仁者圣之次也，智者仁之次也"的教育目标 ………（95）
　　三　"德以仁为主""德以礼为体"的教育内容 ……………（96）
　　四　"振民育德""风俗法度"的原则方法 …………………（97）

五 "经世致用""知命厉节":王安石道德养成
　　　思想评价 ………………………………………………… (99)
　本章小结 …………………………………………………………… (100)

第三章 宋代理学家道德养成思想之发展 ……………………… (102)
　第一节 去欲存理,易知易行:朱熹的道德养成思想 ……… (103)
　　一 "君子务本,本立道生"的教育目标 ………………… (103)
　　二 "尊德性,道问学"的教育内容 ……………………… (105)
　　三 "知行相须""整齐严肃"的践履举措 ………………… (108)
　　四 "去欲存理""易知易行"的思想特质 ………………… (110)
　　五 "穷理禁欲":朱熹道德养成思想评价 ………………… (113)
　第二节 明理立心,代天理物:陆九渊道德养成思想 ……… (115)
　　一 以"心即理"为哲学基础 ……………………………… (115)
　　二 "君子""存心"的教育目的 …………………………… (116)
　　三 "仁义者,仁之本心也"的教育内容 ………………… (117)
　　四 陆九渊道德养成方法体系 ……………………………… (118)
　　五 "心外无事,心外无理":陆九渊道德养成思想
　　　评价 ………………………………………………………… (121)
　第三节 其为有渐,其进有序:张栻道德养成思想 ………… (122)
　　一 "性,天下之大本也"的哲学基础 …………………… (123)
　　二 "尽仁道者圣人""传道济民"的教育目的与作用 …… (124)
　　三 "礼俗""伦纪"的教育内容 …………………………… (125)
　　四 "知行互发""其为有渐,其进有序"的原则方法 …… (126)
　　五 "只说践履而不务穷理":张栻道德养成思想评价 …… (128)
　第四节 重实际、讲实用、务实效:浙东学派道德养成
　　　思想 ………………………………………………………… (129)
　　一 兼顾内外,本末并举:吕祖谦道德养成思想 ………… (129)
　　二 复正情性,义利双行:陈亮、叶适道德养成思想 …… (136)

本章小结 …………………………………………………… (141)

第四章　宋代理学家道德养成思想的创生环境及其与社会的互动关系 …………………………………………………… (143)

第一节　宋代理学家道德养成思想的创生环境 ………………… (144)
  一　经济环境：富庶繁荣，一道德以同俗 ……………… (145)
  二　政治环境：内权集上，外权不竞 …………………… (151)
  三　文化环境：多元圆融，返之淳正 …………………… (162)
  四　科技环境：嘉惠学林，公诸同好 …………………… (173)

第二节　宋代理学家道德养成思想与社会的互动 ……………… (178)
  一　义利相辨：宋代理学家道德养成思想与经济之互动 …………………………………………………… (178)
  二　才资德帅：宋代理学家道德养成思想与政治之互动 …………………………………………………… (179)
  三　教化人伦：宋代理学家道德养成思想与文化之互动 …………………………………………………… (185)
  四　格物致知：宋代理学家道德养成思想与科技之互动 …………………………………………………… (186)

本章小结 …………………………………………………… (187)

第五章　宋代理学家道德养成思想之历史经验与现实观照 ……… (190)

第一节　宋代理学家道德养成思想的历史经验 ………………… (192)
  一　哲学基础：关注道德人格尊严，"参赞天地之化育" ………………………………………………… (192)
  二　目标定位：以内圣外王为旨归 ……………………… (194)
  三　内容选择："身心""内外""知行"与"纲常名教" …………………………………………………… (198)
  四　原则方法："躬行""事上磨炼"的实践品格 ………… (203)

五　思想传播：构建多元化、多途径的传播体系 …………（206）
　　六　文化立场：兼顾文化继承与文化互鉴 ………………（214）
第二节　宋代理学家道德养成思想的历史局限 ………………（219）
　　一　宋代理学家道德养成思想成为封建制度、封建思想
　　　　延续的有效手段 …………………………………………（219）
　　二　宋代理学家道德养成思想具有因循性与守旧性 ………（221）
　　三　宋代理学家道德养成思想在不断发展的过程中逐渐
　　　　僵化 ………………………………………………………（223）
　　四　宋代理学家的道德养成思想对认识道德与法治关系
　　　　认识的混乱 ………………………………………………（223）
第三节　宋代理学家道德养成思想的现实观照 ………………（224）
　　一　准确定位：以"立德树人"为根本任务，坚持民族
　　　　特色与文化立场 …………………………………………（226）
　　二　目标设计：关注人的全面发展，兼顾个人修养提升
　　　　与社会能力增强 …………………………………………（235）
　　三　内容选择：聚焦人生根本问题，精选道德榜样 ………（238）
　　四　原则方法：内在自觉与外在约束并举，坚守实践
　　　　品格 ………………………………………………………（241）
　　五　实施基础：充分发挥教育主体作用，为道德养成
　　　　奠定坚实基础 ……………………………………………（245）
本章小结 …………………………………………………………（246）

结　语 ……………………………………………………………（249）

参考文献 …………………………………………………………（253）

后　记 ……………………………………………………………（271）

导 论

第一节 研究缘起

"四维不张，国乃灭亡"，① 治国有礼、义、廉、耻四大纲纪，纲纪废弛，国之不存；"人而无德，行之不远"，没有良好道德品质、较高思想觉悟的指引，即使有丰富的知识、高深的学问也难成大器，因此，德行之于国大矣，"德行之于人大矣"②。本书以宋代理学家道德养成思想研究为题，主要出于以下几个方面的考量。

一 当代中国道德伦理重建之需要

当代中国正处于复杂的文化场域之中。全球化、多元化以及西方文化的长驱直入对中华民族传统文化和价值观造成巨大冲击，随着道德融合与异化的冲突不断加剧，中国道德伦理被裹挟在传统与现代、本土与外来、东方与西方、先进与落后等多重矛盾之中。在矛盾冲突不断加剧的过程中，道德伦理问题越来越受到人们的关注。

当代中国的道德伦理问题频发，主要集中在道德伦理的"失衡""失序""失调""失效"之上。道德伦理乱象的背后，固然有中国正处于社会转型时期这一特殊历史原因，却昭示当代中国社会令人无法忽视的道德伦理危机。正因如此，对中国道德伦理思想的研究受到国内学者的重视。20世纪90年代以来，"道德危机"和"道德重建"成为学界关注与探讨的话题，很多研究者在肯定我国现阶段的道德教育及其价值

---

① （唐）房玄龄注：《管子》，上海古籍出版社2015年版，第1页。
② 《晦庵先生朱文公文集》第7册，商务印书馆1929年版，第1274页。

的基础上开始关注个体道德养成及其价值。

对道德问题产生原因的分析不一而足，但是学界普遍认同以下原因。

其一，规范伦理的过度扩张。这种扩张致使道德的形式化和表面化，对外在道德规范的重视和对内在道德智性养成的轻视，最终导致教育及其对于人的行为调节的无效。其二，中国优秀传统美德的缺失、道德传统的断裂，导致中国虽然有着悠久的德育传统、饱含智慧的德育思想、丰富的德育实践活动，却仍然无法行之有效地指导当今德育发展。对中国传统价值观摒弃的同时对西方道德价值观植入的失败，使得当代中国社会形成了奇特的道德真空状态，最终导致了道德失范、道德失序与道德失衡。其三，社会主流道德的缺失，导致了个人道德、社会道德、自然道德的失落。

本书认为，目前的德育并非积重难返，其症结在于中国当代伦理道德的"失范"。所谓"失范"，在涂尔干（E. Durkheim）看来"是指一个人与社会化相反的状态……经济突然增长时，来自社会的制约出乎意料地消失了，人们的期望膨胀到无法满足的程度，生活开始变得不尽如人意，甚至使人感到生活毫无意义"[①]。而道德伦理失范可以归结为中国传统的基本价值与中心观念在现代化的要求之下如何调整与转化的问题，亦即中国伦理道德的现代化重建问题。中国道德伦理失范的表现是中国文化传统、道德传统的割裂与湮没。儒家思想一方面受到知识分子的不断攻击，另一方面在近四五十年间更因民间社会被摧毁殆尽而逃遁无地，但是人的集体记忆毕竟不容易在数十年间消失，这个集体记忆便成了儒家道德意识的最后藏身之地。应该指出的是，这一长期积累的儒家道德资源到今天也消耗得差不多了，且一直处于一个加速浪费却不曾增添新储蓄的局面。

历经唐末农民战争和五代十国的多年战乱，宋代社会道德沦丧，人

---

① 戚万学：《冲突与整合——20 世纪西方道德教育理论》，山东教育出版社 1995 年版，第 91 页。

性失落，因此伦理重建和道德养成成为宋代理学家普遍关注的问题。宋代理学家试图为社会层面的伦理道德重建和个人层面的道德养成提供学理支撑和实施策略，"为了整肃朝纲，净化社会，醇化心灵，提升人格，理学家把道德修养提到空前的高度"。①

二 宋代理学家教育思想内在价值之体现

教育学、伦理学、法学、哲学等多个领域的研究者都致力于构建现代中国的道德伦理精神，但是适合中国现代社会的伦理精神需要满足如下条件：其一，当代中国的社会道德伦理必须与当代中国经济、政治、社会发展现状相适应；其二，当代中国的道德伦理必须能够适应经济全球化的趋势；其三，当代中国的道德伦理必须处理好与中国传统价值观、中国道德传统之间的关系。因此，现代中国道德精神应该在符合现代社会经济、政治发展的现状和需要的同时，兼顾中华民族精神内核与现代全球化发展的趋势。换言之，想要构筑具有现代中国特色的现代民族精神与道德，必须处理好道德的时代适切性问题、道德的"古今""新旧"问题。宋代理学家的道德养成思想在其产生与不断发展的很长一段历史时期内，很好地处理了这些问题。

（一）宋代理学家道德养成思想的时代适切性

从社会经济、政治等方面来看，宋朝立国于长期动乱之中，社会问题尖锐，但是宋代社会却以其良好的社会治理和道德建设成就了中国教育和文化的高峰。在宋之前已经有多个王朝在短时间内覆灭，如何避免重蹈覆辙成为宋朝统治者必须思考的问题；此外，宋朝以兵变建国，如何防止他人效法而动摇统治根本？宋朝建国没有经过大规模的起义与战争，没有以革命的形式荡涤社会问题的过程，如日趋严重的土地兼并、不断激化的阶级矛盾等，如何实现社会的长治久安？宋朝建国只实现了局部统一，周围少数民族政权环伺，矛盾重重，如何处理内忧外患？

---

① 刘平：《一部理学研究的创新之作——评陈谷嘉教授的〈宋代理学伦理思想研究〉》，《伦理学研究》2007年第3期。

事实上，尽管宋代面临着空前尖锐的民族危机与阶级矛盾，但全国范围的、大规模的农民起义却很少出现，这在中国封建社会史上是罕见的，这也从一个侧面反映了两宋的道德建设、文化建设之功。宋代的教育、文化就在这样一个社会政治基础之上走向中国封建社会发展的高峰。宋代理学家的道德养成思想及其实践，在宋代变动不居的社会结构调整中，扮演了极其重要的角色。宋代以其高度发展的文化和教育被西方学者认为是中国的文艺复兴时期，是中国思想和宗教奔流的黄金时代，宋代理学家道德养成思想在宋代社会的进步与文化的发展过程中扮演了极其重要的角色。

从教育思想发展、教育理论进步角度来看，宋代理学家道德养成思想产生和发展的理论背景与当今社会有着诸多相似之处。魏晋南北朝至唐五代，处于绝对优势地位的儒家学说遭受前所未有的挑战：道家本体论思维发达，佛学心性论深入，释道两家的思想成为儒学发展的劲敌。在多元文化的争鸣背景之下，宋代理学家在古典儒学的基础之上，博取释道之长，在新的历史条件下发展成为新的理论样态，成为兼具意识形态、人伦道德学说与严格学术体系的"新儒学"。宋代理学家道德养成思想与此共生，同向发展为宋以后中国古代占有绝对主导地位的道德言说，成为中华民族重要的道德信仰来源。同样，我国当前正处于社会转型阶段，深刻的社会变革、复杂的国际社会环境使得我国的道德和信仰遭受多重挑战。多元文化的碰撞交融导致思想、政治、教育、信仰发生了现代转向，这一转向不可避免地带来道德方面的问题，并使我国的德育面临诸多困境。正视这些困境，寻求超越的途径仰赖于道德养成作用的充分发挥。

（二）宋代理学家道德养成思想对道德教育"古今""新旧"问题的观照

宋代理学又被称为"新儒学"，而"新"字很好地揭示了宋代理学家处理道德教育过程中对"古今""新旧"问题的思考。先秦时期开放的、极具学术活力和生命力的儒家学说发展至汉代逐渐成为封闭的、不可拟议的意识形态学说,在隋唐魏晋至唐末五代又受到佛老学说的严重冲击,如何在宋代强敌环伺的外交背景下、唐末五代十国战乱的废墟之上建立有利于社会教化、并治身心的道德养成思想?

据此,宋代理学家们通过对道德养成的不断思索与理论构建,实现了儒家人伦道德学说的回归,在承继先秦儒家思想学说的基础之上凸显儒家学说的以伦理为本位的特色,开创了儒学由汉代官方意识形态转向意识形态文化和理念形态文化兼具的新阶段。可以说,这正是宋代理学家观照古今之成果。

宋代理学家们前承先秦创始儒家的理论渊源,致力于探究儒学的哲学基础的同时重视对义理的"自家体贴",关注人与人性的应然实然,他们的教育思想成为中国传统道德乃至中华文明的核心因素。此外,无论是宋代理学家们思想形成的社会历史背景还是其思想中蕴含的丰富养成教育思想精华,都对当今教育的发展有着重要的启示意义。

宋代理学之"新"在于新的儒学发展阶段,新的学术研究转向,新的历史时段中对先秦儒学的复归以及新的学术融合与分流。而宋代理学之新最具有标志意义的是,它实现了儒家人伦道德学说的回归,凸显了以伦理为本位的儒学特色,开创了一个由汉代单一的官方意识形态(即统治思想)转向意识形态文化和理念形态文化双重起效的新阶段,恢复和再现了儒学作为理念形态文化和学理性儒学的魅力。宋代理学的兴起和对儒学的新构建,给儒学的发展注入了生机与活力,解决了儒学发展的危机。

三 中华传统文化弘扬之诉求

(一)以传统道德文化为代表的中国传统文化并非"现代性的原罪"

辛亥革命以来,伴随着社会的急剧变化,包括宋代理学家道德养成思想在内的中国传统道德文化迅速走向没落。伴随着百年来激荡不止的社会变革,中国传统道德文化遭受的批判从未停止,从"五四"洋溢浪漫激情的伦理革命到"文化大革命"充满怪诞的政治批判，宋代理学家道德养成思想被扣上"以理杀人"①的帽子，"存天理，灭人欲""饿死事小，失节事大"被看作是宋代理学家道德养成思想的唯二代表被不断批判，以其为代表的中国传统道德文化亦被看作是中国文化现代转化进程中的原罪，欲去之而后快。

这种欲去之而后快的心境固然有抵御外侮、强国利民之思考，使得中国近现代伦理道德转型以告别传统的道德中国为标识，却给中华传统文化带来了不可避免的伤害，"这是一次艰难而痛苦的告别，而且很可能还是一次无法'彻底决裂'的、代价沉重的和仅仅具有'皮洛士（PYRRHUS）式'胜利光环的告别。……因为我们绝大部分现代化革命的先驱者们相信，道德文化乃是中国传统文化和文明根植最深、封冻最久的顽症所在，惟其深厚，才使得它兀然成为中国实现现代化最后的障碍"②。但是，这种对中国传统道德文化的否定与颠覆，产生了中国文化发展过程中难以承担之后果，带来了破坏性的影响，"道德文化传统被迫成为中国现代性的原罪文化，以儒家道德谱系为主线的传统道德因之成为了一种负罪的传统文化遗产，一种中国现代性的原罪负担，甚至于成为人们解释中国社会现代化运动屡遭挫折和失败的主要文化借口或历史托辞"③。中国近代以来文化转型过程中的艰难和痛苦源于抹杀、蔑视文化根源后的"被迫性"的现代性孤独和漂泊。

（二）中国优秀教育传统具有历久弥新的价值

中国优秀的教育传统饱含德育资源，包括宋代理学家道德养成思想在内的中国传统教育文化有着极强的现代价值，这一点已经被我们越来越清醒地认知到。2013年2月，习近平总书记在主持中共中央政治局第四次集体学习时，强调要坚持依法治国和以德治国相结合，把法治建

---

① （清）戴震著，何文先整理：《孟子字义疏证》（上），上海古籍出版社2018年版，第275页。
② 万俊人：《三维架构中"中国道德知识"——二十一世纪中国道德文化建设前景展望》，《开放时代》2001年第7期。
③ 万俊人：《三维架构中"中国道德知识"——二十一世纪中国道德文化建设前景展望》，《开放时代》2001年第7期。

设和道德建设紧密结合起来，把他律和自律紧密结合起来，做到法治和德治相辅相成、相互促进。2013年8月，在全国宣传思想工作会议上，习近平总书记提出"四个讲清楚"的民族文化根基论述，强调中华文化积淀着中华民族最深沉的精神追求，是我们最深厚的文化软实力。2014年2月，在中共中央政治局第十三次集体学习时，习近平总书记重申抛弃传统、丢掉根本，就等于割断了自己的精神命脉，培育和弘扬社会主义核心价值观必须立足中华优秀传统文化，要认真汲取中华优秀传统文化的思想精华和道德精髓，对历史文化特别是先人传承下来的价值理念和道德规范，要古为今用、推陈出新；同年10月，在中共中央政治局第十八次集体学习时，他强调古代思想文化对今人仍然具有很深刻的影响，要把长期以来我们民族形成的积极向上向善的思想文化充分继承和弘扬起来。

"在较大的历史尺度上的每一较大的文明时期，总会有一些基本的、本质的、自觉的或不自觉的文化精神特征，代表着这一时代人的基本行为方式和发展程度。"[1]"人类的思想有永久存在的性质者，当适当的时间来临时将要复活"[2]。中国优秀教育传统、文化传统为我们当前的文化选择、价值选择提供了特定的文化路向，我们今天的教育和文化就是在其影响下实践与不断发展的。因此，弘扬中华优秀传统文化，延续中华精神命脉，培养社会主义核心价值观，这些都仰赖对中华传统道德文化的深入挖掘和其时代价值的阐发。其中自然包括对中国传统道德养成思想的梳理，对中国传统道德养成思想内核的探究，对中国传统道德养成的精华进行现代转化并为现代所用的问题。

（三）道德养成文化属性的必然体现

道德养成具有文化基因，不同文化背景、不同历史时期的道德养成教育在内容、方法等方面存在不同，而这种不同不仅是文化差异的表现，更是民族文化、民族根性的彰显。在全球化、文化多元化的背景下，保

---

[1] 衣俊卿：《文化哲学十五讲》，北京大学出版社2004年版，第78页。
[2] 张君劢：《新儒家思想史》，中国人民大学出版社2006年版，第5页。

持包括道德养成思想在内的教育思想、教育理论的民族特性，是提升我国教育理论的话语权、坚定我国教育自信与文化自信的必然选择。

四　教育过程中"立德树人"之旨归

党的十八大报告指出"把立德树人作为教育的根本任务，培养德智体美全面发展的社会主义建设者和接班人"；党的十九大进一步强调"要全面贯彻党的教育方针，落实立德树人的根本任务"。2018年，中共中央总书记、国家主席习近平出席全国教育大会并发表重要讲话，提出如何才能"立德树人"，就是要在坚定理想信念上下功夫，教育引导学生树立共产主义远大理想和中国特色社会主义共同理想，增强学生的中国特色社会主义道路自信、理论自信、制度自信、文化自信，立志肩负起民族复兴的时代重任；要在爱国主义情怀上下功夫，教育引导学生培育和践行社会主义核心价值观，踏踏实实修好品德，成为有大爱大德大情怀的人；要在培养奋斗精神上下功夫，教育引导学生树立高远志向，历练敢于担当、不懈奋斗的精神，具有勇于奋斗的精神状态、乐观向上的人生态度，做到刚健有为、自强不息。

如何正确理解"立德树人"的内涵，描绘中华民族立德树人智慧，不仅关乎未来我国教育的发展趋向，而且直接影响教育过程与教育成效，每一位富有责任感的教育工作者都必须对此慎思笃行。深入理解"立德树人"的内涵，将"立德树人"深深融入教育实际的重要路径之一就是对不同历史时期"立德树人"样态内涵与方法的把握。

一种理论无论设计得多么精巧，如果它不能反映人类发展的历程或有效指导人类的实践活动，都是乏善可陈的。对宋代理学家道德养成思想的研究，其目的不仅是梳理宋代理学家道德养成思想的主要内容，或者描摹宋代理学家道德养成思想的理论体系，还在于发现宋代理学家道德养成思想中道德传统生发之规律，在本土化的语境中探寻和阐释一种能够衔接传统与现代、又具有现代适切性和中华文化特色的道德养成范式，以助力中国道德建设、文化进步与社会发展。

第二节 研究综述

一 有关道德养成的研究

"养成"思想中国自古有之,诸多古籍中都有关于"养""养成""蒙养"的论述。《易·蒙》中提及"蒙以养正,圣功也";《吕氏春秋·孟春纪第一·本生》指出"始生之者,天也;养成之者,人也";《孟子·尽心上》提及"存其心,养其性,所以事天也。天寿不贰,修身以俟之,所以立命也"。甚至许多文学作品也探讨"养成",如《种树郭橐驼传》对"养""养成"有着精辟论述,[①] 从种树引发对"养人术"规律和特征的探讨。通过对我国古代典籍中"养""养成"等概念的总结可知,中国古代认为人的"养成"与自然生物成长发育有着相似之处:人的养成需要在遵循发展规律的同时获得适宜的环境支持以及有计划、有目的的教育与引导。

"养成教育"一词最早出现于20世纪80年代末,之后逐渐成为学界关注的热点问题之一。1988年,中共中央《关于改革和加强中小学德育工作的通知》中两次提及"养成教育":"中小学教育阶段是青少年儿童长身体、长知识的时期,是对他们进行道德情操、心理品质和行为习惯养成教育的最佳时期。""德育对中小学生特别是小学生,更多的是养成教育。"[②] 1996年《中共中央关于加强社会主义精神文明建设

[①] 钟基、李先银、王身钢译注:《古文观止》(下册),中华书局2011年版,第659—660页。原文为"……能顺木之天,以致其性焉尔。凡植木之性,其本欲舒,其培欲平,其土欲故,其筑欲密。既然已,勿动勿虑,去不复顾。其莳也若子,其置也若弃,则其天者全而其性得矣。故吾不害其长而已,非有能硕茂之也;不抑耗其实而已,非有能早而蕃之也。他植者则不然,根拳而土易,其培之也,若不过焉则不及。苟有能反是者,则又爱之太恩,忧之太勤,旦视而暮抚,已去而复顾,甚者爪其肤以验其生枯,摇其本以观其疏密,而木之性日以离矣。虽曰爱之,其实害之;虽曰忧之,其实仇之,故不我若也。吾又何能为哉!"

[②] 中共中央文献研究室编:《十三大以来重要文献选编》(上),人民出版社1991年版,第362页。

若干重要问题的决议》提到"切实加强和改进思想品德课程、政治理论课程,把传授知识同陶冶情操、养成良好的行为习惯结合起来"。"综合运用教育、法律、行政、舆论等手段,规范和养成良好的行为习惯。"① 2004年中共中央、国务院印发《关于进一步加强和改进未成年人思想道德建设的若干意见》指出:"坚持知与行相统一的原则。既要重视课堂教育,更要注重实践教育、体验教育、养成教育,注重自觉实践、自主参与。""当前和今后的一个时期,加强和改进未成年人思想道德建设要坚持以人为本,教育和引导未成年人树立中国特色社会主义的理想信念和正确的世界观、人生观、价值观,养成高尚的思想品质和良好的道德情操。""既要重视课堂教育,更要注重实践教育、体验教育、养成教育,注意自觉实践。"②

(一)有关道德养成内涵的研究

"养成教育"一词从产生开始就与道德发展有着密不可分的关系,因此"道德养成"自然成为国家关注和学界研究的焦点。目前有关道德养成的研究成果数量颇多,但对养成教育的内涵阐释却莫衷一是。

其一,将道德养成等同于习惯教育或规范教育。相关研究包括:韦胜《养成教育浅析》,来永宝、蔡立雄《养成教育透析》,林英典《论青少年的养成教育》,杨雄《养成教育与青少年发展》,刘春魁《养成教育的含义、特点、功能及本质》等。持这种观点的研究者认为,道德养成是一种"在特定社会环境下,对社会群体或个体进行优良行为规范的教育"③,是"通过学校、社会、家庭等多方面、多渠道的协同教育和影响,使青少年树立正确的世界观、人生观、价值观和道德观,培养青少年良好的行为习惯,提高青少年的思想道德素质,促进青少年的身心健康发展的教育"④;"是青少年形成好习惯的训练与习得

---

① 中共中央文献研究室编:《十四大以来重要文献选编》,中央文献出版社2011年版,第143页。
② 韦胜:《养成教育浅析》,《广西社会科学》1995年第2期。
③ 韦胜:《养成教育浅析》,《广西社会科学》1995年第2期。
④ 林英典:《论青少年的养成教育》,《教育探索》2003年第1期。

之过程"①。通过有效的培养和训练,使未成年人从小养成良好的行为习惯,克服不良行为习惯是养成教育的基本内涵。

其二,将道德养成等同于德育。将道德养成等同于德育或者思想政治教育,或是传统思想政治教育的改进或补充。张帆认为道德养成是"在思想政治教育的基础上,在日常的生活、工作和学习中,通过行为训练、严格管理等多种教育手段,全面提高人的'知、情、意、行'等素质,使大学生养成良好的学习习惯、科学的思维方法、严谨的治学态度和愈挫愈奋、百折不挠的毅力和勇气"②。谭松贤认为,养成教育是指综合多种教育方法和途径,按照一定的道德规范、行为准则培养一个人的道德品质和行为习惯的教育。③ 它以社会公德、基本道德和言谈举止、待人接物及品行能力的基本规范为主要内容,以儿童和青少年为主要对象。道德养成包含道德品质和行为习惯两个方面的内容,在方法上也采用多种方法和途径,如此一来和思想政治教育的概念并无多大区分。持这种观点的研究者往往将养成教育置于思想政治教育的基础上,同时认为道德养成的内容和途径较为全面,实则将养成教育作为思想政治教育的补充。

其三,将道德养成等同于德育的手段或途径。闫玉认为道德养成是"对学生进行伦理道德教育,提高其个人修养,培养他们树立正确的人生观、世界观的重要教育方式"。④ 刘春魁认为道德养成是通过严格管理、规范行为、长期践行、外在培养与自我内化等多种教育手段,进行思想品德教育的一种重要途径。把道德养成作为德育的一种方法或途径不无道理,只是这种概括并未对养成教育存在的独特性给予说明,难以令人信服。

其四,将道德养成等同于教育。魏莉莉认为养成教育是"通过社

---

① 杨雄:《养成教育与青少年发展》,《当代青年研究》2004 年第 10 期。
② 张帆:《高师大学生养成教育若干问题的思考》,《山西大学师范学院学报》(哲学社会科学版)1997 年第 6 期。
③ 谭松贤:《养成教育初探》,《教育探索》2001 年第 6 期。
④ 闫玉:《略论养成教育的内涵及实施途径》,《长春师范学院学报》2000 年第 11 期。

会、学校、家庭等多方面的协同教育和影响,综合多种教育方法和途径,全面培养青少年认知、情感、意志、行为的综合能力,促进青少年健康发展的教育"。① 曾燕波认为,道德养成是根据一定社会或阶级的规范、培养目标及养成要求,"通过教育者的教育培养和青少年的学习修养,形成适应未来社会需要的全面素质"。② 这类研究在概念界定上注重社会、学校、家庭等多种主体和场域。在内容上,包括德、智、体、美等多方面。这种观点是一种大养成教育,把后天获得的素质都归于养成教育,失去了道德养成存在的特殊意义。

(二)有关道德养成内容、特点、功能的研究

唐凯麟等认为德行养成教育包含两方面内容:个体道德理性的启蒙教育与个体道德行为习惯的养成教育。个体价值启蒙包括教师引导下的必要的价值知识的学习,创设教育情境,提高学生的价值认识、探究、体验的能力;扩大学生的阅读空间,拓展学生的价值世界;关注道德信仰。个体道德生活习惯的养成包括加强学生对个人生活世界的体悟,引导学生面临生活中复杂多样的价值冲突时作出审慎判断,注重行为习惯的指导和训练,促进学生良好生活道德行为习惯的养成,注重学生道德行为的自我反思与评价。③ 魏莉莉认为养成教育的内涵主要包括"知""情""意""行"四个方面。"知"指养成教育包括对学生进行知识的教育与学习方式的教育;"情"指道德情感;"意"指顽强拼搏,坚忍不拔的精神和意志力;"行"则包括生存能力、适应社会的能力等实践能力。④

也有研究者对养成教育的特点进行概括。韦胜指出养成教育具有时代性、社会性和系统传递性。⑤ 刘春魁认为养成教育具有规范性(养成

---

① 魏莉莉:《从养成教育之标准看学校教育》,《当代青年研究》2004 年第 5 期。
② 曾燕波:《从养成教育看青少年的素质提升》,《当代青年研究》2004 年第 10 期。
③ 唐凯麟、刘铁芳:《价值启蒙与生活养成——开放社会中的德性养成教育》,《教育科学研究》2005 年第 2 期。
④ 魏莉莉:《从养成教育之标准看学校教育》,《当代青年研究》2004 年第 5 期。
⑤ 韦胜:《养成教育浅析》,《广西社会科学》1995 年第 1 期。

教育运用静态规范去动态规范受教育者的过程)、实践性（养成教育的过程就是以实践活动为基础展开)、长期性、形成的超前性和效益的滞后性。此外养成教育的功能包括导向功能、制约功能、认识教育功能、深加工功能、凝聚功能、激励功能、"包装"功能等。①

（三）有关道德养成机制与实施的相关研究

刘胜梅等对道德养成的作用机制进行了探讨，他们认为道德养成的机制分为：约束规范机制（依靠个人自我约束和社会外在约束来规范道德主体的行为）；教育训练机制（通过各种教育训练方式的综合作用，使社会的道德要求真正对道德主体的理想、信念、行为方式和生活规则发挥作用，并逐步内化为自身稳定的行为模式和人格特质，从而使道德主体自觉地按照合乎社会要求的道德来规范自身行为，形成稳定的习惯）；评价激励机制（包括主体的自我评价激励和客观外在的社会评价激励）；监督机制（对人们道德实践的检查监督，旨在提高道德主体的道德认知能力，磨炼道德意志，强化道德行为，凝结道德素质）。②

有关道德养成实施的相关研究。魏莉莉认为道德养成实施涉及三方面：确立养成教育的教育理念、形成养成教育模式以及养成教育实施依靠社会、学校、家庭和个人形成合力。③ 林英典认为，在养成教育的实施过程中，提高学生的道德认知水平是养成教育的基础，培养学生的自我教育能力是养成教育的核心，注重学生道德行为的实践训练是养成教育的关键。④ 杨雄认为养成教育不是"应急教育"，应该坚持生活化，养成过程应该引入行为情境，养成教育应该符合心理发展规律，养成教育的实施有赖于坚持训练和方法的培养，同时应该运用建构主义的学习理论，构建支架式、抛锚式、随机进入式等教育模式。⑤ 来永宝等认为

---

① 刘春魁：《养成教育的含义、特点、功能及本质》，《邢台学院学报》2004年第6期。
② 刘胜梅、陈延斌：《道德养成、道德内化及其对未成年公民道德建设的启示》，《南京林业大学学报》（人文社会科学版）2007年第2期。
③ 魏莉莉：《从养成教育之标准看学校教育》，《当代青年研究》2004年第5期。
④ 林英典：《论青少年的养成教育》，《教育探索》2003年第1期。
⑤ 杨雄：《养成教育与青少年发展》，《当代青年研究》2004年第10期。

养成教育的途径与方法应该包括：应用强化，即教育者给学生设定力所能及的养成目标，引导学生努力实现目标，逐步增进自我效能感，在成功的体验中产生愉悦感，进而对学生进行强化训练；内在动机激发，即学生认知内化、情绪支持、意志坚持，使习惯成为学生自主行为；氛围熏陶，养成教育是系统教育工程，需要学校、家庭、社会的协同作用；实践训练，将学生的认知变成习惯行为，关键是实践训练。

（四）有关道德养成价值的研究

现有研究成果绝大多数都对道德养成在人格形成、美德培养方面的作用进行了阐述。林英典认为道德养成对提高民族道德素质具有非常重要的意义，道德养成是德育的基础工作，需要学校、家庭、社会共同努力，并且着力遵循教育的基本规律，提高养成教育的效果，多管齐下，促进青少年良好道德品质的形成。[①] 杨雄认为，道德养成是把握未成年人成长规律的教育，对养成教育进行研究，是积极探索新的历史时期、新的历史阶段未成年人思想道德建设规律，实现青少年全面健康发展的重要途径。[②]

二 有关宋代理学家教育思想的研究

（一）有关宋代理学家教育思想内涵的研究

冯友兰认为宋代儒学对形而上学的问题，尤其是对关乎人的本性和命运的"性命之学"更感兴趣。温海明认为宋明理学强调主客一体、心物不二的认识论基调，同时宋明理学以禅宗的心佛不二观和李翱"复性论"为理论准备，经由周敦颐由"诚"贯通太极—人极、邵雍因"观物"提出的认识论问题[③]；张载、程颢由"大心"而"定性"，由"体物"与"体贴"为宋明理学的认识论提供了基本问题框架和讨论方

---

① 林英典：《论青少年的养成教育》，《教育探索》2003年第1期。
② 杨雄：《养成教育与青少年发展》，《当代青年研究》2004年第10期。
③ 温海明：《先天学之自得，后天学之无奈——朱熹易学中的先天后天问题》，《周易研究》2008年第6期。

法；程颐、朱熹由"理"而"心"，通过讨论"格物"使得宋代理学认识论达到高峰。宋代理学家的认识论存在两大中心议题与理论特色：一是由周敦颐提出"诚"为太极—人极认识论的中心，到刘宗周重"意"的"诚—意"认识论圆环；二是朱熹、陆九渊关于"格—物"的认识论圆环。

把握宋代理学家道德养成思想需要厘清对宋代理学家道德教育内涵。方东美认为，由于隋唐经学止于注疏，佛学盛行海内。五代乱后，宋儒于做人方面在建立道德人格，以挽人伦隳丧之弊；于为学方面在恢复学术正统，以求衔接先秦之儒家思想。程杰认为，宋人的人格理想建构中倾向于道德自律与品格自尊，社会伦理责任与个人自由意志，理性原则的操守与处事应物的圆通，道义精神的刚方与个人意志雅适的有机统一。这不仅源于中华文化"天人合一"，注重个人与社会，理性与感性之统一的传统精神，同时也是宋以来封建士大夫社会地位和伦理责任提高之现实反映。总结起来，宋代道德教育的内涵可以归结为以道自认，奉儒守家；安贫处约、泊然无营；理学经典，直谅诚明。[①] 施常州认为宋代理学核心的道德规范和价值体系注重内心涵养，敛情约性，崇尚不慕荣利的人生态度；倡导力学苦读，追求诚明直谅、文章德行双馨的人生目标；孜孜以求儒学的风范，不断提升个人道德修养等等，这些都是中华民族传统文化精华，为当代文化和社会主义道德建设提供了重要的实践价值与借鉴依据。[②]

(二) 有关宋代理学家教育思想传播的研究

研究宋代理学家道德教育的传播方式，有助于研究宋代理学家道德养成思想实践之成效与影响。现有文献主要观点相似，如王晓龙指出宋代理学教育传播的特点可以归纳为：传播者的主动性、自觉性强；教育

---

① 程杰：《宋诗"平淡"美的理论和实践》，《南京师大学报》（社会科学版）1995 年第 10 期。

② 施常州：《传统道德教育内涵的当代解读与传承：以宋代理学为例》，《南京师大学报》（社会科学版）2015 年第 3 期。

传播所采用的形式多样；传播内容的系统性、条理性强；教育传播活动有一定的宗教色彩，排他性强。①

（三）有关宋代理学家德育实践的研究

李霞对新安理学道德教育思想实践精神进行总结，认为宋代理学道德教育实践以弘扬儒学传统、传承程朱理学为宗旨，深具实践理性精神。宗儒崇朱却不盲从，表现出"求真""求实"的实践理性精神；对中国传统文化的轻商观念有所超越，表现出儒商结合的实践理性精神；对儒家传统的义利观有所超越，表现出义利统一的实践理性精神；关心社稷民生，表现出经世致用的实践理性精神。这种实践理性精神在现代化建设中值得我们继承和弘扬。②

张雪红对宋代教化进行研究，认为宋代教化的背景与当今社会生活极为富足的背景有相似之处。教育规模的空前扩大为教育最终发展成为独具影响力、成熟的社会事业奠定了基础。教育作为一项相对独立成熟的社会事业登上历史舞台，与政治、经济、军事、文化事业并齐而居。

孔妮妮认为宋代理学家们行道乡邑，积极参与地方事务，以理学家为中心，其亲友弟子逐渐形成了一个规模较大的居乡士人群体，在乡间道德建设中发挥重要作用，不断践行道德养成思想。对地方政府而言，理学家们是稳定地方、和谐乡里的重要力量；对基层民众而言，他们是上情下达、济贫恤困的有力力量。理学士人对儒道的践履不仅包括书院讲学、著书立说，还包括兴学广教，培养人才。具体而言，自创书院精舍以待四方学者，在书院中讲学授业，化育士众，在州县学中担任教职，砥砺一方学风。③

---

① 王晓龙：《略论宋代理学教育传播的特点》，《云南社会科学》2004 年第 2 期。
② 李霞：《论新安理学的实践理性精神》，《湖南大学学报》（社会科学版）2005 年第 3 期。
③ 孔妮妮：《居乡状态中的南宋理学士人——以朱熹为辐射中心的群体探讨》，《学术月刊》2012 年第 2 期。

三 有关宋代理学家道德养成思想的研究

笔者对相关数据库进行搜索发现，国内外有关宋代理学家道德养成思想的研究较少。现有研究或是集中于对某一宋代理学家的道德养成思想，如王睿等对朱熹道德养成思想进行的研究[①]；或是对宋代理学家教育思想、德育思想进行整体研究，其间部分涉及宋代理学家道德养成思想。

（一）有关宋代理学家道德养成思想价值的研究

马克斯·韦伯认为中国儒家传统与现代性难以兼容，中国社会要实现现代性转化，只能抛弃儒家传统，这是因为儒家传统过于追求道德理想主义，对现实社会采取服从态度，因此失去了超越现实、改造社会的机会。列文森认为儒家传统与封建君主制是紧密结合的，随着封建帝制的没落，儒家传统的存在基础已经崩塌，"当儒家传统失去了它的体制依附时，它的理论体系也难以为继。伟大的儒家传统正在没落，它即将退出历史舞台"。福山对儒家文化的前景进行了悲观的预测，认为西方的现代性已经尽善尽美，历史到这里终结了。历史的终结意味着西方的现代化是唯一合法的现代性模式（也是最完美的现代性模式），东亚地区要想发展现代性，就必须抛弃自身的文化传统（儒家文化传统），走西方的现代性道路。

中国近代许多研究者，也曾经将中国传统儒家道德、传统文化作为中国现代化之路上不得不挣脱的羁绊。清代学者戴震认为宋代理学家道德养成思想是"以理杀人"的武器，是桎梏创造精神的枷锁；胡适提出要将"这块孔丘的招牌——无论是老店，还是冒牌——不能不拿下来，捶碎，烧去"；钱玄同也曾经疾呼"欲时中国不亡……必须废孔学"。虽然这在中国特定的历史时期确实起到了推动中国近代化进程的作用，但是壮士断腕之后文化的断裂与消逝，引起了更多的道德、社会

[①] 王睿、王凌皓：《朱熹的道德养成思想研究——基于其童蒙教材与读物的分析》，《古籍整理研究学刊》2017年第6期。

与文化问题。因此,无论是否认同儒家道德、中国传统文化具有现代价值,历史都给出了明白无误的答案:任何社会和文明都无法与其历史文化根基相脱离,儒家文化、儒家道德是中华文化之根。

(二)有关宋代理学家道德养成现代启示的研究

叶飞认为现代视域下的儒家道德养成正经历着文化危机。就文化背景而言,西方文化价值观盛行之下本土的儒家文化及其价值观隐匿不见;就目标而言,儒家传统被排斥出学校德育领域,使得德育的文化使命被淡化;就内容而言,儒家典籍远离青少年的阅读视野。①

在面临现代困境之时,也有研究者认为宋代理学家道德养成思想为代表的儒家道德是东亚文明之根,只有对"根"的继承与发展,才能实现有中国特色的现代化。杜维明指出儒家传统是东亚文化之"根",东亚的地区家庭观念、集体观念没有阻碍东亚的现代性,反而使地区走出了一条和西方完全不同的现代性之路,可以称为"东亚现代性"或"儒家现代性"。②赖功欧以马克思主义中国化的视野观察新儒家,探讨了新儒家如何面对现代化的问题。他认为新儒家思想极富超越性与批判性,这种特征观照了中国现代化的现实,使得在回溯历史、构建现代制度的过程中,新儒家起到了维系中华民族的生存与发展的作用。③

宋代理学家的教育思想是中国传统文化的重要组成部分,甚至在中国宋代以后的社会中占有绝对的地位。研究宋代理学家道德养成,其要旨不仅仅在于对其思想和内涵的把握,也在于揭示其对现代中国文化精神、社会进步的启示和借鉴意义。因此,研究宋代理学家道德养成思想之关键的一环就是对宋代理学家乃至以宋代理学家思想为代表的中国儒家思想的现代性问题进行探讨。这一探讨要首先确定儒家传统(当然包括儒家道德)是否具有现代意义,如果具有现代意义,那么运用何种手

---

① 叶飞:《试析儒家德育的三种类型及其现代命运》,《教育理论与实践》2012年第1期。
② 杜维明:《儒家传统的现代转化》,中国广播电视出版社1996年版,第50页。
③ 赖功欧:《新儒家如何面对现代化》,江西人民出版社2011年版,第342页。

段、采用何种途径才能实现中国儒家道德、中国儒家传统的现代转化。

四 相关研究呈现的趋势与存在的问题

综上所述，现有关于"宋代理学家教育思想"和"养成教育"的研究成果是丰富且深入的。综合现有的宋代理学家道德养成思想相关研究可知，目前对于宋代理学家道德养成思想的研究现状特点表现为：

第一，在研究视角方面，目前还没有对宋代理学家道德养成思想的系统研究。现有研究呈现两极化分布：或集中于探讨宋代理学家的思想，或集中于阐述养成教育，间或少量研究某位宋代理学家的道德养成思想。能够以道德养成为视角对宋代理学家思想的系统研究尚未出现。

现有研究没有将宋代理学家道德养成思想作为一个完整的思想体系，去概括这一思想体系在不同的发展阶段呈现的不同特征，以及从总体上概括宋代理学家道德养成思想的创生环境及其与宋代社会的互动关系；现有研究没有对宋代理学家道德养成思想的特质进行归纳，因此也无法全面和客观地阐释宋代理学家道德养成思想的历史价值。

第二，在研究内容方面，对于宋代理学家思想的研究或集中于对宋代理学家理学思想的学理探究（包括哲学范畴、哲学思考、理气心性、遗址事迹等），或集中于总结其在学术史上的影响与地位。即使是对宋代理学家教育思想的研究，仍存在对哪些思想家是"宋代理学家"界定不清的问题。

现有的有关养成教育的研究或集中于宏观上概述养成教育的概念、意义，或从微观阐述特定对象（如职业技术学校学生、小学生等）特定内容（如学习习惯、思维方式）的养成教育，因此不能揭示养成教育的思想渊源与学理基础，也不能揭示道德养成在道德理想与道德现实、个人道德修养提升与社会道德进步之间的作用。

第三，研究范式与研究影响方面，现有研究或是从思想政治教育的角度阐述，或者从伦理学的德性养成角度来研究道德养成，进而探讨在我国当下道德建设、道德教育过程中的诸多问题及其解决策略。但是仅仅就道德论道德，或就当下问题论当下道德，都无法从根本上解决当下我国社会面临的德育问题。要打破这一僵局，应该从中国古代德育思想之中汲取智慧，为当下现实问题的解决提供历史经验与借鉴。

第四，在现实观照方面，分析阐述宋代理学家道德养成思想对宋代社会稳定之功，对儒家文化发扬之功，对中华传统文化的传承之功，于当今社会，有着极强的现实意义。关于有宋一代的社会变革，学界已经在人口、商业、土地、政治、社会流动、地域、家族等多方面取得丰硕研究成果，却极少有从宋代理学家道德养成思想的发展与传播角度去剖析其如何深刻影响宋代文化的研究。

综上，现有关于宋代理学家道德养成思想研究的不足之处为本书研究提供了空间，也为本书的创新提供了可能。

第三节　研究问题

宋代理学家道德养成思想何以一反道德滑坡、世道浇漓之乱象，成功实现"尽人情之美"、风敦俗睦的同时汇聚发展成为中国古代修身立德的文化信仰，围绕这一问题，本书将围绕三个方面展开。

一　何为宋代理学家道德养成思想

通过明确宋代理学家道德养成思想的相关概念，对"宋代理学家""道德养成""宋代理学家道德养成思想"等概念进行界定，分析道德养成的学理基础。

在这一部分的研究过程中采用思想史的研究框架，对宋代理学家道德养成思想进行系统梳理，理顺宋代理学家道德养成思想奠基塑型、发展分化的脉络。以周敦颐、邵雍、张载、程颢、程颐、王安石、朱熹、陆九渊、张栻、陈亮、叶适等宋代理学家的道德养成思想为主进行分析，进而得出宋代理学家道德养成发展的阶段性特征与总体趋势。

二 宋代理学家道德养成思想何以必要与可能

从政治、经济、文化、科学技术发展四个方面对宋代理学家道德养成思想的创生背景进行分析,揭示宋代理学家道德养成思想产生的历史合理性。分析宋代理学家道德养成思想与当时政治、经济、文化、社会等方面的互动,阐述了宋代理学家道德养成思想的时代功效和历史意蕴。

在此基础上本书继续探寻宋代理学家养成教育思想的特点、规律与现代意义。归纳宋代理学家关于道德养成的教育学说、教育思想,总结宋代理学家道德养成思想的共性特征及其对儒学回归人伦道德学说的重要意义,考察宋代理学家道德养成思想的实践智慧与成效。宋代理学家道德养成思想的价值不仅体现在回应宋代社会的发展需要和历史需求之上,更体现在宋代理学家通过躬身实践,实现道德养成的育人本质之中,这是宋代理学家道德养成思想的独特魅力。

在对宋代理学家道德养成思想梳理的基础上提炼其在哲学基础、目标设计、内容确定、方法选择等方面的特质,这些内容共同回答了宋代理学家道德养成思想何以可能。

三 新时代的道德养成何以可能

本书以关注人生根本问题的道德养成可以很好地解决和回答现今德育"空洞性"、针对性不强、方法陈旧刻板等问题,提出新时代道德养成的应然样态,提出道德养成应该兼顾道德主体的内在自觉性与法律规范外在约束性的双重功效;道德养成在倡导内省修身、道德践履的同时不应排斥道德理想为价值导向的功利追求,而应该将二者整合为一;道德养成过程中榜样的力量不容忽视;道德养成应该是"道德的实践"与"实践的道德"之统一,道德养成的实施必须坚持民族特色与文化立场。

宋代理学是一种兼具学理性、意识形态化与人伦道德化的学说,它不仅是儒学发展的一种历史样态，更是作为构建中国文化、中国人精神世界的深层结构的理论学说。宋代理学家人伦道德学说的振兴，使宋代统治者实现了"化民成俗"的社会治理愿望，更为中国传统文化、传统民族心理以及中国人文化基因的形成提供了有所依循的规律与机制。正确看待中国道德革命后的道德伦理文化传统"断裂"现象，利用传统的道德养成思想服务现代中国道德建设，建构有利于中国道德建设的道德养成理论，在理论与实践共生的导向下立德树人，创造健康的道德生命。

第四节　研究方法

一　文献研究法

本书主要运用文献研究法收集和整理有关宋代理学家教育思想、养成教育思想、德性养成思想的第一手文献，包括宋代理学家的著述，如《周敦颐集》《邵雍全集》《二程集》《王安石全集》《张载集》《朱子语类》《晦庵先生朱文公文集》《近思录》《陆九渊集》《张栻集》《吕祖谦全集》；记述宋代道德状况、教育状况以及宋代理学家行状的史籍，如《续资治通鉴长编》《三朝北盟会编》《建炎以来系年要录》《宋史》《宋元学案》《宋史纪事本末》等。此外，从大量的史料之中汲取有关宋代理学家的道德养成思想内容，以丰富翔实的史料作为研究的基础，进行更深层次的研究。

二　历史研究法

宋代理学家道德养成思想有着发展变化的脉络和理论体系，运用历史研究的方法，可以在研究过程中进行纵向的、全景的观察，梳理宋代理学家道德养成思想以及教育实践情况发展演变的历史脉络，探明宋代理学家道德养成思想的精神内核与内在实质，总结其对当今社会的历史镜鉴。

三 比较研究法

宋代理学有着派别众多、理论多样、争鸣频仍的学术特征，为了更好把握宋代理学家道德养成思想间的区别和联系，从而凝练宋代理学家道德养成思想的共性特征，就必须运用比较研究法。具体表现为对宋代理学家道德养成思想进行横向的、系统的观察与研究，以期从差别处着手，揭示宋代理学家道德养成思想的特征。

四 个案研究法

本书选择具有鲜明个人特征且影响深远的宋代理学家，分别从哲学基础、教育目标、教育内容、原则方法等角度对其道德养成思想进行剖析，从而揭示其道德养成思想的个性魅力。

第五节 研究价值

通过对宋代理学家道德养成思想的历史回顾、意义揭示、现代价值转化，能够为有中国特色的德育理论的本土创生、德育实践的有效开展提供历史依据，不仅对新时代德育工作新要求做出回应，也是全球化、多元化背景下提升中国德育理论话语权、坚定教育自信的必然选择。

一 理论价值

（一）为有中国特色的德育理论的本土创生提供历史依据

道德的根基在于养成，而道德养成之难以至于古今中外不同时代的思想家、实践者都在不断探寻这一难题的答案，此间形成了丰富多彩的思想和实践。探寻宋代理学家道德养成思想的创生环境、发展过程和内涵特质，为当今德育发展提供了丰富的思想资源和历史经验，为有中国特色的德育理论的本土创生提供了历史依据。

(二) 助益提升中国德育理论话语权，坚定教育自信

本书不仅能够清晰地呈现宋代理学家养成教育思想的发展脉络，还力图以此为基础探索我国传统教育发展的特点和优势，以及在这一过程中道德养成传统的形成与发展对现代文化的影响。这将为当今民族德行的养成与民族文化认同的形成提供理论依据。

(三) 以古鉴今，澄清中国优秀传统教育资源的现代价值

中华优秀传统文化是推动中国社会发展进步的重要源泉。宋代理学家道德养成思想是中华优秀传统文化的重要组成部分，重视教育在道德养成过程中的引领作用，坚持实践道德与道德实践的统合性原则，以成教化、助人伦为目标，养正于蒙、讲习于幼稚之时，知行相须，这对于新时代公民道德养成，弘扬和践行社会主义核心价值观具有重要的借鉴意义。

二 现实价值

(一) 为有中国特色的德育实践提供历史智慧

道德养成既有特殊性、变革性，又有普遍性、继承性。当前我国正处于保持社会稳定、建立和谐社会的历史时段，这需要我们一方面从实际的社会实践中总结经验，另一方面也要从历史传统中汲取智慧。现实中，我们一直对中国传统的道德养成思想与实践批判与否定偏多，在现代教育中不注重传统民族文化的滋养使得民族整体的人文素养和道德水平受到影响。怎样实现社会稳定有序地运行成为时代的重大课题。研究宋代理学家的养成教育思想及其实践对当前所遇到的问题具有借鉴作用。

(二) 回应新时代对教育的新要求，助益"立德树人"任务之完成

道德养成的思想与实践是教育研究的永恒话题。本书试图通过研究宋代理学家养成教育思想的内容与途径，结合对相关史料如乡约、民

俗、县志等的分析，提出对青少年道德养成的合理对策和建议，希望以此为时下思想文明与道德建设、德育开展提供有益参考，从而推动教育事业的发展，提高我国青少年道德修养水平。

第六节　研究创新与不足

一　本书的创新

（一）研究选题方面

本书以问题为导向，围绕宋代理学家道德养成思想何以一反道德滑坡、世道浇漓之乱象，成功实现"尽人情之美"、风敦俗睦的同时发展成为中国古代修身立德的文化信仰这一核心问题的解决而展开，考察宋代理学家道德养成思想的主要内容，凝练其特质，总结其历史经验与局限，以古鉴今，为有中国特色的德育理论的本土创生、德育实践的有效开展提供了历史依据，同时回应新时代对"立德树人"这一教育根本任务的新要求。

（二）研究视角方面

其一，本书是以文化发展为视角的教育史学研究，纵排横写，以"思想发展与社会文化进步"为观照点。道德养成不仅是一种教育思想，更是个体社会化和民族特色形成的重要途径，被赋予个人培养和社会改造的双重任务。因此，本书在对宋代理学家道德养成思想进行阐述和分析的同时，描摹宋代理学家道德养成思想体系对宋代及后世道德养成的影响，对中华民族崇善重德的文化信仰的影响以及对当今教育的影响。

从更为微观的层面来看，本书聚焦宋代理学家道德养成思想从书斋到民间，从理论到实践这一中间环节，着重描摹宋代理学家对于理想人格的设计何以成为整个社会认可并行之有效的道德学说这一过程，并从中发现启迪当今德育理论与实践融合发展的历史智慧。

其二，本书以专题史为研究框架，将宋代理学家道德养成思想作为一个完整的思想体系进行深入分析，对宋代理学家道德养成思想的发展脉络进行梳理，以期展现其历史沿革的同时凸显其发展的整体性与独特性。

（三）研究内容方面

其一，尽管"宋代理学家""道德养成"等概念被学界广泛使用，但是在使用过程中存在概念泛化、内涵模糊甚至偷换概念的情况，本书进一步明确了"宋代理学家""道德养成"等概念，试图使其脱离"不证自明"的窘境，并从思想渊源、道德可教、习惯可成三个方面论述了道德养成的学理基础，回答了"何为道德养成"的问题。

其二，在对宋代理学家道德养成思想进行系统梳理的基础上描述其创生环境以及与社会的互动关系，回答了"宋代理学家道德养成思想何以必要"的问题；凝练宋代理学家道德养成思想的特质，进一步回答了"宋代理学家道德养成思想何以可能"的问题。最后，为新时代道德养成提供一种可能的实施路径，为我国道德养成的研究与实践提供了历史智慧与实施建议。

二 本书的不足

对宋代理学家道德养成思想的研究，其困难在于"即使做一个案研究，也需要牵动很广的知识面，从纵的方面需要有儒家经典、诸子百家、佛经、道藏等广泛知识，从横的方面需要对宋代政治、经济、文化、制度等广泛知识"①。

因此，对宋代理学家道德养成思想的研究存在两个难题：其一，宋代传世的思想史资料极其丰富。对每一位宋代理学家道德养成思想的研究都要以掌握其庞大著作为基础，工作量极大。其二，如果希望以全息摄影、立体透视的方式研究宋代理学家道德养成思想之全貌，不仅需要

---

① 王曾瑜：《宋史研究的回顾与展望》，《历史研究》1997 年第 4 期。

儒家经典、诸子百家、佛教、道教的相关知识，还要对宋代社会广泛了解，这些都为本研究的开展增加了难度。虽然在本书的创作中极力兼顾纵横两个方面，但实现二者之平衡仍是需要进一步深入研究和完善的部分。

第一章

道德养成的学理审视

　　道德养成思想是宋代理学家教育思想的重要组成部分，它源于中国传统学术思想中的"修养论"，内涵丰富、历史悠久。近世有关宋代社会文化的研究较多，且多从历史学角度研究宋代社会文化发展脉络，甚少对宋代理学家道德养成思想进行学理分析。对宋代理学家道德养成思想进行学理分析，有助于建立宋代道德养成研究的理论解释框架，有助于分析宋代理学家道德养成思想，有助于对道德养成进行客观、理性的审视。

第一节　相关概念界定

　　"名不正，则言不顺；言不顺，则事不成。"（《论语·子路》）中国学术固有"正名"的传统，"正名"即考证名称，辨正名分，是对研究概念内涵与外延的确定。对于本书而言，"正名"尤为重要，因为"正名"可以对"道德养成""宋代理学家道德养成"等概念的理解更为准确、系统与客观，便于对宋代理学家道德养成思想展开分析。

一　"理"与"理学"

　　"理"是中国学术史特有的范畴，往往与"气"或"器"相对。

"理"是少有的中国不同学术派别都使用和研究的概念。"理"最早出现于战国时期，先秦儒家思孟学派提出"信之所同然者何也？谓理也，义也。"(《孟子·告子》上)此处的"理"为不证自明的"当然的准则，属于道德伦理范畴"①。除了先秦儒家之外，道家、法家典籍中"理"字"或谓物之形式……或谓物之法则和规律"②。"理"不仅是中国本土学术研究的范畴，也成为外来学术本土化发展过程中经常使用的概念。唐代华严宗将世界分为"事法界"和"理法界"，认为"理不碍事，纯恒杂也；事恒全理，杂恒纯也。由理事自在，纯杂无碍也"。实际上将"理"看作是对具体的、变化的"事"的抽象。

"理"是宋代理学家思想体系中最核心的概念，宋代理学也因此得名。理学，又称道学，是"性命义理之学"。《中国哲学大辞典》将理学界定为"宋元明清时期以义理性命为主要内容的学说，是儒家思想的新的表现形态……具有以儒为宗、兼采佛道'三教同源'的特征"③。

因宋代理学家以继承孔孟"道统"为口号，讲求儒家经义、探究名理的"义理之学"，以义理治经，强调在解释经义中系统构建自己的哲学思想并自成体系。宋代及宋代以后多以"道学"称呼"理学"。"道学"之名，始见于北宋。"朝廷以道学政术为二事，此正自古之可忧者。"④朱熹称二程之学为"道学"，"夫以二先生唱明道学于孔孟既没千载不传之后，可谓盛矣"⑤。本书选择使用"理学"而非"道学"，原因有三。

其一，"理学"与"道学"有着高度的一致性，但"理学"能够更好地概括宋代理学家道德养成思想体系的完整性。理学、道学、性理之

---

① 张岱年主编：《中国哲学大辞典》，上海辞书出版社2014年版，第24页。
② 张岱年主编：《中国哲学大辞典》，上海辞书出版社2014年版，第24页。
③ 张岱年主编：《中国哲学大辞典》，上海辞书出版社2014年版，第72页。
④ 《张载集》，中华书局1978年版，第349页。
⑤ 朱杰人等主编：《朱子全书》第20册，上海古籍出版社·安徽教育出版社2010年版，第3624页。

学等范畴有着本质上的一致性①,"新儒学在当时的文献中有很多不同名称。例如,《宋史》中称为道学。《理学宗传》中称为理学。也称为性理学,意为'性即理'之学,甚或更简单地称为'学'。《宋元学案》(记录宋元两代的哲学思想)和《明儒学案》(记录明代学者的哲学思想)中,就是如此"②。无论是程朱学派之自称,抑或《宋史》中有关"道学"的记载,仅能概括自认为"理学正宗"的一个学派的主张。本研究使用"理学"而非"道学",一方面遵从了学界公认能够囊括宋代理学家主要事迹与学术思想的《宋元学案》的概念框架;另一方面则出于关注宋代理学家道德养成思想体系之全貌的考虑。

其二,"理"为宋代理学家学术研究最重要的概念范畴,因此选择"理学"而非"道学"可以更好地揭示宋代理学家道德养成思想的特征。"理"被二程、朱熹等作为道德本原加以论述,而宋代其他理学家,也仍然将"理"之彰显作为其道德养成最重要的目标之一,因此称"理学"不称"道学",可以代表宋代理学家的思想体系特征。

其三,"理学"之称多为学者使用,相比"道学"有着更为广泛的学术认同。"道学"之名勃兴于宋代,其原因或是对儒家学者一以贯之的、以天下为己任的社会责任感的描述,或是借助佛教术语标榜某一学派为儒家学派正统的宋学传统。因此,"道学"在宋代及其以后很长一段时间也被用来指称局限于理论思索、困于学术正统而不屑于躬身实践、不治事功的空疏儒家学者。此外,言行不一、敏于言而讷于行之人更被称为"道学先生",所以"道学"一词是存在一定贬损意味的。梁启超在其《儒家哲学》中说,"道学只是做人的学问,与儒家内容最吻合。但是《宋史》有一个《道学传》,把道学的范围,弄得很窄,限于程朱一派。现在用这个字,也易生误会,只好亦不用他"③。

---

① "性理之学",也被用来指程朱派理学。本于程颐"性即理也"一语,以别于陆(九渊)王(守仁)"心即理也"之说,故清儒以"性理之学"标举程朱派理学。参见张岱年主编《中国哲学大辞典》,上海辞书出版社2014年版,第72页。
② 张君劢:《新儒家思想史》,中国人民大学出版社2006年版,第23页。
③ 梁启超:《儒家哲学》,中华书局2015年版,第5页。

二 宋代理学家

"一个词的意义就是它在语言中的使用。而一个名称的意义有时是通过指向它的承担者来说明的。"① 研究宋代理学家的道德养成思想，必须对宋代理学思想的"承担者"，即宋代理学家进行概念界定。

"盖周、程诸儒，固擅道学之正统，而自安定、泰山以下，乃至荆、蜀之学，虽有浅深纯驳之差，而其讲求修身为人之道，则同一鹄的。上下千古，求其派别学者孔多，而无不讲求修身为人之道者，殆无过于赵宋一朝。故谓有宋为中国学术最盛之时代，实无不可。"② 事实上，判断一位宋代儒家者是否是理学家有一个更为简便易行的方式，那就是考察其思想中是否讲求修身为人之道，修身为伦常之道，修身以安自然之道，亦即对个人道德修养问题、社会伦理问题以及自然道德问题的探讨。

在宋代理学家的外延确定上，本书以元修《宋史》与清修《宋元学案》为依据。在元修《宋史》之中，有一个十分有趣的现象，那就是沿袭了以往史书的写法，保留《儒林传》，但同时专辟《道学传》。在《宋史·道学传》中，收周敦颐、程颢、程颐、张载、邵雍、刘绚、李吁、谢良佐、游酢、张绎、苏昞、尹焞、杨时、罗从彦、李侗、朱熹、张栻、黄榦、李燔、张洽、陈淳、李方子、黄灏共23人的著述事迹、选录学说；而吕祖谦、蔡元定、陆九龄、陆九渊等，则被列入《儒林传》中。而黄宗羲、全祖望编写的《宋元学案》则将胡瑗、孙复、王安石、苏轼等也囊括在宋代理学家这一类属之中。

据此，本书认为宋代理学家指生活于公元960年至1279年间的两宋时期，致力于探讨个人道德、社会群体道德以及自然道德问题，研究道德本原，设计道德养成目的、内容、原则方法等理学学者。以其道德养成思想价值、学术影响、历史地位等依据，选择周敦颐、二程、张

---

① [英]维特根斯坦：《哲学研究》，陈嘉映译，上海人民出版社2001年版，第31页。
② 柳诒徵：《中国文化史》（中册），中华书局2015年版，第869—872页。

载、邵雍、王安石、朱熹、陆九渊、张栻、吕祖谦、陈亮、叶适等具有代表性的宋代理学家的道德养成思想作为本书的研究对象。

三 道德养成

（一）道德

不同文化、哲学流派、哲学家对"道德"的定义不同。"道德"概念千差万别，不一而足。

西方文化往往把道德（moral）当作一个独立的单元，属于伦理学研究的范畴，西方语境中的道德也往往与宗教相关或与习俗相符。moral 一词源于拉丁语，意指风俗习惯、规则、品质等。在西方，有关道德概念随着西方文化的发展变得更为丰富。荷马时代的"道德"意指勇敢、友爱、死亡观念等。柏拉图把"道德"分为勇敢、节制、智慧和正义四个方面。古希腊哲学家苏格拉底认为"知识即美德"，将"道德"与知识获得等同起来。亚里士多德认为，"道德"具有理智和品质两种特征，理智的道德要通过教导和教化来培养，品质的德性来自习惯的形成与锻炼运用。康德认为"道德"是出自"善良意志"的"绝对命令"。麦金泰尔认为，"一种德性是一种获得性品质，这种德性的拥有和践行，使我们能够获得对实践而言的内在利益，缺乏这种德性，就无从获得这些利益"。认为"道德"和实践的关系是内在不可分割的关系。赫尔巴特认为"道德"是对社会有益的活动。杜威认为"道德"是一种用来分析情境和确定行为选择的工具。道德内涵在近代发生了变化，倾向于被定义为道德品格，常常认为包含诸如正义、诚实、节制、仁爱、宽容等等。

在我国，道德被认为是"反映和调整人们现实生活中的利益关系，用善恶评价标准，依靠人们内心信念、传统习惯和社会舆论维系的价值观念和行为规范的总和"[1]。道德作为一种意识形态，"是一定社会调整

---

[1] 宋希仁：《伦理学大辞典》，吉林人民出版社1989年版，第1026页。

人们之间以及个人和社会之间关系的行为规范的总和……既表现为道德意识，也表现为道德活动和道德规范"①。

中国古代教育思想中，并无明确的"道德"概念，往往将"道"与"德"分而论之，"道"与"德"并没有组成具有现代意义的"道德"一词，但是二者联系密切，经常共同出现。如"志于道，据于德"（《论语·述而》），"尊德乐道"（《孟子·公孙丑》下）。"道"指理想人格或理想社会图景，或指宇宙或自然存在的永恒规律。"德"指立身依据和行事准则，表示行动。《论语》中的"德"包括内在的修养、修炼与外在的德行两个方面，两个方面紧密联系不可分割，内心的修养需要转化为外在的行动。《中庸》曰："故君子尊德性而道问学，致广大而尽精微，极高明而道中庸，温故而知新，敦厚以崇礼"；最初"德"并不完全具有"外得于人，内得于己"的道德含义，直到《尚书》渐渐把"德"作为接受天命的前提，始有"经德秉哲""敬德""明德"之说。荀子将"德"解释为"不知则问，不能则学，虽能必让，然后为德"（《荀子·非十二子》），代表一种行为的应然状态。《说文解字》将"德"解释为"升也"②，登升，与今所言道德无直接联系。表示道德的本字是"悳"，《说文解字》将其解释为"外得于人，内得于己也。从直从心"③。《现代汉语词典》认为"德，指道德；品行；政治品质"。

宋代理学家秉承了儒家对道德的认识，认为"道德仁义，非礼不成"，将道德仁义与礼并称，坚信道德对社会发展、个人进步都有积极的促进作用，这就使得在宋代理学家的思想体系中"道德"既包括美德也包括对美德的遵循与践行。

宋代理学家道德养成思想中的"道""德"具有与前代"道""德"不同的特征：宋代理学家为"道""德"奠定了哲学基础，如张

---

① 李燕杰等主编：《德育辞典》，湖北辞书出版社1987年版，第524页。
② （东汉）许慎：《说文解字》，中华书局1963年版，第272页。
③ （东汉）许慎：《说文解字》，中华书局1963年版，第217页。

载从气一元论出发,认为"德"是气之体,"道"是气之用;朱熹指出"德者,得也,得其道于心而不失之谓也"①,认为得道于心谓之德。宋代理学家将"道"与"德"划分为个人层次的道德、人伦社会层次的道德和自然的道德,这三个层次都统摄在其对宇宙万事万物都必须遵循的统一规律之上,这一规律被称为"理""气"或者"心"。

"道""德"是宋代理学家的重要命题,甚至可以说宋代理学家教育思想就是围绕"道""德"展开的:对"道""德"本原的思考奠定了宋代理学教育思想的哲学基础;对"道""德"目的的确定是宋代理学家根据两宋社会需要和儒家理想人格图式的创造性设计;对"道""德"内容的思考是其设计教育思想内容的依据,始于"格物致知""以物观物",成于"敬义兼持"与不断践履。

(二)道德养成

"道德养成"一词并未被收录在《德育辞典》《教育大辞典》等工具书之中。但是,本书以"道德养成"或 Moral Cultivation 为关键词对现有研究进行检索发现,有关道德养成的研究数量众多。这些研究时间跨度大;研究对象众多,涉及不同年龄阶段儿童道德养成进行的研究;研究内容丰富,涉及对道德养成的概念、原则、方法等各方面问题。综合不同研究对"道德养成"概念的界定,可以发现。

其一,道德养成与行为相关。在西方,亚里士多德认为因为做公正的事而成为公正的人,做节制的事成为节制的人,做勇敢的事成为勇敢的人。② 换言之,因为做了道德的事,人才能成为道德的人。亚里士多德认为道德德性来源于行为的思想深刻影响了西方对于"道德"问题的看法。在东方,我们往往强调"一阴一阳,流行不已,生生不息。主其流行言,则曰道;主其生生言,则曰德"③,还有研究者将道德养成

---

① 张岱年:《中国哲学大辞典》,上海辞书出版社 2014 年版,第 28 页。
② [古希腊]亚里士多德:《尼各马可伦理学》,廖申白译,商务印书馆 2003 年版,第 35 页。
③ 《戴震全书》第 6 册,黄山书社 1995 年版,第 83 页。

界定为:"家庭、学校、单位、社会根据个体道德的生长规律,通过对受教育者的道德行为进行反复训练,使之形成稳定的行为习惯,从而将社会道德规范内化为道德个体的道德心理结构,并最终形成稳定的道德品质的一种道德教育观和道德品质培养方法。"[1] 良好的行为是外显的道德,道德养成需要通过践行得以形成。

其二,道德养成与习惯形成相关。在西方,亚里士多德将道德与习惯等量齐观,"道德德性通过习惯养成";鲁弗斯认为习惯是比理性更有效的美德获得方式;阿奎那视习惯为不易消失的品质,是性情的据守;杜威认为,品格是由习惯构成的,品格就是习惯的互渗透互联(interpenetration)[2];威廉·奥克汉姆将习惯分为三种类型,一是道德习惯,二是智力习惯,三是欲望习惯[3]。在中国文化中道德与习惯养成密不可分,因为"少成若天性,习惯成自然",叶圣陶强调"教育就是培养良好的习惯"。有研究者认为,"道德养成是学校德育的重要组成部分,是养成教育的重要体现。它是具有很强实践性的道德教育和行为教育。道德养成实质上是学生在道德实践中培养良好的道德习惯和道德品质的过程,简单地说就是'习以养性'。道德养成是一个长期逐步提高的过程,学生良好行为习惯和良好的道德品质。"[4] 这些研究普遍认为道德养成与形成良好的行为习惯密切相关。

其三,道德养成必须经由教育完成。古今中外对于道德是否可教有着不同的见解。有哲学家认为道德可教,如柏拉图提出"知识即美德",知识可教,美德亦可教;亚里士多德认为道德可教[5];包尔生提出道德教育应该以实践的形式进行。

---

[1] 王定功:《青少年道德教育国际观察》,上海交通大学出版社2012年版,第229页。

[2] Pratten, Stephen, "Dewey on Habit, Character, Order and Reform", *Cambridge Journal of Economics*, 2015 (04): 1031–1052.

[3] Fuchs, Oswald O. F. M., *The Psychology of Habit According to Willian Ockham*, New York: The Franciscan Institute, 1952.

[4] 王金华:《大学生道德养成研究》,华中师范大学出版社2008年版,第47页。

[5] [古希腊] 亚里士多德:《尼各马可伦理学》,廖申白译,商务印书馆2005年版,第35页。

可以说，道德须后天养成而非先天具有，也并非是以个体成熟发展为基础的水到渠成的自然发展。道德养成的过程既不同于知识的获得，又不同于技能的掌握。此外，"道德养成"不仅强调道德修养的自我提升，还强调教育者在道德养成过程中的环境营造、方法指引和榜样示范作用。

据此，本书认为道德养成是教育者有目的地通过营造环境、提供方法，促进受教育者主动进行道德实践，从而形成稳定、良好的道德行为习惯的社会活动。它是个体道德理性与道德习惯的共生过程，并最终凝结成个体的道德行为范式。

（三）道德养成特征

其一，道德养成的时间维度。道德养成既强调人之初，又贯穿生命始终。道德养成重视良好而稳定的道德行为习惯的培养，这是因为道德养成有一个理论前提，即习惯可成。宋代理学家认为习惯的养成和践行（既包括道德认知习惯的养成，也包括道德行为习惯的养成）是一种时间的艺术，它有三个关键，即及早、及时和长期。所谓及早，指的是道德养成关注"人之初"。中国古代教育历来有"慎始"的传统，认为儿童时期心思纯净，记忆力和认知能力敏锐，及早施教可以事半功倍；此外，儿童时期容易受外部环境影响，及早施教，使儿童具有正确的道德认知、养成良好的行为习惯可以"防邪辟"，即预防不良思想对儿童的影响。所谓及时，是指道德养成的实施不仅要及早开始，更应及时进行。在受教育者的成长过程中，一定会时时遭遇道德两难的生活事件。涉及道德难题的生活事件就是道德养成的重要契机，因此道德养成应关注受教育者的生活事件，及时施教。所谓长期，是指道德养成是一项长期工程，道德养成的时限就是受教育者的道德生命。道德养成应该贯穿人的生命始终。

其二，道德养成的场域。日常生活是道德养成的重要场域。道德养成是生活化教育，"养成"的特征决定了其必须在生活的场域中进行。因此，道德养成往往是以生活事件为契机的，是浸润式的、循序渐进的教育。

其三，道德养成的重心。道德养成的关键在于道德实践，它以良好道德行为习惯的形成为重要外在表现。道德实践之于道德养成的重要意义已经成为众多学者的共识。社会行动道德教育理论的代表人物弗雷德·纽曼认为，道德实践能力是道德行为主体进行道德活动的前提，道德素质养成的关键在于培育和提高学生的社会行动能力，以实际行动来提升道德的认知水平、培养道德行为习惯。他主张道德教育应使学生具备作用于事物、影响他人和开展公务活动的能力，这些能力需要在实践活动中培养。美国著名教育哲学家尼尔·诺丁斯在她的关怀道德教育理论中也大力倡导实践方法，主张给儿童创造关怀社会、关怀他人的机会，并要求他们付出实际行动。因此，诺丁斯建议儿童应经常参与学校的日常工作，在频繁的活动中提升道德。

其四，道德养成的实施原则。道德养成的过程是内外兼顾的过程。道德养成既关注"内"，也关注"外"。所谓"内"，是指道德养成关注受教育者内在的道德修养，主张修身立德，方法上强调内省，"反求诸己"，关注个体的道德体验，强调道德人格的形成。所谓"外"，是指道德养成以规约的形式将个体的品行纳入群体（社会）价值取向，在倡导内省和个人道德的同时也通过社会教化、道德规范等方式促进道德行为的实现。因此，道德养成是一种既重视"内自省"也重视"外约束"的教育。

其五，道德养成的外在表现。道德养成以良好习惯的养成为实现途径和外在表现。一方面，道德养成并不是仅存在于思想中的"理想化"的教育，其实施需要通过不断的行为强化来实现，从这个意义上说，道德养成是以良好的行为习惯养成为主要实现途径的；另一方面，道德养成的实效性依赖于良好的道德行为习惯的稳定重复出现，因此从这个意义上说，道德养成是以行为习惯的养成为外在表现的。

其六，道德养成的文化立场。道德养成是道德传统与伦理现实的兼顾。道德教育的当代发展，并不意味着对传统的抛弃；中西差异的日渐弥合和全球化的进程，也并不意味着中西德育差异的消解。道德教育是有其传统特质与社会根源的，深受社会历史、心理、文化传统关系的影响。"社会是一种历史塑造物，它是自身发展形成的；可以将它看成是凌驾于个人主体之上的主体，是其存在期间有过许多非常确定的经验。在这些价值经验中，不仅有典型的、规范的东西，而且还有少许主观个性，还有全然独特的总体命运部分。价值总是出现于一种整体生活的关系中。"① 道德教育本身一直处于道德传统与伦理现实的二维世界之中，中国的道德教育也必然深受历史传统与现实伦理取向的共同影响。

（四）道德养成与相关概念的关系

有关道德养成思想的相关研究，是一个有着漫长历史跨度且内容庞杂的领域。其中涉及道德教育、道德修养、道德行为等相关概念。厘清核心概念与相关概念，是进行道德养成思想研究的前提。

其一，道德养成与道德教育。

道德教育（moral education），是"对受教育者有目的地施以道德影响的活动。包括提高道德认知、陶冶道德情感、建立道德信念、养成道德行为习惯等。是社会道德要求转化成为个人道德品质的重要环节"②。道德教育关注道德形成的全过程，包括道德认知的提升、道德情感的获得、道德信念的建立、道德行为习惯的养成等。道德养成（moral cultivation）是以道德行为习惯的养成为重心，指向人的道德修养③的提升。因为"在进行道德教育时，重点不是认知道德规范，而是内化道德规范，践履道德规范，用道德规范来指导和约束自身的行为，提高道德自律能力，形成良好的、稳定的道德品行"④。道德养成是德育的重要组成部分，也是道德教育最有效的措施。

---

① ［美］马斯洛等著，林方主编：《人的潜能和价值》，华夏出版社1987年版，第31页。
② 杜成宪等主编：《大辞海·教育卷》，上海辞书出版社2014年版，第13—14页。
③ 所谓道德修养，是指"按照一定的道德理想、道德原则、道德规范进行的自我改造和自我锻炼活动，以及在社会实践中经过长期锻炼所形成的道德情操以及达到的道德水平和道德境界"。杜成宪等主编：《大辞海·教育卷》，上海辞书出版社2014年版，第17页。
④ 赵明：《新编思想政治教育学》，黄河出版社2008年版，第249页。

道德养成往往与德育的实效性密切相关。现代德育实效性的缺失是人们一直以来关注和诟病的问题。衡量德育实效性的标准包括：一是受教育者的道德认知水平。这包括受教育者对道德基本知识、道德规范等认知方面的内容。二是受教育者根据道德认知自觉约束行为的程度。如果从道德实效性的角度考虑，可以将道德养成作为一种道德教育的形式，其重点就在于养成稳定良好的道德行为习惯，即品行，那么道德养成有着其他德育形式或者德育思想都难以匹敌的合目的性和实效性。因此，如果将道德养成作为一种教育形式来看，它是德育最有效的措施。

其二，道德养成与道德修养。

在英文语境中，moral cultivation 既指道德养成，也指道德修养；但是在中文语境中，道德养成与道德修养有着明显的差异。首先，道德修养往往被作为一种指标，表示个人道德发展水平的高低，而道德养成则是一种培养人的社会活动，道德养成是提升道德修养水平的手段；其次，道德修养强调"思想意识、道德品质方面的自我锻炼和自我改造"①，是一个自我提升的过程，而道德养成则是一个兼顾自我提升与外界引导的过程。

四 道德养成思想

本书认为道德养成思想是指人们对道德养成的认知，包括对道德养成哲学基础和人性论基础的认识、对道德养成目标的设计、对道德养成内容和方法的选择、对道德养成文化立场的考虑，等等。

第二节 道德养成思想的基础与依据

一 哲学基础：道德可教

道德可教是探讨道德养成的学理基础与前提条件，是道德养成的关

---

① 李燕杰等主编：《德育辞典》，湖北辞书出版社 1987 年版，第 533 页。

键。道德可教是指个体或者人类并非具有"先验道德",而是具有一定接受道德教育的基础。道德不是与生俱来的,而是人在后天通过社会交往等手段不断接受训练和影响所致的。

(一) 有关道德是否可教的哲学思考

对于道德是否可教,古今中外的哲学家们给出了不同的答案,大致可以分为两种。

第一种答案是道德可教。部分哲学家将道德可教作为其道德养成思想无须证实的思想前提。孔子认为"性相近习相远",将良好的德性归为后天习染;孟子更为乐观地提出"人皆可以为尧舜",认为人先天具备成就良好德性的基础;尽管荀子提出"人性恶,其善者伪也"的论断,依然坚信人具有接受道德教育的可能,环境的影响与社会的引导能够成就稳定而良好的德行,"蓬生麻中不扶自直,白沙在涅与之俱黑",因此"君子居必择乡游必就士"。中国古代先哲对人是否具备接受道德教育基础问题的探讨多持乐观态度,所以,在中国古代教育哲学思想中,道德可教是常识性的概念,是无须证实的思想前提。

而部分哲学家则从更深的层面探讨道德可教的问题。柏拉图提出"知识即美德",知识可教,美德亦可教;亚里士多德认为道德可教,反对柏拉图将道德等同于知识的观点,认为道德只能"通过习惯养成"[①];包尔生(Friedrich Paulsen)认为道德可教,并且提出道德教育应该以实践的形式进行,"(道德)首先必须被实践……实践能够也必须随后以理论指导来补充,道德能力的培养也和身体的灵活性及技能的训练一样需要理论指导"[②]。杜威将学校道德教育活动分为直接的道德教学(Direct Moral Instruction or Instruction about Morals)与间接的道德教育(Indirect and Vital Moral Education),并论述了不同道德教学形式

---

① [古希腊] 亚里士多德:《尼各马可伦理学》,廖申白译,商务印书馆2005年版,第35页。
② [德] 包尔生:《伦理学体系》,何怀宏、廖申白译,中国社会科学出版社1988年版,第407—408页。

的有效性和合理性问题,这反映了杜威事实上是承认道德可教的。

第二种答案是道德不可教。叔本华(Arthur Schopenhauer)认为"德性和天才一样,都不是可以教得会的"①,他将道德分为"认识"与"意欲"两个部分,道德是"意欲"与认识无关,"意欲"不可教,因此教育对于德性的改变无能为力;赫尔巴特(Johann Friedrich Herbart)也认为人在道德上具有极有限的可塑性。

纵观中外对于道德是否可教问题的理论思考,我们发现,将道德可教作为无须证明的思想前提,固然可以保障整个道德教育思想体系的逻辑一致,但是缺乏说服力,无法为道德教育思想提供坚实的理论基础。

但与此同时,认为道德可教或道德不可教的哲学家虽然在观点主张上差异巨大,但是却存在着思想逻辑的一致性,即将道德具象为道德的某一方面。认为道德可教的哲学家往往将道德等同于道德知识、道德准则、社会道德规范,由于这些内容能够通过语言明确表达和传播,那么道德即可教;认为道德不可教的哲学家,又往往将道德具象为道德需要、道德情感、道德意志等这些无法直接用教学来传授的部分,因此得出道德不可教的结论。

道德是否可教的命题中所探讨的显然不是具象化了的道德的某一侧面,而是道德的整体。道德是一个多维化的结构,从层次上可以划分为个人道德、伦理道德和自然道德,还可以按照指向的不同将道德划分为知、情、意、行等不同要素。正如部分之和不等于整体一样,分别探讨道德的各个要素是否可教不能说明道德可教与否。例如,将道德与知识等同,其意义在于冲破了把道德思考局限于经验事实和个别事例的狭隘性,从个别、特殊上升到一般,达到道德思考的更深刻的阶段。但是,将知识与道德等同起来并认为美德由教育而来的观点,实际上是为道德教学的合理性甚或唯一性作辩护。道德具有知识的属性,但是知识不能涵盖道德的全部。道德的最终要落在外在(即道德行为或道德实践)

---

① [德]叔本华:《作为意志和表象的世界》,石冲白译,商务印书馆 1982 年版,第 404 页。

之上。

（二）从人发展的角度探讨"道德是否可教"问题之可能

就具象化的道德去探讨"道德是否可教"显然行不通，那么不妨尝试从另一角度，即人发展的角度尝试寻找"道德是否可教"之答案。

首先，现有关于道德生物基础的研究证明了人习得道德的可能性。在对非人类的灵长类动物群的研究中证实了动物道德的存在；进化伦理学重新肯定了达尔文关于人类道德源于动物道德并通过群体自然选择发展的观点；生物学家根据突生理论提出人类心灵的道德框架源自灵长类动物的亲社会能力，在符号语言、文化和宗教的影响下得以变形；借助解剖技术、放射技术、分子生物学技术，神经科学家发现了道德活动的神经网络区域，心理学家甚至从遗传学角度，首次发现了促进人类表现"利他主义"行为的基因。

随着意识问题的研究不断借助科学的技术途径获得突破，道德问题的研究也获得了相似进展。这些研究结论不囿于对德性诸要素的探讨，却从整体上为道德具有生物学基础和传承机制提供了佐证，间接肯定了人在道德上的可能性和可教性。虽然这些研究还无法证明具有独特文化属性的道德如何借由生物机制传递以及生物机制如何接受文化特性和社会机制的影响，进而解答个体接受道德教育的基础不仅具有生物特性，还具有文化特性，天然地包含知情意行几个要素，能够沟通先天和后天、形式与内容的问题，但是仍然为道德的可习得性提供了扎实的证据。

其次，现有的心理学研究为"道德可教"提供支持依据。认知心理学的图式概念和认知结构论坚定了人们对于道德认知之可教的信念，行为主义论证了道德行为的可塑性，移情研究提供了人们对道德情感与德性之先天性的大胆推断，尤其是图式和认知结构的遗传性，似乎说明了个体道德学习具有先天的生物结构，这正是人具有道德可教性的生物学基础。

班杜拉（Albert Bandura）的社会学习理论认为学习行为来源于观

察和模仿，学习的过程分为注意阶段、保持阶段、再生阶段、动机阶段。那么相应的，道德学习同样来源于人的社会观察和模仿，即模仿学习（Imitative Learning），指以效仿榜样的行为方式或行为模式进行学习的一种方式。① 模仿是社会学习的重要方式，同样也被认为是道德教育过程中最重要的学习途径之一。此外，心理学还试图用暗示（Suggestion）来解释道德的获得，即通过某种手段使人不自觉地接受道德观点、信念、态度或行为模式的影响，从而在心理状态或行为上发生相应的变化的过程。

有研究者在这一基础之上对道德的心理基础进行了更为大胆的设想。如檀传宝等提出儿童由遗传获得的"文化心理结构"是他们接受道德教育、发展德性的基础，并由图式、移情、格式塔等理论作为依据。② 虽然这一假设因为"先天遗传的'图式'，只不过是脑的神经的生理结构和机制，它并不具有'道德'的编码，或'性善'的基因"③而被质疑（因为图式难以充分解释儿童具有接受道德教育的先天优势），但是这种假设和质疑假设的提出，本身就证明了道德可教的生物学、心理学基础与德性形成之间的过程是存在的，只不过仍无法被人们明确认知、研究或呈现。

事实上，道德可教与人性的发展是一对相互支撑的概念。人具有不断发展的可能，正是不断的发展可能为道德可教提供了前提条件；而道德可教进一步发展了人的多种可能，使人的发展成为现实。从这个意义上讲，人性可能是道德可教的前提，而道德可教为人的发展提供支持。许多教育家、哲学家在探讨教育问题时，都将人的发展可能置于教育理论的前提假设地位，如夸美纽斯提出的"泛智"教育思想就是以人的无限可能性和人的可教性（The Educability of Human Being）为基础。

---

① 朱志贤：《心理学大词典》，北京师范大学出版 1989 年版，第 139 页。
② 檀传宝：《德性只能由内而外地生成——试论"新性善论"及其依据，兼答孙喜亭教授》，《清华大学教育研究》2001 年第 3 期。
③ 孙喜亭：《学生德性或德行能由内而外地生成吗》，《北京师范大学学报》（人文社会科学版）2000 年第 6 期。

人的无限可能与人的可教性是一个相互支持的循环假设。

二 心理学基础：习惯可成

习惯可成是道德养成得以实施的理论前提之一。道德教育能安顿人的心灵，唤醒人的良心，但能否改变社会，则依赖于社会对于道德的认可和对道德教育的践行。任何道德问题的根本解决，都不在德育本身。任何高尚的道德理想，必须能够形成持续、稳定的良好道德行为即道德习惯的养成为外在表现。

在中国古代典籍中，习惯多指逐渐养成且不易改变的行为，如"少成若性，习贯（惯）之为常"①；"俗间行语，众所共传，积非习贯（惯），莫能原察"②。"少成若天性，习惯如自然"③。习惯也指某地或某一族群的习俗风尚，或指对新情况逐渐适应。本书所指习惯（habit）亦指逐渐养成且不易改变的重复出现的行为。道德养成的特征之一就是良好稳定的道德行为习惯的养成。因此习惯可成是道德养成得以实施的理论前提之一。

（一）习惯可成的生理机制

有研究者对习惯形成的生理机制进行探索，神经生物化学的研究证实记忆是以核糖核酸（RNA）编码形式进行的，而核糖核酸是记忆信息编码的载体与生物化学的催化剂，所以人经过反复练习在大脑中以 RNA 进行编码的信息载体是随着练习增加的，又因为 RNA 具有自复制功能，因此记忆信息的编码分子也会大量产生。脑科学的研究成果表明大脑在处理信息的过程中有全息功能和高速度的巴特勒矩阵数据处理能力，即习惯养成存在生理学基础。

---

① （汉）戴德辑：《大戴礼记》，孔子文化大全编辑部编辑・山东友谊书社 1991 年版，第 57 页。

② （汉）应劭：《风俗通义》，《四库家藏・秦汉两晋笔记》，山东画报出版社 2004 年版，第 12 页。

③ （汉）班固：《汉书》，中华书局 2007 年版，第 485 页。

（二）习惯可成的心理学依据

行为主义学派用经典条件反射理论和操作性反射理论来解释习惯形成。巴甫洛夫认为刺激（S）与反应（R）能够建立联系，不同刺激（S）与原有刺激结合，则可以与反应（R）建立联系，有机体对新刺激作出反应，而且对新的条件反射的形成起到强化作用，因此巴甫洛夫认为："我们的教育，每一种纪律和我们的许多习惯都是一系列长久的条件反射。"[①] 行为主义学派心理学家华生也认为，"任何相当定型的行动方式，不管它是外显的或内隐的反应，而且又非属于遗传性反应，应该都可视为习惯，习惯是学来的，不是与生俱来的，它是由刺激与反应之间所形成的稳定关系所构成的"。

斯金纳则运用操作条件作用说来解释习惯的形成，认为有机体是通过获得关于自身行为之结果的信息反馈来改变或修正自己的操作活动而求得需要的满足，这样的反馈提高了有机体反应活动的速度。

霍尔认为感受器和反应器的连结关系会经过强化过程建立并增强，而感受器和反应器的连结就是习惯，可以说习惯不是肉眼可观察到的具体行为变量，而是一种假设性的中介变量，它会随着强化的次数、时间等而改变。而《心理学大词典》将习惯界定为"是人在后天一定情境下自动化地进行某种动作的特殊倾向"[②]。

事实上，无论将习惯界定为"特殊倾向""感受器与反应器的连结"或是行为模式，习惯都被认为与这些因素相关：其一为后天形成，其二为反复练习，其三为自动化，其四为反复出现。

三　历史依据：思想溯源

道德养成并非是用一个新创立的名词以替换道德教育，它本身有着深厚的历史渊源与极强的概括阈限。

---

① ［奥］茨达齐尔：《教育人类学原理》，李其龙译，上海教育出版社2001年版，第139页。
② 朱志贤：《心理学大词典》，北京师范大学出版社1989年版，第782页。

中国道德养成思想始于儒家"养正于蒙"的教育思想,得益于儒家丰富发达的"修养论"思想体系。中国古代道德修养论萌芽于殷周,不同学派在春秋战国时期形成各体系的道德修养论。儒家道德修养论在两汉时期实现了官方化,并且开始综合统摄诸子的修养论。魏晋时期,儒家道德修养论开始衰落,释道修养思想获得长足发展。唐宋元明时期是儒家道德修养论精致化、系统化的时期。明代中叶至清朝,我国的道德修养意识开始出现近代的转化。

中国儒家的修养论在不同时期呈现出不同的阶段特征,但内在隐性的逻辑规律却超乎寻常的一致:强调道德养成的过程是通过自我修养、自我改造以不断提升个人道德修养水平与道德境界的实践过程,以及环境等因素在这一过程中起到的重要作用。在论及修身的必要性时,中国传统儒家给出了答案,无论是持性善论的孟子强调"存养"以扩充四端,还是持性恶论的荀子强调外铄以"化性起伪",乃至"性三品说"、天命之性与气质之性之辨等,都是中国儒家对道德养成之于人性完善的重要意义的阐释。

中国儒家十分重视对道德修养境界的描述。在儒家道德修养境界之中,常常提及"中庸""至善""慎独""内方外圆""纯乎天理"等境界。儒家对道德修养的理想境界的描述,离不开道德养成和道德修养的场域。这些场域包括家庭、社会、国家等。良好的道德修养源自在不同场域中构建良性关系:直面自我时,能够慎独;面对亲长同胞时,能够孝悌;面对君上同僚时,能够仁义忠信;面对国家民族,能够舍生取义。社会关系中的人如何自处、如何与人交往,都需要通过道德修养才能实现。

此外中国古代哲学家认为"修养"还能起到抵制不良社会环境熏染之作用。儒家相信社会属性是人的根本属性,人必须存在于一定的社会之中并且与社会相互影响。这种交互的关系固然存在正向与负向影响之可能,良善风俗可以对人性的进步、道德的发展产生正向的影响,因此"君子居必择乡,游必就士",不良的社会影响则会使人有沾染恶习之可能,"性可以为善,可以为不善,文武兴则民好善,幽厉兴则民好暴",个人之力固然无法改变社会环境,但是却可以通过个人道德修养的提升来抵御不良环境与风俗之影响。

道德养成还被认为是实现道德理想、追求理想人格的重要途径。所谓儒家的理想人格,包括"君子""圣人""醇儒""大丈夫"等,这些都是对理想化人格的细致描摹,寄托了儒家学者对人性进步之希望。因此,修养论就承担了如何通过对现阶段道德水平进行改变,实现德性进步并最终无限接近理想人格图式之可能。

当然,修养论并非仅是儒家学派之独创。先秦道家、墨家等学派,甚至佛教、道教等宗教都提出了不同的修养论。但是,无论这些主张的区别有多大,其共性却是极其明显的:阐述经由何种途径和手段最终实现理想人格之形成。

因此,道德养成思想渊源于中国传统的修养论,继承了修养论中探讨的主要问题,包括修养论之于人性基础、理想人格的作用,以及达成道德目标的方法与途径等问题;但是道德养成思想又与中国传统的道德教育中的修养论问题有所区别,因为它更为关注人在道德养成过程中良好、稳定的德行习惯之形成,关注人的道德自觉、道德智性之形成。宋代理学家的道德养成在中国古代修养论发展过程中别具一格。一方面,它继承了先秦儒家有关道德修养的诸多理论传统,体现为理论的继承性;另一方面,宋代理学家道德养成思想又表现出鲜明的时代特征。

第三节 宋代理学家道德养成思想的划分依据

宋代理学家的道德养成思想,是指宋代(960—1279)理学家对道德养成的哲学基础和人性论基础的探讨,对道德养成目标的设计,对道德养成内容和方法的选择,对道德养成文化立场的考虑,等等。为了对宋代理学家道德养成思想体系进行更为清晰和完整的展现，必须依据一定的维度对宋代理学家道德养成思想进行划分。目前学界对宋代理学家道德养成思想的划分依据大致包括以下三类。

一 以历史的发展进程为依据

如果以时间发展与朝代更替作为划分依据，往往将宋代理学思想划分为北宋和南宋两个时期。这种划分方式优势在于时间边界明确，也可以将宋代社会不同历史时期的政治环境与宋代理学家道德养成思想的发展紧密联系起来，展现作为一个完整思想体系的宋代理学家道德养成思想的发展变化过程。但这种划分方式的缺点在于无法厘清持有不同理学家道德养成思想之差异。

二 以学派主张或地域为依据

这种划分有时是以理学内部不同学派的学术主张为依据的，如"理学派""心学派""事功学派"等；或以学派所在地区划分，如濂学、关学、洛学、闽学、浙东学派、象山学派、湖湘学派等。这种划分方式有助于厘清宋代理学学术主张之差异，但是无法对宋代理学家道德养成思想的共性特征进行把握，也很难提炼宋代理学家道德养成思想发展的阶段特征。

三 以宋代理学思想发展阶段为依据

本书倾向于将前两种划分方式结合，以历史发展为纵轴，参照宋代理学学术思想发展的流派特征和阶段性特征，将宋代理学家道德养成思想发展划分为两个阶段。

第一阶段为理学的奠基形成时期，大体处于北宋时期，此时具有代表性的理学家为"北宋五子"，即周敦颐、邵雍、张载、程颢、程颐，这些理学家提出了宋代理学家道德养成的基本问题，形成了理学家群体，并且这一群体对道德养成问题进行了大量的论述，奠定了宋代理学及以后道德养成思想的基本框架，宋代理学家道德养成思想概念体系和理论系统已经确立。

第二阶段是宋代理学发展的高峰期和完备期，此时大约处于南宋时期，其代表为程朱理学的集大成者朱熹，"心学"的集大成者陆九渊，"东南三贤"之一的张栻以及"事功学派"的吕祖谦、陈亮、叶适等。这些学者在对道德养成基本问题探讨的基础之上，对于道德养成的价值取向、道德养成内容及方法体系等问题进行更为深入的讨论，并且产生了主张差异甚大且各具特色的道德养成学说。这些学者、学派之间相互辩难争鸣，又相互吸收与融合，出现了南宋时期理学家道德养成思想繁荣、学派主张各具特色的局面，此间是宋代理学家道德养成思想发展的高峰。

第二章

宋代理学家道德养成思想之奠基塑型

> 魏晋以降，苦于汉儒经学之拘腐，而遁为清谈。齐梁以降，欺于清谈之简单，而缛为诗文。唐中叶以后，又魇于体格靡丽内容浅薄之诗文，又趋于质实，则不得不反而求诸经训。虽然，其时学者，既已濡染于佛老二家闳大幽渺之教义，势不能复局于训诂章句之范围，而必于儒家言中，辟一闳大幽渺之境，始有以自展，而且可以与佛老相抗。此所以竞趋于心性之讨论，而理学由是盛焉。①
> 　　　　　　　　　　　　　　　　　　　　——蔡元培

宋代是儒家学者觉醒的时代。"（北宋）绝大部分的儒学家们，都在努力振兴儒学，要使儒家学派的地位重新居于佛道两家之上，改变长期以来佛道两家的声势都凌驾于儒家之上的那种状态。"② 重构儒家思想体系的思潮早在唐末就已经拉开序幕，而两宋时期对于儒学思想重构的需要和呼声则更为强烈和迫切。

以"为天地立心，为生民立命，为往圣继绝学，为万世开太平"

---

① 蔡元培：《中国伦理学史》，中华书局2014年版，第77页。
② 邓广铭：《王安石在北宋儒家学派中的地位——附说理学家的开山祖问题》，《北京大学学报》（哲学社会科学版）1991年第2期。

为担当的宋代理学家，不断以学术思想与躬身实践作为对历史和现实的应答。也正因为如此，在宋代理学家道德养成思想不断发展的过程中，既显示出绵延不绝的学术承续特征，又显示出生机蓬勃的时代与阶段特点。宋代理学家道德养成思想上承先秦儒家道德教育的内核，下启明代儒学理学思想的纵深发展，伦理和道德养成思想体系发展日臻成熟完备，同时回应时代召唤，兼以融汇释、道二教的学术发展源流。

第一节　一理二气，五行分合： 周敦颐道德养成思想

周敦颐是濂学的开创者与重要学术代表。周敦颐晚年定居庐山莲花峰下，以其家乡水名"濂溪"命名书堂，故被称为濂溪先生，以周敦颐为代表的理学学派"濂学"之名因之而得。

周敦颐（1017—1073），原名敦实，后因避英宗旧讳，改"实"为"颐"，字茂叔，号濂溪先生，谥号元公，被认为是宋代理学的开山鼻祖。周敦颐出生于道州营道，幼年丧父，由舅父龙图阁学士郑向抚养长大。历任洪州分宁县主簿、南安军司理参军、知郴州桂阳县、知南昌县，以太子中舍签书合州判官事，国子博士、通判虔州，移判永州、知邵州，转虞部郎中、广东转运判官提点刑狱，知南康军。周敦颐一生学术成就斐然，程颐程颢都曾师从其门下，苏轼黄庭坚曾私淑于周敦颐。周敦颐主要著述有《通书》《太极图说》等，虽然著述不繁，但意蕴深邃，其思想对宋代理学家及以后学者的道德养成思想有着重要的启发意义。

"孔、孟而后，汉儒只有传经之学，性道微言之绝久矣。元公崛起，二程嗣之，又复横渠诸大儒辈出，圣学大昌。故安定、徂徕卓乎有儒者之矩范，然仅可谓有开之必先。若论阐发心性义理之精微，端数元公之

破暗也。"① 自先秦孔孟之后，汉唐儒家进行的学术工作不过是传经而已，直到周敦颐的出现才开启了宋代理学阐发义理心性之精微的儒学新时代。虽然周敦颐的学术思想并未在其生活的北宋时期受到重视或引起学界的普遍讨论，而是借由南宋朱熹等理学家思想的传播才得以受到后世学者的重视，但是不能否认的是周敦颐的理学学说上承先秦，下启两宋理学思想，在儒学发展历史上具有"破暗"之功，以至被部分研究者认为是宋代理学的启蒙者。

一 "自太极论始"的哲学基础

《太极图说》仅有249个字，微言大义，较为全面地介绍了周敦颐的宇宙论。

周敦颐认为宇宙诞生于"无极"。"无极"是宇宙以及万事万物诞生的本原。"无极"是中国古代哲学的重要概念，最早源于道家，《老子·二十八章》曾经提及"复归于无极"，是"天地无名之始"，道家学术语境的"无极"代表了宇宙与万物产生之前的混沌状态，"无极"在时间维度上是无始无终的，在空间维度上是无边无际的，在存在与发展维度上是无穷无尽的。

周敦颐吸收了道家的阐释方法，"无极而太极"②，无极之后的宇宙状态是"太极"，"太极"是"无极"衍生和发展出来的状态，这一概念也由道家提出，亦见于《周易·系辞上》中的"易有太极，是生两仪"，"太极"代表了宇宙万物从无到有的变化衍生过程。"太极动而生阳，动极而静，静而生阴，静极复动，一动一静，互为其根"③，"太极"包含着不断发展的可能，不断的发展变化过程中存在两种态势，即"动"与"静"，这两种态势在运动过程中不断呈现，周而复始，相互引发，互为根源。在这一发展过程中出现了"阴""阳"两仪，出现了

---

① （清）黄宗羲：《宋元学案·壹》，中华书局1986年版，第82页。
② 《周濂溪集》，中华书局1985年版，第2页。
③ 《周濂溪集》，中华书局1985年版，第2页。

"五行"之运转。"分阴分阳,两仪立焉。五行一阴阳也,阴阳一太极也,太极本无极也"①,万物以无极为本原,通过阴阳的不断变化加之五行的精妙,进而"化合万物"②,产生天地、宇宙、万物及其无限可能。由此可知,周敦颐通过援引道家概念入儒,试图构建一个宇宙生成的逻辑。

讨论宇宙生成从来不是周敦颐宇宙论的最终目的。周敦颐讨论宇宙生成的最终目的是探讨人性可否为善,道德可否被养成之上。周敦颐的人性论与其之前的儒家学者有着巨大的不同。周敦颐之前的儒家学者在阐述人性论问题的时候,无法跳脱对人性善恶的是非判断,如孟子对人性进行了"人之性善,如水之就下,水无有不下,人无有不善"的论断,荀子则反驳说"人性恶,其善者,伪也",而先秦儒家之后的学者则又陷入了对人性进行等级划分的传统,如"性三品说"等。周敦颐在论述人性问题时,完全跳出了前代学者的窠臼:将人性论与宇宙论结合起来,将人性的发展、道德的优劣与宇宙万物的生成运行视作同一逻辑的产物。

周敦颐对建构宇宙生成逻辑的阐释是有着极深的用意的。周敦颐坚信,"人得其秀而最灵,生而发神知,五性感动,而善恶分。圣人定之以中正仁义,主静而立其极"③。人的存在是宇宙由无极而太极,由太极而阴阳,由阴阳而五行,由五行而万物的体现,人具有分善恶的道德智慧、中正仁义的道德品质则显示出人的道德过程与宇宙万物生发过程的同一性。如果人类的道德行为符合宇宙生成的逻辑,即是"与天地合其德,与日月合其明,与四时合其序"④。这样,道德、人性、宇宙生发被划归为同一过程,"性命道德"问题被提升到了一个与宇宙生发、人类产生同样重要的高度。因此,后人评价"濂溪之言伦理也,本于性

---

① 《周濂溪集》,中华书局1985年版,第2页。
② 《周濂溪集》,中华书局1985年版,第2页。
③ 《周濂溪集》,中华书局1985年版,第2页。
④ 《周濂溪集》,中华书局1985年版,第2页。

论，而实与宇宙论合，故述濂溪之学，自太极论始"①。

周敦颐的思想虽然生发于《易》，采用道家术语去探讨宇宙生成的问题，但是这种对天地本原的探讨过程延续了儒家探讨宇宙论和人性论的学术传统。宇宙论为其人性论的阐释奠定了理论基础。而周敦颐对人性论的构建，是在凸显人的主体性地位以及道德存在的合理性。所以说，周敦颐的宇宙论和人性论思想为其道德养成思想奠定了理论基础。

周敦颐的宇宙论和人性论思想，也曾是其学说中最受批判和质疑的部分。二程虽曾师从周敦颐，但认为其学说与周敦颐学说并无承续关系，因为"周茂叔穷禅客"，认为周敦颐学说充斥着佛教和道教影响的痕迹；朱熹与陆九渊、陆九韶曾就《太极图说》中的"无极"的问题进行讨论，期望辨明周敦颐学说作为儒家学说的正统性。

说《太极图说》中的思想深受道家哲学思想体系的影响，不如说《太极图说》是周敦颐改造儒学的重要尝试。在周敦颐之前的儒家学者，将排斥佛老作为学术任务；但是周敦颐则是从重建儒学哲学基础出发，认为宇宙的构成和运作遵循无极、太极、阴阳、五行运行之规律，试图在阐释天地宇宙构成和运作原理的同时阐释天人之问，将"人""天"的运作原理合一，做共同解释，进而凸显"性命道德"之重要性。

二 "顺万物化万民"的教育目的

作为宋代理学的开创者之一，周敦颐同宋代其他理学家一样将重振人伦道德作为己任。因此周敦颐阐述宇宙论、人性论，目的是突出"性命道德"问题的合理性与迫切性。那么作为使人能够成为合道德、合宇宙生发逻辑的存在，最重要的措施和途径就是对人进行道德养成。

"天道行而万物顺，圣德修而万民化。"② 周敦颐曾经明确提出其道德养成思想的目的是培养行为、思想符合宇宙自然逻辑的圣人和贤人。

---

① 蔡元培：《中国伦理学史》，中华书局2014年版，第85页。
② 《周濂溪集》，中华书局1985年版，第98页。

"性焉安焉之谓圣，复焉执焉之谓贤，发微不可见，充周不可穷之谓神"① 是圣人和贤人的显著特征。"圣希天，贤希圣，士希贤。"② 周敦颐将道德养成的目标具体化为不同的层次，即不同水平的道德人格。

在周敦颐看来，"圣"是最高层次的道德人格，"寂然不动者，诚也，感而遂通者，神也；动而未形，有无之间者，几也。诚精故明，神应故妙，几微故幽，诚、神、几曰圣人。"③"无思而无不通为圣人。"④"圣人"之道德人格具备了诚、神、几的特征，能够保持"诚"之无思无妄达到寂然不动的至静状态，能够立于感而通遂的不断变化状态，还能了解幽微不显的玄妙。但是"圣人"之道德人格是先天而成，无须后天修养、锻炼。

"贤人"是次于"圣人"的第二种道德人格，再次之的道德人格是"神"或"士"。"贤人""神"或"士"与先天而成的"圣人"最大的不同，在于这些道德人格必须通过后天的学习、修养以及不断的练习才能够形成。"贤人的标准是能发圣人之蕴，明圣人之道，能够致君为尧舜，使万民得其所安，教万事无穷。"⑤"贤人"的特征是"复焉执焉"，意指需要不断的重复、秉持、锻炼才能得以形成；而"神"或"士"则因其有着明显的认知缺陷，"发微不可见，充周不可穷"，无法见微知著，因此必须经由严格的道德养成才能得以形成。但是无论周敦颐提出哪种道德人格，都有着同一的标准，即道德，"天地间，至尊者道，至贵者德而已矣。至难得者人，人而至难得者，道德有于身而已矣"⑥。

周敦颐对道德养成意义的阐释借由对不同层次的道德人格的论述越发明朗，其对道德养成意义的思索也呼之欲出："天地间，至尊者道，

---

① 《周濂溪集》，中华书局1985年版，第81页。
② 《周濂溪集》，中华书局1985年版，第95页。
③ 《周濂溪集》，中华书局1985年版，第87页。
④ 《周濂溪集》，中华书局1985年版，第94页。
⑤ 朱道忠：《论周敦颐的道德教育伦理思想》，《求索》2001年第4期。
⑥ 《周濂溪集》，中华书局1985年版，第115页。

至贵者德而已矣。"① "道义者，身有之，则贵且尊。"② 周敦颐的道德人格层次说一方面为道德养成提供了可操作、可依循的方向指导，另一方面为道德养成的展开与实施提供了重要的理论基础与实践方向。无论是无思无妄，主静之"诚"，还是能够立于永动变化之地的"神"，抑或是能够见微知著、通察幽明之"几"，都是使普通人经由道德养成可能达成的理想状态，这就是道德养成教育最重要的意义所在。

三 以"诚"为主的教育内容

"诚"是周敦颐道德养成思想的理论原点。"《通书》一诚字括尽"③，后世学者认为周敦颐在《通书》中阐述的人伦道德思想甚至可以用"诚"一个字完全概括，虽然这种评价失之偏颇，但是从一个侧面反映了"诚"之于周敦颐的道德养成思想之重要。

在周敦颐看来，"诚"与宇宙万物共同资始，是道德之原点。周敦颐将"诚"从中国古典哲学中的一个普通概念提升为一个重要的伦理学概念，"诚者，圣人之本。大哉乾元，万物资始，诚之源也。乾道变化，各正性命，诚斯立焉，纯粹至善者也。……大哉《易》也，性命之源乎！"④ 周敦颐将道德起源的"诚"提升至"性命之源"的高度。

周敦颐认为"诚，五常之本，百行之原也"⑤。"诚"是理论化形态的道德，是对儒家崇尚的仁义礼智信等良好道德品质的形而上概括。自先秦开始，儒家对良好道德品质有着诸多描述。以孔子为例，将"仁"作为整个伦理道德的核心，建立以"仁"为中心的伦理道德体系，这一体系以出于家庭之"孝悌"为基础，以"爱人"为行动依据，以"忠"为社会准则，以"复礼"为外在表现，奠定了儒家的道德思想体

---

① 《周濂溪集》，中华书局1985年版，第115页。
② 《周濂溪集》，中华书局1985年版，第115页。
③ （清）黄宗羲、（清）全祖望：《宋元学案·壹》卷11，中华书局1986年版，第483页。
④ 《周濂溪集》，中华书局1985年版，第74页。
⑤ 《周濂溪集》，中华书局1985年版，第79页。

系。儒家道德思想体系历经先秦、汉唐之发展，至宋代，已经出现了高度理论化的需要。周敦颐一方面继承先秦儒家倡导仁义礼智等良好道德品质养成之外，另一方面希望为这些道德品质构筑一个坚实的理论基础。因此，在周敦颐的道德养成思想话语体系之中，将"诚"作为所有良好道德品质的根源，并且同时将"诚"作为所有良好道德品质的形而上的总括，即理论意义上的道德，这无疑为宋代理学家们的道德养成思想构建了一个极富哲学意味的研究语境。

除了将"诚"作为道德的起源、理论化的道德之外，周敦颐还论述了"诚"的另一重含义——能够经由道德养成而达成的最高道德标准。"圣，诚而已矣。"①"故诚则无事矣"②，周敦颐论述了"诚"在其道德养成思想理论体系中的第三层含义，即："诚"是整个道德养成的第一要义，是必须遵守的最高准则。

四 "主静""行之"的原则方法

（一）周敦颐道德养成的实施原则

由"诚"引发出周敦颐道德养成"主静"的原则，"如果说'以诚为本'的论述是对人的自身价值的逻辑展开和演绎，那么'主静'的道德修养论则是逻辑的落脚点，即如何才能体现人的崇高和伟大，如何才能做一个真正具有道德价值和人生意义的人"③。因为"寂然不动者，诚也"④，"诚"的外在表现就是"不动"，即"静"。换言之，主静是周敦颐提出的"诚"的道德本性的外在体现。所谓静，是无思，无为，无妄，无欲，强调去除杂念，静而为一，强调在无须人为矫饰的本然状态中实现对道德的体认。通过"主静"来实现对道德的体认，是周敦颐道德养成思想的开始，也是其道德养成思想的独特伦理魅力所在：

---

① 《周濂溪集》，中华书局1985年版，第79页。
② 《周濂溪集》，中华书局1985年版，第80页。
③ 陈谷嘉：《宋代理学伦理思想研究》，湖南大学出版社2006年版，第203页。
④ 《周濂溪集》，中华书局1985年版，第87页。

"主静"既强调一种高度集中的道德认知状态，又体现一种排除虚妄，诚实静一的道德向往。如果以现代道德过程理论来解释"主静"的道德养成原则，是道德认知和道德情感的有机统一。

如果将"主静"与"不动"、无为等同起来，作为周敦颐道德养成思想的具体实施方法，是否意味着与强调道德行为习惯养成为主的道德养成思想相悖？

事实上，"主静"只能以道德养成实施的原则而存在，如果将其作为道德养成的具体方法或手段，这也并非周敦颐论述"主静"作为道德养成的主要原则的初衷。这一点可以用周敦颐自己的论述来进行佐证："'圣可学乎？'曰：'可'。曰：'有要乎？'曰：'有。''请问焉。'曰：'一为要。一者，无欲也。无欲。则静虚动直。静虚则明，明则通；动直则公，公则溥。明通公溥。庶矣乎！'"① 这段话肯定了"圣"的道德人格高度是可以通过"学"来达到的，而学本身是一种"动"，与"主静"是否存在矛盾，周敦颐的回答是并不存在矛盾。"静"指"静虚动直"，是一种无欲无妄的纯净精神状态，"无欲则静虚而动直，静灵则明，明则通。动直则公，公则溥。明通公溥，庶矣哉"。这种心理和精神状态必须经过不断的道德养成训练才能得以达成，因此"主静"是道德养成的原则所在，是道德养成过程中必须下的功夫。

（二）周敦颐道德养成过程论

"圣人之道，入乎耳，存乎心，蕴之为德行，行之为事业。"② 周敦颐继承了先秦儒家学者的道德过程学说，"君子之学也，入乎耳，著乎心，布乎四体，形乎动静"③，认为道德养成（"圣人之道"）与学习过程具有同一性，需要获得道德知识，形成道德认知后，"蕴之为德行"，通过不断升华、内省后，形成积极的道德情感、道德理性、道德自觉，并且将道德浸润在整个生活过程之中，即"蕴之"之后付诸行动，赋

---

① 《周濂溪集》，中华书局1985年版，第107页。
② 《周濂溪集》，中华书局1985年版，第124页。
③ （清）王先谦著，沈啸宸、王星贤整理：《荀子集解》，中华书局1988年版，第12页。

道德以实践品格，在生活中不断进行道德实践，养成良好、稳定、始终如一的道德行为习惯，只有这样，才能"行之为事业"，向"圣人之道"看齐。可以说，周敦颐的道德养成的过程论具有十分鲜明的实践倾向。

(三) 周敦颐道德养成方法

周敦颐的道德养成思想有着极强的实践指导性。在周敦颐看来，道德养成的第一步是"睿思洪范"，"思曰睿，睿作圣，几动于此，而诚动于彼，思而无不通者，圣人也。非思不能通微，非睿不能无不通。故思者，圣功之本，吉凶之几也"①。道德养成重视过程，重视实践，同时也重视用内省的方式进行道德养成。

周敦颐将思考作为道德养成的第一步。他认为在道德养成教育实施的过程中，主体不进行思考，就无法做到聪慧睿智有洞见，这种状态被孔子称之为"罔"，即无知而迷茫。道德养成应该从"思"开始，才能使道德养成"既息其既往，也闭之将来"。至于道德养成的第二步，周敦颐认为应该是"惩忿窒欲""迁善改过"。"君子乾乾，不息于诚，然必惩忿窒欲，迁善改过而后至。乾之用其善是，损益之大莫是过，圣人之旨深哉！"② 周敦颐认为，要实现道德养成，必须惩忿窒欲。这与其"诚""主静"的思想一脉相承。道德养成的过程必须要摒除妄念，消除不合理的欲望，才能"静虚冲壹"；在进行道德修养的过程中，也只有见善则迁，有过则改，才能不断完善自己的道德人格，实现道德水平的不断进益。最后，在道德养成过程中必须"纯心用贤"，"仁义礼智四者，动静、言貌、视听无违之谓纯，心纯则贤才辅，贤才辅则天下治。纯心要矣，用贤急焉"③。也就是说，在道德养成过程中必须用美德的高标准严格要求自己，以美德的榜样力量鞭策自己，实现道德进步。同时，周敦颐专门论述了道德榜样在道德养成过程中的重要作用，

---

① 《周濂溪集》，中华书局1985年版，第94页。
② 《周濂溪集》，中华书局1985年版，第121页。
③ 《周濂溪集》，中华书局1985年版，第99页。

"道德高厚，教化无穷，是与天地参而四时同，其惟孔子乎。"① 现有史料也有记载，周敦颐曾问二程"寻仲尼、颜子乐处，所乐何事？"也从一个侧面反映周敦颐在道德养成过程中为学生树立具有高尚道德品格的榜样，以其高尚的道德行为、道德榜样启发学生思考，促进学生道德进步。

五 "穷禅客"真儒家：周敦颐道德养成思想评价

（一）"穷禅客"真儒家：周敦颐道德养成思想之渊源

周敦颐学说是否儒学正宗一直是争论的焦点。"宋儒之学，其入门皆由于禅。濂溪、明道、横渠、象山由于上乘；伊川、晦庵皆由于下乘。"② 认为周敦颐并非儒学正宗的学者认为，周敦颐学说中出现了大量释道两家的学术名词，如"无极"等，并且擅长用道家的学术话语去阐述问题，如周敦颐在论述其宇宙论的时候曾经认为宇宙形成的过程是由无极而太极，是一个从无到有、从混沌到明朗的过程，那么很难不让人质疑这种认为宇宙万物源于"无"的思想是不是受到佛老两家寂没之说的影响；周敦颐还以佛教崇尚的"莲花"借喻其道德和人格理想，甚至连早年求学于周敦颐的二程也曾评价周敦颐"周茂叔穷禅客"③。周敦颐也曾评价自己的学术思想深受佛教的影响，"吾此妙心实启迪于黄龙，发明于佛印。然易理廓达，自非东林开遮拂拭，无繇表里洞然"④。而在将周敦颐尊为儒学正宗、理学启蒙者的学者们看来，周敦颐引用了佛教和道教的阐释框架来实现儒学思想，是儒家道德养成思想的自身构建的表现，实现了将"性命道德"上升为与宇宙生发、人之存亡同样重要的高度，实际上是对儒学理论的一种创造性发展。

周敦颐一改前代痛斥佛老以尊儒的方式，而是通过援引道家和佛家

---

① 《周濂溪集》，中华书局1985年版，第127页。
② （明）黄绾：《明道编》卷1，中华书局1959年版，第6页。
③ （宋）程颢、（宋）程颐：《二程集·下》，中华书局2004年版，第85页。
④ （明）朱时恩：《居士分灯录》第86册，台北：新文丰出版公司1994年版，第600页。

的哲学方法阐释宇宙本源和道德起源问题。周敦颐的思想不仅将宇宙本原道德化，而且从中寻求伦理道德的永恒性依据，其著述虽简，但为宋代理学家的道德养成思想提供了重要的研究思路和解释框架，为宋代理学家道德养成思想提出了诸多重要的概念和命题，其道德养成思想的深邃意蕴为宋代理学家的道德养成思想体系的发展提供了重要的借鉴与启示意义。

（二）周敦颐道德养成思想的历史价值与现代意蕴

周敦颐肯定了人的道德生命即在当下。周敦颐认为人类生命同样受到宇宙发生法则的支配，人的生命同万物一样，有始有终，来于无极，经过阴阳五行的变化过程，又归于无极。这种对于人类生命（道德过程）的看法完全不同于佛老等宗教或怅惘前世因果，或寄托来生，而是关注当下。

周敦颐强调的道德养成思想不仅重视道德养成过程中对"天道"的尊敬与顺应，对社会道德即伦理的遵守，最具特色的还体现出道德养成应该具有个体享用性的功能。道德教育个体享用性的具体提出虽然是现代[1]，但是周敦颐在进行教育的过程中就已经开始启发学生思考"寻仲尼、颜子乐处，所乐何事？"这一问题，事实上，孔子周游列国，旅途中困厄艰难时"曲肱而枕之"，"饭疏食饮水"，条件之恶劣使得"从者病，莫能兴"，只有孔子"讲诵弦歌不断"；而颜回"一箪食一瓢饮"身居陋巷依然能"不改其乐"，这是道德养成过程中获得的积极的心理体验。周敦颐注意到了这种现象的存在，并且把它作为引导学生进行道德修养和个人修为的重要手段，是具有巨大的启发意义和借鉴价值的。这种对于自我修为的积极心理体验实际上会反作用于道德认知、道德情感与道德实践，促进良好与持续道德行为之形成。这种良好的心理体验得之于自我超越，顺应于天人之际，对整个宋代理学家道德养成思想体系具有启蒙意义，这也是周敦颐道德养成思想的独特魅力。

---

[1] 鲁洁：《试论德育之个体享用性功能》，《教育研究》1994年第6期。

周敦颐道德养成思想是与宋代以来的社会需求密切相关的，具有极强的时代性。周敦颐道德养成思想的初衷是扭转宋代以来的道德乱象，重振道德伦常。因此其道德养成教育思想的实践逻辑为：天下治的前提在于修己，"治天下有本，身之谓也。……是治天下观于家，治家观于身而矣"①。而良好的个人修养的形成则仰赖于道德养成的实施。故此，道德养成已经被以周敦颐为代表的宋代理学家提升至"天下治"的必要且充分条件的高度了。

周敦颐道德养成思想仍存在诸多缺陷，其修养论只涉及道德养成的大致原则，并未对其进行更为深入的探讨。吕思勉曾对周敦颐道德养成思想进行评价，"周子为理学开山，但发明其理，于修为之方，尚未及详"②。不可否认的是，在周敦颐生活的北宋年间，以其为代表的"濂学"虽然不能与北宋理学四大学派齐名，却从南宋开始，被看作是宋代理学乃至整个新儒学的开山鼻祖，周敦颐"穷理尽性以至于命"的原儒气魄，对理学家道德养成思想体系的形成乃至整个理学思想都有着初创之功。

第二节　以物观物，体四用三：
　　　　　邵雍道德养成思想

邵雍（1011—1077），字尧夫，因居于苏门山百源之上，又有百源先生之称。少年躬养父母，刻苦自励，后游历河南，受教于道教人士北海李之才，学《河图》《洛书》与《伏羲八卦》等先天象数之学，"探赜索隐，妙悟神契，多所自得"③。邵雍一生著述颇多，如《皇极经世》

---

① 《周濂溪集》，中华书局1985年版，第112页。
② 吕思勉：《理学纲要》，商务印书馆1931年版，第43页。
③ （清）黄宗羲、（清）全祖望：《宋元学案·壹》卷9，中华书局1986年版，第366页。

《观物内外篇》《先天图》《渔樵问对》《无名公传》《伊川击壤集》等。邵雍有着深邃的学术思想,受到时人敬仰,"士大夫识其车者,争相迎候"[①]。嘉祐、熙宁年间两次被举荐,皆称病不赴。逝后,宋哲宗赐谥康节。邵雍是北宋理学的奠基者,"北宋五子"之一。邵雍的理学思想与同一时期的理学家有着诸多差异,后人评价"康节之学,别为一家"[②]。邵雍思想体系之中,道德养成思想占有一席之地,主要通过《观物内篇》得以体现,《宋史》对邵雍之评价为"德气粹然,望之知其贤"[③]"高明英达,迥出千古,而坦夷浑厚,不见圭角,是以清而不激,和而不流"[④];同为"北宋五子"的程颢称赞邵雍的思想是"内圣外王之学也"[⑤]。

一 以"即物穷理"为哲学基础

邵雍思想体系多被作为哲学和中国古代科学史的研究对象,因为邵雍整个思想体系中最具特色的部分是其宇宙论与象数学。邵雍以其独特的宇宙论和象数学思想,被后世学者称为中国的毕达哥拉斯(Pythagoras)[⑥]。事实上,邵雍宇宙学与象数论与其道德养成思想并非完全隔绝。邵雍以"数"去研究自然世界、万物推演,其目的在于"以物观物",其核心是得出"人亦物也,圣亦人也"[⑦]的结论,即物质世界包括人,而圣人也是人类的一员,这样就将其研究视域从物质世界转到人的身上,再由人的身上转到具有最高道德水准的"圣"的身上。

---

① (清)黄宗羲、(清)全祖望:《宋元学案·壹》卷9,中华书局1986年版,第366页。
② (清)黄宗羲、(清)全祖望:《宋元学案·壹》卷9,中华书局1986年版,第365页。
③ (元)脱脱等:《宋史》第36册,中华书局1977年版,第12727页。
④ (元)脱脱等:《宋史》第36册,中华书局1977年版,第12728页。
⑤ (元)脱脱等:《宋史》第36册,中华书局1977年版,第12728页。
⑥ 张君劢:《新儒家思想史》,中国人民大学出版社2006年版,第206页。
⑦ 郭彧、于天宝点校:《邵雍全集》第1册,上海古籍出版社2016年点校本,第1148页。

与其他理学家重视"德性之知"的最大不同在于，邵雍在阐述道德养成思想的哲学基础的时候，十分重视"闻见之知"，邵雍曾经论及人的感觉器官对于认识真理、体验道德的重要意义，"人之所以灵于万物者，谓其目能收万物之色，耳能收万物之声，鼻能收万物之气，口能收万物之味。耳目鼻口者，万人之用也"①，只有通过感觉器官去体验万物之色、之声、之气、之味，才能从一件具体的事物之中体会到万事万物道理，"生一物之物当兆物之物者，岂非人乎？"②也只有通过对万事万物道理的体悟，实现对人伦道德的体悟，对宇宙人间最大道理的体悟，最终实现"体用交而人物之道于是乎备矣"③的境界。

邵雍重视"先天易"，试图运用象数、天文、数学等方法去探索物质世界的奥秘，将在物质世界发现的规律提升至生命与道德的高度，邵雍用"即物而穷其理"来实现对《周易》中所提出的、历代儒者一直以来作为学术理想的"穷理尽性以至于命"这一命题的阐述。

二 "以道尽人""正人""效我"的教育目的与作用

（一）邵雍论道德养成之目的

邵雍在其著述《皇极经世》中论述了道德养成之目的，"道之道，尽之于天矣；天之道，尽之于地矣；天地之道，尽之于万物矣；天地万物之道，尽之于人矣。人能知其天地万物之道所以尽于人者，然后能尽民也"④。在邵雍看来，包括人及其道德在内的万事万物，存在一个统一的法则，即"道"。"天""地"能够遵循"道"的指引，完美地体现"道"之准则；万物和人也应该秉承和体现这一准则。作为具有能够体察色、声、气、味能力的人，通过体察天地万物之中存在的普遍、永恒之"道"来实现对人本性的最完美体现；作为社会构成细胞的个

---

① 郭彧、于天宝点校：《邵雍全集》第1册，上海古籍出版社2016年点校本，第1148页。
② 郭彧、于天宝点校：《邵雍全集》第1册，上海古籍出版社2016年点校本，第1148页。
③ 郭彧、于天宝点校：《邵雍全集》第1册，上海古籍出版社2016年点校本，第1148页。
④ 郭彧、于天宝点校：《邵雍全集》第1册，上海古籍出版社2016年点校本，第1150页。

人本性的最完美体现，最终会实现全社会对"天道"的最完美体现。根据邵雍的阐述可知，道德养成的目的在于通过体察普遍存在于万事万物之中的"道"，来实现个体和社会道德水平的提升，这种提升正是人对天地之道的顺应与实现。

(二) 邵雍论道德养成作用

邵雍从"以道尽人""以道尽民"的道德养成目的论出发，认为道德养成的目的在于"正人"和"效我"。"教也者，正之也，自我而正人者也。"① 是邵雍认为道德养成教育的作用之一，"化也者，效之也，自人而效我者也"②。

"正人"是指使人的行为符合社会道德的规范，进而符合天地万物必须遵守的"道"，邵雍认为这一过程是由我及人、由一到多的过程。"效我"是邵雍提出的道德养成的作用。道德养成的作用不仅仅在于成一人或成多人，还在于整个社会的效仿，或者说整个社会风气之变化，这一过程则是由多到一的过程，即教育学原理视域中的"个体社会化"，是整个社会形成一致的道德认同的过程。此外，邵雍提出"循理则为常，理之外则为异"③"得天理者不独润身，亦能润心。不独润心，至于性命亦润"④。认为道德养成是"循理"的过程，其间能够达到"润心"之作用。

由这些论述可知，邵雍将道德养成作为个人道德进步、社会道德提升乃至统一文化形成的重要手段。"化之必洽，教之必浃，民之情始可一变矣。苟有命世之人继世而兴焉，则民虽如夷狄，三变而帝道可举。"⑤ 在邵雍看来，通过道德养成，社会才能融洽，教化才能浸润人心，社会风气才会为之一变，社会才能向着更好的方向发展。

---

① (宋)邵伯温：《邵氏闻见录》卷19，中华书局1993年点校本，第212页。
② (宋)邵伯温：《邵氏闻见录》卷19，中华书局1993年点校本，第212页。
③ 郭彧、于天宝点校：《邵雍全集》第1册，上海古籍出版社2016年点校本，第1215页。
④ 郭彧、于天宝点校：《邵雍全集》第1册，上海古籍出版社2016年点校本，第1220页。
⑤ 郭彧、于天宝点校：《邵雍全集》第1册，上海古籍出版社2016年点校本，第83页。

三 以儒家典籍为主要内容

邵雍将先秦创始儒家的典籍作为道德养成的主要内容。"以道德功力为化者乃谓之皇矣；以道德功力为教者乃谓之帝矣；以道德功力为劝者乃谓之王矣；以道德功力为率者谓之伯矣；以化教劝率为道者乃谓之《易》矣；以化教劝率为德者乃谓之《书》矣；以化教劝率为功者乃谓之《诗》矣；以化教劝率为力者乃谓之《春秋》矣。此四者天地始则始矣，天地终则终焉，始终随乎天地者也。"①

邵雍强调应该将儒家经典作为承载道德养成主要内容的载体，通过对儒家经典的研读去理解道德的本真含义，并且通过对道、德、功、力的习得，最终实现"化""教""劝""率"的普及与传播。可以说，邵雍在继承先秦儒家道德修养论的基础之上，将人类社会最重要的道德内容总结为"道""德""功""力"，继而对儒家传统的道德修养论进行扩充与发展，使得其道德养成的内容与道德养成的原则、方法紧密相连，构成一个衔接紧密、体系完整的道德养成思想体系。

四 "循理""润心""慎独尚行"的原则方法

道德养成在邵雍的教育思想之中占有十分重要的地位，甚至被邵雍认为具有提升个人德性、敦化社会风俗的重要作用，那么道德养成应该以何种方式进行呢？邵雍认为，"才者，天之良质也，学者，所以成其才也"②。人具有天生的良好禀赋，但是想要发扬良好禀赋，必须经由学习和修养达成。也就是说，邵雍在承认人具有先天的道德可能性的前提之下，认为人的良好德行的最终形成还需要通后天的学习、培养和磨炼才能实现。具体来讲，邵雍提出的道德养成的原则和方法包括：

一是趋善就新。邵雍继承了儒家"改过迁善"的道德养成传统，

---

① 郭彧、于天宝点校：《邵雍全集》第 4 册，上海古籍出版社 2016 年点校本，第 31 页。
② 郭彧、于天宝点校：《邵雍全集》第 1 册，上海古籍出版社 2016 年点校本，第 1177 页。

并加以发展,强调"人善不趋,己恶不除去,谓之知道,不亦难乎"①"有过不能改,知贤不能亲,虽生人世上未得谓之人""就新须果敢,从善莫因循""见善必为"。认为在道德实践中祛恶扬善,不断改进道德行为,使之不断向着更高、更好的方向发展。

二是慎独尚行。"慎独"是儒家的自我修养功夫,自先秦创始儒家开始就已经作为道德养成的重要方法之一。邵雍发展了儒家"慎独"的修养观,强调在加强自身修养的同时应该禁不善的思想于未萌之时,"凡人之善恶,形于言发于行,人始得而知之,但萌诸心发于虑,鬼神已得而知之矣,此君子不可不慎独也","无口过易,无身过难;无身过易,无心过难……是知圣人所以立于无过之地者,谓其善事情于心者也"。

此外邵雍十分重视实践在道德养成过程中的重要性,"眼能识得,耳能听得,口能道得,手能做得,身能行得,心能放得,六者尽能,与天同德"。邵雍除了要求道德养成要在"事心"上下功夫,更要求重视道德践行。要求人在道德养成过程中将道德思想与道德行为两相对照,"虽闻言语处,更看作为时"。

当然,在邵雍看来,虽然道德养成需要通过多种方法和途径来实现,但是这些与教育者的"化""教""劝""率"行为却是密不可分的。因此,邵雍在日常生活中尤为重视其"化""教""劝""率"的行为,以其来教化、感染弟子门生与周围民众。据记载,邵雍本人"与人言,乐道其善而隐其恶"②,虚怀若谷,极具长者风范;在与人交往过程中,"人无贵贱少长,一接以诚,故贤者悦其德,不贤者服其化"③,对乡里感化之功尤为明显,甚至邻里家中骨肉之间有无法决断之事,也需要请邵雍为之辨明,主动追随邵雍,在邵雍家附近安家。正是受邵雍极强道德感化力之影响,"一时洛中人才特盛,而忠厚之风闻

---

① 郭彧、于天宝点校:《邵雍全集》第4册,上海古籍出版社2016年点校本,第337页。
② (元)脱脱等:《宋史》第36册,中华书局1977年版,第12727页。
③ (元)脱脱等:《宋史》第36册,中华书局1977年版,第12727页。

天下"①。

五 "以物观物"的"异数"：邵雍道德养成思想评价

邵雍是北宋理学家中的"异数"。邵雍之"异"，既体现在其"以物观物"的道德认识论，又体现在其道德养成思想的具体论述之中。

邵雍的道德养成思想，以儒家经典为主要内容，尤重《易》《书》《诗》《春秋》的教化之功；在道德养成的原则与方法方面，发展了先秦原创儒家的改过迁善、慎独等方法，尤重践行对于道德养成的重要作用，为其后宋代理学家的道德养成思想体系的构建提供了思想基础。邵雍之"异"还体现在其道德养成思想不仅来源于儒家，更有着极为明显的道家思想痕迹，"他（邵雍）所以不被程朱这一派的人所重视，就因为他的思想来源不仅仅局限在《周易》里面；即使是谈到《周易》，他也有一个毛病，就是把汉儒的象数中的许多枝枝节节的问题，又加上河图洛书——所谓新的象数派的很驳杂的学说拉到《周易》里面来。尤其他在解释'无极'、'太极'的时候，他根本的出发点是道家的思想，是庄子的思想，因而，那些自命为'纯儒'的人，自然要对他有所微辞了"②。即使如此，邵雍以其"以物观物"的道德认识论，"以道尽人""以道尽民"的胸怀，构建了独具一格又极富学术魅力的道德养成理论。

第三节 民胞物与，礼以持性：
张载道德养成思想

张载（1020—1077），字子厚，宋仁宗时期，随其父张迪知涪州，其父卒于任上。"诸孤皆幼"③。张载"少孤自立，志气不群"④，早年

---

① （元）脱脱等：《宋史》第36册，中华书局1977年版，第12727页。
② 方东美：《新儒家哲学十八讲》，中华书局2012年版，第212页。
③ （清）黄宗羲：《宋元学案·壹》，中华书局1986年版，第662页。
④ （清）黄宗羲：《宋元学案·壹》，中华书局1986年版，第662页。

有收复洮西失地的志向，曾醉心兵法，偶遇时任知永兴军、陕西经略安抚招讨副使的范仲淹。范仲淹"知其远器"，认为张载有成大才之象，劝勉张载研究儒学，并赠予张载《中庸》一卷。张载立志向学，"求诸释、老，乃反求诸六经"①，在钻研儒学的同时，积极引入佛教和道家的思想方法去论证儒学问题。张载认为，"知人而不知天，求为贤人而不求为圣人，此秦、汉以来学者之大蔽也"②。因此主张"以易为宗，以中庸为的，以礼为体，以孔、孟为极"③。张载一生著述丰富，现有《西铭》《东铭》《正蒙》《理窟》等著作存世。《宋史》评价张载"学古力行，为关中士人宗师"④，宋代学者吕大防评价张载"善发明圣人之遗言"⑤。研究张载的道德养成思想，主要以其《正蒙》《理窟》等著作为研究依据。

一 以气本论与人性二元论为哲学基础

宋代理学家在探讨道德养成问题时与前代学者最大的差别在于：宋代理学家探讨道德养成思想并不是就道德论道德，或是就教育论教育，而是将道德、伦理、教育置于一个前后一致、体系完整的理论体系中阐述。因此，宋代理学家道德养成具有了卓乎前代的特征，即宋代理学家的道德养成有着深刻的哲学基础，并与理学家有关宇宙、自然、人性等看法一脉相承、和谐一致。张载作为关学的开山宗师，其道德养成思想呈现了宋代理学思想体系的这一特征。

气一元论是张载道德养成思想的哲学基础。张载认为"太虚无形，气之本体"⑥，认为太虚实际上拥有形而下的形态，即"气"。可以说，张载在《正蒙》第一篇中确定了宇宙的本体——"气"的地位。"其聚

---

① （清）黄宗羲：《宋元学案·壹》，中华书局1986年版，第662页。
② （清）黄宗羲：《宋元学案·壹》，中华书局1986年版，第663页。
③ （清）黄宗羲：《宋元学案·壹》，中华书局1986年版，第663页。
④ （元）脱脱等：《宋史》第36册，中华书局1977年版，第12724页。
⑤ （元）脱脱等：《宋史》第36册，中华书局1977年版，第12724页。
⑥ 章锡琛点校：《张载集·正蒙太和篇第一》，中华书局1978年版，第7页。

其散，变化之客形尔；至静无感，性之渊源；有识有知，物交之客感尔。"① 张载认为"气"是宇宙的本体，是构成宇宙万物生发的本原，"气"的不同变化态势，即"气"之聚散，为万物的变化提供了具体形态；人的道德性之形成、人的道德认知、道德情感都是"气"不断变化的结果。张载的宇宙论可以被称为"气一元论"或"气本论"，这种探讨宇宙本原的哲学思想与佛老两家倡导宇宙本原的寂没说有着根本的分别，呈现出朴素的唯物主义倾向。

张载论述宇宙本原，是为了对人性问题展开论述。在张载看来，由于人和宇宙万物同源，"性者，万物之一源，非有我之得私也"②，人的本质与万事万物的本质具有同一性，人的本性就是"气"的本性，"性与天道合一乎诚"③，人的本性如果顺应天道，那么就会达到无虚无妄的境界。

既然宇宙万物与人有着相同的本原，为何未体现为迥然各异的形态和特征？张载将"性"一分为二，即"天地之性"与"气质之性"。"天地之性"得之于"太虚"，具有太虚和"气"最本然之性，是至善、至淳、至高之性，"天地之性久大而已矣，莫非天也"④。"气质之性"则是"气"与个体特性结合在一起后形成的，是应口腹鼻舌之欲的生活物质要求而存在的，它不仅包含与天地同原的至善、至美因素，也包含受到物欲蒙蔽之后的因素，因此"气质之性"是善恶混杂的。由于在每个人身上"天地之性"和"气质之性"存在差异，因此人就显现出千人千面、各具特色的巨大差异。但是同时张载认为，即使人之间差异巨大，每个人的身上都存在这种秉承天地的"天地之性"，因为"天性在人，正犹水性之在冰，凝释虽异，为物一也"⑤。也正因如此，心能尽性，反映"气"与"天地之性"的本质，人也能够通过

---

① 章锡琛点校：《张载集·正蒙太和篇第一》，中华书局1978年版，第7页。
② 章锡琛点校：《张载集·正蒙太和篇第六》，中华书局1978年版，第21页。
③ 章锡琛点校：《张载集·正蒙太和篇第六》，中华书局1978年版，第20页。
④ 章锡琛点校：《张载集·正蒙太和篇第六》，中华书局1978年版，第20页。
⑤ 章锡琛点校：《张载集·正蒙太和篇第六》，中华书局1978年版，第22页。

道德养成来弘扬美德,即"人能弘道"①。至此,张载将宇宙生成、天道、人性和道德养成有机联系起来,成为一个由"气"一以贯之的思想系统。

二 "敦本善俗""变化气质"的教育目的

从宏观来看,张载论道德养成之目的是与其"为万世开太平"的社会理想密切相连的。张载道德养成的根本目的在于通过个体"变化气质"来实现"敦本善俗"的社会教化气象,继而实现"为万世开太平"的理想。张载的道德养成思想与宋代其他理学家的道德养成思想有着相同的时代背景,也呼应着相同的时代呼唤。如前文所述,两宋社会经济发展面临着重大挑战,北宋时期突出的社会矛盾与日益严峻的民族矛盾使得北宋时期的社会道德面临崩塌的危险,汉代以来确立的儒家道德体系不断受到佛老思想挑战,五代十国以来战争频仍,文化相对落后,民族政权给当时以儒家文化为主体的宋代社会道德伦理带来巨大冲击。在这样的时代背景之下,宋代理学家们要解决的首要问题就是进行学术创造与构建,在实现儒学振兴的同时整饬社会伦理,通过"变化气质"来实现敦化风俗、淳于教化的目标。

从微观来看,张载认为"天地之性"虽然长存人心,但与物欲交感的"气质之性"却使"天地之性"蒙尘,因此在肯定"天地之性"人皆有之的同时依然强调通过后天的学习才得以"变化气质""学为圣人",实现个体道德之养成。

生活在关中地区的张载,能够更为直接和真切地感受西部少数民族政权对宋政权的连年侵扰。面对北宋政权以"赐岁币"的名头年年向西夏纳岁币的现实,面对连年征战导致的民生凋敝和战乱后人民生活的痛苦,张载一生都在求索破解之道。早年的张载将"开太平"之道寄托于钻研兵法,后寄托于佛老之言,最后通过进行儒学研究,援佛老入

---

① 章锡琛点校:《张载集·正蒙太和篇第六》,中华书局1978年版,第22页。

儒，通过道德养成实现每个个体的"变化气质"，再以礼为主要内容；通过主张恢复上古的儒家之礼，起到移风易俗，改变社会伦理凋敝、道德沦丧的现状，即"敦本善俗"；再经由社会风气和伦理的整饬，实现"为往圣继绝学，为万世开太平"的宏伟目标。冯友兰概括张载"为天地立心，为生民立命，为往圣继绝学，为万世开太平"是"横渠四句"，其中第一句是张载教育思想中的哲学体系构建，是对张载学术思想贡献的概括，第二句是张载教育思想中人文精神的回归，第三句是张载的学术使命，第四句是张载包括道德养成思想在内的整个学术思想的最终目标与归宿。

三 "民胞物与""尊礼贵德"的教育内容

（一）"民胞物与"，友爱信睦的社会理想

"乾称父，坤称母。予兹藐焉，乃混沌中央。故天地之塞，吾其体；天地之帅，吾其性。民吾同胞，物吾与也。"[①] 这是张载在《正蒙乾称篇第十七》中提出的思想，后来因为这部分内容意蕴深刻，理论价值极高，被抽出并分为两个部分单独命名，即《西铭》与《东铭》。

张载这段论述沿用了先秦创始儒家论述问题的语言范式和逻辑框架，将家庭关系作为论述社会伦理和哲学问题的出发点，运用类比的方式阐述人与宇宙、天地万物同源这一逻辑。张载将乾坤比拟成为天地万物之父母，乾坤为大地万物赋予了秉性。从人与天地万物同源这个意义上讲，人与人之间是同胞，人与物之间也具有源头上的同胞之谊。同胞关系被推演出来之后，自然而然得出了"仁爱"的观念。儒家这种普遍仁爱的观念，与佛教中的博爱精神有着异曲同工之妙，这与儒家学者自先秦创始儒家以来就拥有的以仁德关爱他人的人文精神是一脉相承的，却与宗教在宣扬通过博爱以摆脱现世之苦、生死之祸、轮回之困的目的有着根本不同。也正是因为"儒者对整个人类则是充满着仁爱之心

---

① 章锡琛点校：《张载集·正蒙乾称篇第十七》，中华书局1978年版，第62页。

的，因为众生之病者甚多，不得不需要爱以减少众生之病痛。因此不重视对人类之爱，儒家的复兴将是不可能的"①。张载的这段论述，被后世学者总结为"民胞物与"，既代表了一种社会和谐思想，也是一种对道德必要性的本体论构建。在其整个道德养成思想中具有极其重要的地位。"民胞物与"的思想被宋代理学家极力推崇，后来更成为儒家学者的共同期望，是一种合乎道德且值得整个人类共同追求的崇高社会愿景。

（二）"尊礼贵德""变化气质"是张载道德养成的内容核心

"礼"是张载道德养成最主要的内容，也是其道德养成的核心。中国儒家有着重礼的特质，更有着悠久的"礼教"传统。从先秦创始儒家倡导以"克己复礼"为途径促进个体无限接近"仁"之品德，强调"道之以德，齐之以礼"（《论语·为政》），通过礼教实现"有耻且格"的社会教化，更强调"约之以礼"（《论语·雍也》），将"礼"作为社会准则和行为规范加以推广，来实现"经国家，定社稷，序人民，利后嗣者也"（《左传·隐公十一年》）的社会治理。

张载继承了先秦儒家重礼的学术倾向，提出"礼即天德之德也"②的主张，认为礼是"天德"，是至善至纯之道德，认为"礼所以持性，盖本出于性，持性，反本也。凡未成性，须礼以持之，能守礼已不畔道矣"③，认为人作为兼具自然属性与社会属性的生命个体，礼是人社会属性的外在表现，更是人社会属性的重要载体。张载继承和发展儒家重视礼教传统的同时，强调"礼"是顺应"天地之气"而成，是人用以抗衡物质世界的纷繁欲望诱惑，保持和重返"天地之性"的最重要手段。因此，人必须通过习礼、知礼、践礼、守礼等步骤进行道德养成，才能真正顺应和重返至纯至善的"天地之性"。"礼"作为张载最为重视的道德养成思想内容，是所有人都应坚持学习、不断持养的，因为即

---

① 张君劢：《新儒家思想史》，中国人民大学出版社2006年版，第122页。
② 章锡琛点校：《张载集》，中华书局1978年版，第264页。
③ 章锡琛点校：《张载集》，中华书局1978年版，第264页。

使如颜渊这般品行高尚，无限近乎仁的儒者，毕生功夫都是"方勤勉于非礼勿动。勉勉者，勉勉以成性也"①，其他人自不待言，应该将学礼、持礼作为提升道德修养、恢复"天地之性"的重要内容。学礼除了能够让人接近"天地之性"，使得品德修养无限接近于最高尚的道德水平，更是规范人的行为、敦化社会风俗的重要方法，"使动作皆中礼，则气质自然全好"②。

因此，"知礼成性""以礼立教"是张载道德养成的重要内容和突出特色，这种重礼的学术倾向既是对先秦儒家道德养成思想精神的继承，更是开创了两宋学者以礼立教、以礼持德的学术主张。因此，后世学者评价张载"子厚以礼教学者最善，使学者先有所据守"③。

四 "养正于蒙""事中明理"的原则方法

（一）养正于蒙，及时施教

张载的道德养成的前提与主要原则就是重视道德养成在儿童生命早期的重要意义，并强调把握教育时机，及时及早施教。张载认为，培养一个人的道德品行与伦理精神，应该从童蒙时期开始。中国有着重视儿童早期教育的传统，"蒙以养正，圣功也"（《周易·蒙卦》），张载将重视儿童早期教育的思想发扬光大，并且从道德养成角度去论述儿童早期教育的重要性，"'蒙以养正'，使蒙者不失其正，教人者之功也。尽其道，其唯圣人乎"④，将树立正确的道德观念（"不失其正"）作为教育者最重要的任务之一。张载最重要的学术著作《正蒙》即是以此命名，可见其道德养成对儿童早期发展重要性的关注。

对儿童来讲，何种道德教育是最适合其心灵发展的呢？张载认为，道德养成应该在儿童早期展开，并且应该"及时"。张载主张"进德修

---

① 章锡琛点校：《张载集》，中华书局1978年版，第264页。
② 章锡琛点校：《张载集》，中华书局1978年版，第265页。
③ 章锡琛点校：《张载集》，中华书局1978年版，第336页。
④ 章锡琛点校：《张载集》，中华书局1978年版，第31页。

业，欲及时也"，并且援引古人进德修业的做法，认为理想的状态是人在孩提时候就应该被教导以礼仪之事，使其明白为人的道理，并且直指它生存时代教育的一大弊端。即是"今世学不讲，男女从幼便骄惰坏了，到长益凶狠，只未尝为子弟之事"①，使得年青一代丧失从小修身进德的良好时机。因此，张载主张在儿童生命早期就进行道德养成，是"圣功"之一，而且应该在进行道德养成过程中及时施教，切勿错失良机。

（二）"教之示以好恶有常"

"教之示以好恶有常。至如不欲犬之升堂，则时其升堂而扑之。若既扑其升堂，又复食之于堂，则使孰适从，虽日挞而求其不升堂，不可得也。"② 张载在这段论述中以训练狗为例，指出在教导儿童过程中应该坚持教育影响一致性的原则，授之以明确的道德知识、道德规范，帮助儿童形成明确的道德认知，并且通过不断践行使这种道德认知转化为准确的道德判断。

（三）"事中明理"

张载认为，应该让儿童在良好行为的不断践行中实现"事中明理"以养成良好的道德行为习惯。据记载，张载在进行道德养成过程中，"教童子以洒扫应对"③，因为在张载看来，"洒扫"不仅是家务，"应对"不仅是日常交往，而是"诚心所为，亦是义理所当为也"④，洒扫应对变成了使心返"诚"的途径，成为道德修养的第一步，将洒扫应对等日常生活琐事的处理赋予了道德伦理的含义，将按照德性的要求完成日常之事作为道德修养的第一步，也作为践行道德、涵养道德的第一步。因此，张载说"世儒之学，正惟洒扫应对便是，从基本一节节实行去，然后制度文章从此而出"⑤，意思是以道德的标准处理

---

① 章锡琛点校：《张载集》，中华书局1978年版，第280—281页。
② 章锡琛点校：《张载集》，中华书局1978年版，第285页。
③ （清）黄宗羲、（清）全祖望：《宋元学案·壹》，中华书局1986年版，第664页。
④ 章锡琛点校：《张载集》，中华书局1978年版，第286页。
⑤ 章锡琛点校：《张载集》，中华书局1978年版，第288页。

好洒扫应对等事，逐渐形成良好稳定的道德行为习惯，是成贤成圣的第一步。

（四）"以礼持性"

前文提及，张载的整个道德教育思想的基础之一就是尊德重礼。如果说"礼"是张载道德养成思想的重要内容，那么"以礼持性"就是张载道德养成的重要方法和手段。《宋元学案》中曾经记载张载"以礼持性"进行道德养成的实践活动。张载发现当时关中地区丧礼、祭祀存在诸多问题，"患近世丧祭无法，期功以下未有衰麻之变，祀先之礼袭用流俗"①，故倡导用先秦时期的古礼作为规范关中地区民众生活、祭祀祖先的标准，提出"一循古礼为倡"②。

此外，张载在对自家子弟进行教育的过程中，更是重视礼教的重要性，"女子未嫁者，使观祭祀，纳酒浆，以养逊弟，就成德"③。张载主张所有的子弟都应该知礼、践礼，甚至连家中年幼未及婚配的女子，也必须接受"礼"的熏陶，在进行祭祀的过程中，家中子弟都要观礼，并且参与到具体的祭祀事务之中，如传递酒浆俎豆等祭品、祭器。张载"以礼持性"的主张是对"观于祭祀，纳酒浆、笾豆、菹醢，礼相助奠"（《礼记·内则》）思想的继承和发扬。对自己子弟如此，对敦化关中风俗也是如此。在为祈州司法参军时，张载"政事以敦本善俗为先，每月吉，具酒食，召乡人高年会县庭，亲为劝酬，使人知养老事长之义，因问民疾苦，及告所以训戒子弟之意"④。"与诸生讲学，每日告以知礼成性、变化气质之道，学必如圣人而后已。"⑤ 张载对"以礼持性"道德养成方式的坚持和传播，遵循儒家修身、齐家、治国、平天下的展开逻辑，使得关中风俗为之一变。

---

① （清）黄宗羲、（清）全祖望：《宋元学案·壹》，中华书局1986年版，第663页。
② （清）黄宗羲、（清）全祖望：《宋元学案·壹》，中华书局1986年版，第664页。
③ （清）黄宗羲、（清）全祖望：《宋元学案·壹》，中华书局1986年版，第664页。
④ （元）脱脱等：《宋史》第36册，中华书局1977年版，第12723页。
⑤ （元）脱脱等：《宋史》第36册，中华书局1977年版，第12724页。

五 "为往圣继绝学,为万世开太平":张载道德养成思想评价

张载的道德养成思想对宋代理学家道德养成思想体系有着重要奠基作用。

其一,张载与周敦颐、邵雍共同开创了宋代理学家运用哲学思想研究物质世界产生、发展、变化的先河,使得宋代理学家的研究视域十分广阔,然而张载对于宋代理学的贡献不限于此。张载重视用哲学思想解释自然世界产生发展变化规律,是为了解释人在宇宙万物中存在的合理性以及道德存在必要性的问题,也正是因此张载在概括自己毕生志向的时候提出了"为天地立心"之说。具有朴素唯物主义倾向的张载肯定"天地"的物质性的同时,还强调为之"立心",其实就是希望通过强调道德人性与万物生成有着相同本原、相同属性的逻辑来确定和提升人伦道德的重要地位。这一论述为之后的理学家道德养成思想奠定了重要理论基础,也为道德养成实践的展开提供了前提与可能。

其二,张载"不用物质因素解释心灵或道德价值,所以他相信道德法则是自律自主的"[1]。张载在解释宇宙万物生成的时候,采用了"太虚"和"气"等哲学概念,对宇宙生成、发展变化的过程进行解释,为宇宙的本原和包括人的道德存在在内的诸多问题提供了形而下解释之可能。但是在讨论道德养成何以可能的时候,张载又回到了中国传统哲学的立场,认为道德法则是可以存在于物质世界之外的。这种思想上的矛盾,一方面使得张载认为道德与物质有着同样起源,有着形而下的实体;另一方面造就了张载认为道德法则永恒存在,不以物质运动、世事变化为转移的认知,这是张载道德养成思想中的固有矛盾。

其三,张载是宋代理学家第一个用二元论论述人性的哲学家,他将人性划分为"天地之性"与"气质之性",认为天地之性淳善无瑕,气

---

[1] 张君劢:《新儒家思想史》,中国人民大学出版社2006年版,第123页。

质之性则是天地之性与物质世界交感而生的包含"不善"和欲望的因素。张载相信教育对于变化气质的重要作用,"人之刚柔、缓急,有才与不才,气之偏也"①。"形成后有气质之性,善反之则天地之性存焉。"②"性于人无不善,系其善反不善反而已。"③ 张载的这种对人性道德的二元划分,解释了中国传统"性恶论"中"恶"的来源问题,提出了一个在理论上能够自圆其说、极具突破性的解释,深刻影响了程颐、程颢和朱熹等理学家的道德养成思想。

其四,张载"民胞物与"的思想赋予了仁德以更为普遍的伦理意义,在拓宽儒家学者学术气象的同时也将儒家的社会责任拓展为对人类和世界普遍的尊重与热爱的范畴,在儒家的道德养成思想史上具有十分重要的开创之功。因此,虽然后世认为周敦颐为理学的开山宗师,对于理学道德养成思想体系的建设有"破暗"之功,但是真正为宋代理学家道德养成思想奠定思想基础的哲学家非张载莫属。

张载道德养成思想的意义在于"为往圣继绝学,为万世开太平"。作为"北宋五子"之一,张载的道德养成思想在其整个学术思想之中占有极其重要的地位,也有着超乎寻常的重要意义。张载的道德养成思想曾经被评价为"以易为宗,以中庸为的,以礼为体,以孔、孟为极"④,可以看出张载整个学术体系的建立与展开都是以儒家学说为核心和依据的,这与同一历史时期的其他理学家援引佛老的解释框架有着巨大的不同。也正是因为如此,"横渠四句"中张载认为自己的学术使命之一在于"为往圣继绝学",事实上张载实现了对宋代理学家所谓儒家"道统"的继承,即对先秦儒家原典的重新阐释与意义构建。此外,张君劢曾经对张载"天地之性""气质之性"二元观念进行评价,认为"张载之说极有助于个人修养之功夫。他强调个人自修其身就是改变气

---

① 章锡琛点校:《张载集》,中华书局1978年版,第23页。
② 章锡琛点校:《张载集》,中华书局1978年版,第23页。
③ 章锡琛点校:《张载集》,中华书局1978年版,第23页。
④ (清)黄宗羲、(清)全祖望:《宋元学案·壹》,中华书局1986年版,第664页。

质之性。去欲、定心、抑制名利之念等均为改变气质之性的办法。人若达到可以改变气质之性的境地，便表示他能控制自己或回到自己本然为善的天地之性"①。也就是说，张载将人性划分为"天地之性""气质之性"，为人可以通过后天的学习和行为习惯训练，实现"变化气质"即道德养成之目的，这一观点的提出阐释了道德养成之于人的可能性与必要性，更为人之向善、社会风俗纯化之可能提供了学理依据。这无疑为张载之后的宋代理学家及其后学论述道德养成的合理性提供了理论基础与实践之可能。

第四节　养正于蒙，敬义兼持：
二程道德养成思想

程颢、程颐，世称明道先生、伊川先生，是北宋时期著名的理学家。二人为同胞兄弟，思想主张方面有着较高的一致性。二程道德养成思想是北宋理学发展到较高阶段的代表，也是北宋到南宋在道统传递上的主流学派。

二程理学道德养成思想在宋代理学家道德养成思想体系中具有十分重要的作用，朱熹曾经评价二程思想在理学思想体系构建过程中的重要性，"国初人便已崇礼义，尊经术，欲复二帝三代，已自胜如唐人，但说未透在。直至二程出，此理始说得透"②。二程对理学道德养成思想体系构筑的贡献体现在以下几个方面。

在道德养成的基本概念方面，二程提出"理""性"等概念并对这些概念的内涵进行界定，提出"性即理"的论点，是"理学""性理学"两个名词产生和理学得名的重要依据。在道德养成内容方面，二程是北宋时期理学家道德养成思想的融会贯通者，其思想内容丰富、涵盖

---

① 张君劢：《新儒家思想史》，中国人民大学出版社2006年版，第120页。
② （宋）黎靖德：《朱子语类》第8册，中华书局1986年版，第3090页。

广泛。在道德养成思想的体系构建方面,二程对北宋时期理学家的道德养成思想有扬有弃,自成派别,又深刻启发了朱熹的学术思想,最终其思想与朱熹的道德养成思想成为所谓"理学正宗",为南宋以后中国古代社会提供了赖以支撑的伦理道德思想。对二程道德养成思想的研究,以《二程集》与《宋元学案》同载的《体仁篇》《二程粹言》《河南程氏遗书》《颜子所好何学论》《语录》《请修学校尊师儒取士劄子》等篇为依据。

一 "人与天地一物"的哲学基础

（一）二程对道德本原问题的探讨

程颢认为"所以谓万物一体者,皆有此理,只为从哪里来……皆完此理"[1]。从二程对"理"的论述可知,理是事物本来的、必然的规律,也是万事万物变动不居的驱动力,理就是万事万物唯一的本原。因为理是永恒不变的,因此不会随着时间、空间或具体事物、具体历史人物而发生改变,天理不能增减,不能损益,是超越时间、超越空间的、绝对性的存在。"天理云者,这一个道理,更有甚穷？不为尧存,不为桀亡。人得之者,故大行不加,穷居不损。这上头来,更怎生说到存亡加减？是他（原）无少欠,百理具备。"[2] 二程将其道德养成思想构筑于坚实的哲学思想基础之上。

在论述"天理"是万事万物的本原之后,二程指出"人与天地一物也"[3],"一人之心即天地之心,一物之理即万物之理"[4],认为人和天地在本质上是一致的,因而人与天地拥有相同的本原,进而将"天理"作为道德的本原加以论述。"在天为命,在义为理,在人为性,主于身,其实一也。心本善,发于思忆,则有善有不善。若既发,则可谓

---

[1] （宋）程颢、（宋）程颐:《二程集·上》,中华书局1981年版,第142页。
[2] （宋）程颢、（宋）程颐:《二程集·上》,中华书局1981年版,第20页。
[3] （宋）程颢、（宋）程颐:《二程集·上》,中华书局1981年版,第117页。
[4] （清）黄宗羲、（清）全祖望:《宋元学案·壹》,中华书局1986年版,第591页。

之情，不可谓之心。"① 虽然天地万物本原只有"理"，但是同样的"理"作用在不同地方，就体现为不一样的特征与外在表现，体现为万事万物的形态万千。二程在此论述的基础之上进一步提出"理"也是道德的本原，二程进而发扬孟子"大行不加，穷居不损"（《孟子·尽心上》）的思想，指出人的思想与行为如果能够顺应"理"的规律与要求，那么人在顺境时不会恣意忘形，隐居不仕或处于逆境时道德水平也不会有所降低。

虽然把宇宙万物的本原与道德本原等同是宋代理学家学术思想的一种趋势，但是二程将"理"作为道德乃至万事万物本原的思想仍然具有重要的意义。阐述"理"为道德本原之后，二程进一步论述了"理"与道德之关系，"天理之不存，则与禽兽何异也"②，认为是否顺应"天理"是人兽之间的本质区别，是人之为人的根本依据。因此，对于道德的追求，亦即对"天理"的追求，是人生最重要的使命之一，由此引发对道德养成重要性及如何展开的阐释。

（二）"天命之性""气禀之性"：二程对人性问题的认识

"天地絪缊，万物化醇。生之谓性。……人与天地一物也，而人特自小之，何耶？"③ 认为"理"是天地之性，天地之性与人性一致，人性与天地统一，如果人不能意识到这一点就是妄自菲薄了。此言在于肯定人与自然之统一，是一种道德自觉。由此可知，理即人性，或说"性即理"。由于人性与天地一致，因此人不应在天地万物面前轻视自己，对于人性问题的讨论被二程置于一个更为广阔而普遍的空间之中。在肯定人性即天地之性、人性即理这一基本前提之后，二程开始用"理"与"气"两个概念探讨人性善恶问题。二程深受张载"天地之性"与"气质之性"的启发，认为在阐述人性问题的时候必须阐述清楚"理"与"气"之关系以及二者对人性的影响，"论性不论气，不备；论气不

---

① （宋）程颢、（宋）程颐：《二程集·上》，中华书局1981年版，第204页。
② （宋）程颢、（宋）程颐：《二程集·下》，中华书局1981年版，第1263页。
③ （宋）程颢、（宋）程颐：《二程集·下》，中华书局1981年版，第127页。

论性，不明"①，二程提出论述人性问题必须以"理""气"二因素来展开论述的原因在于，仅就人性而论人性，对于人性的讨论会失于偏狭；相反，如果仅论述"气"与"理"的关系，而不将这一思考引申到人性论的高度，那么人性问题将永远没有定论，因为这就无法解释本来应该为"善"的人性为何会有"不善"出现。

因此，二程进一步指出"气是形而下者，理是形而上者"②，强调"理"作为事物本原、形而上的绝对精神存在，而"气"则由"理"生发出来，是"理"形而下的外在体现。人性的本原是"理"，由于"理"是善的，因此人性的本质也是善的，程颐强调"自性而行皆善也，圣人因其善也，则为仁义礼智信以名之，以其施之不同也，故为五者以别之，合而言之皆道，别而言之亦皆道也"③。"性即理也。所谓理，性是也。天下之理，原其所自，未有不善，喜怒哀乐未发，何尝不善"④，二程将这种应然状态的人性称为"天命之性"，即"天命之性"为善。但是人性的最终形成，还要受到"气"之氤氲交感，五行敷施的影响，在"气"的作用之下，人性可能体现出"不善"的状态，即"气禀之性"。作为"理"外在表现的"气"有善与不善，清与浊之分，因此人性受"气"之清浊的影响，体现为或贤或愚，或善或恶。因此在二程看来，人性虽然有着与"理"顺应一致、至善的应然状态的"天命之性"，但也有着或善或恶的"气禀之性"。由此，二程以"理""气"构建了独具特色的人性论思想。

之所以说二程人性论思想独具特色，是因为二程以孟子"性善论"为出发点，通过论述和区分应然之性和实然之性，寻找到了人性中实然存在的"不善"即"恶"之来源，是对先秦儒家人性论思想的创造性继承，既肯定了人性本善，又揭示了人性中不善的来源，还打破了汉唐

---

① （宋）程颢、（宋）程颐：《二程集·上》，中华书局1981年版，第84页。
② （宋）程颢、（宋）程颐：《二程集·上》，中华书局1981年版，第145页。
③ （宋）程颢、（宋）程颐：《二程集·上》，中华书局1981年版，第320页。
④ （宋）程颢、（宋）程颐：《二程集·上》，中华书局1981年版，第290页。

儒者对人性的等级划分。

二 "醇教化""尽人情之美"的教育目标

（一）二程论道德养成的必要与可能

二程在阐明道德本原和人性论问题之后，必须进一步回答这样一个问题：既然人性受"天命之性""气禀之性"的影响，本可至善的理想人性却表现为现实中的或贤或愚，或善或不善，那么是否有改变人性的可能？二程的回答是"可，孔子谓'上知与下愚不移'，然亦有可移之理。惟自暴自弃，则不移也。曰，下愚所以自暴自弃者，才乎？曰，固是也。不肯去学，故移不得。使肯学时，亦有可移之理"①。二程没有遵从孔子"唯上知与下愚不移"（《论语·阳货》）的论断，而是在肯定人性有可塑性之后创造性地提出"学"为改变"气禀之性"、恢复"天命之性"本真状态的途径。

二程对人性可由"学"改变的论述，实际上肯定了开展道德养成的可能：因为人有"天命之性"，有着为善之本原，有着"学"以移性的途径；而宋代一直都面临着严峻的内忧外患，在外有环伺交逼的少数民族政权，在内则有五代以来伦常败坏的痼疾，统治阶层内部、统治阶层与被统治阶层之间矛盾日益激化，这些都急切呼唤道德之养成。

程颢曾经多次陈述宋代社会之弊病："宋兴百余年，而教化未大醇，人情未尽美，士人微谦退之节，乡闾无廉耻之行，刑虽繁而奸不止，官虽冗而材不足。"②"今礼制未修，奢靡相尚，卿大夫之家莫能中礼，而商贩之类或逾王公，礼制不足以检饬人情，名数不足以旌别贵贱，诈虐攘夺，人人求厌其欲而后已，此大乱之道也。"③ 由是可知，程颢将宋代社会存在的道德伦理问题划分为三个层次：从个人角度讲，个人仅以满足一己私欲为目标，不以道德为行为准则，甚至本应该代表整个社会

---

① （宋）程颢、（宋）程颐：《二程集·上》，中华书局1981年版，第204—205页。
② （宋）程颢、（宋）程颐：《二程集·上》，中华书局1981年版，第448页。
③ （清）黄宗羲、（清）全祖望：《宋元学案·壹》，中华书局1986年版，第573页。

道德最高水平的士人也轻视礼节，思想行为不以道德作为规范；从社会组织角度来讲，本应和睦淳朴的乡邻之间竟无法保证基本的廉耻之维；从整个社会环境角度来看，社会秩序混乱，社会教化率极低，造成社会人口众多但人才不足，社会约束严格、刑罚严酷但非法之事却屡禁不止的现象，社会各阶层之间因物欲驱动而相互攀比，欺诈与强取豪夺之事不绝。在程颢看来，宋代社会三个层次存在的诸多问题可以归结为一个原因，即道德养成不力。

（二）二程道德养成思想的目标

针对前文提及的种种社会乱象，二程认为应该以道德养成来实现个人道德修养的提高、社会道德教化的整饬，并提出了层次分明的道德养成目标体系。

二程道德养成的第一层次目标是"尽人情之美"。针对社会个体仅以满足一己私欲为一切行为与活动的终极目的，不顾礼仪、不顾社会规范的现象多发，二程认为道德养成对于社会个体来讲，应该以"尽人情之美"为目标，通过道德养成使人性摆脱物欲的束缚，恢复"天命之性"的本真状态，实现社会个体实然之德向应然之德的无限靠近；第二层次目标，即针对邻里、乡党等社会组织层面出现"无廉耻之行"的问题，二程认为应"醇教化"，即以地方政府和耆老等民间组织对乡民的道德水平实施的引导和影响，从而实现敦风睦俗之目的；第三层次目标，即对于整个社会而言，应该以"本诸人情，通乎物理"为原则，承认人性中"善"与"不善"存在的合理性，强调在道德养成过程中应该顺应人道德发展的内在规律施以教化与引导，同时以最高统治者为典范和引领，以道德养成为根本手段，实现整个社会道德水平的提升，即达成"正风俗"之目的。

三 "九德""六艺"的教育内容

对于道德养成的主要内容，程颐曾言"九德最好"[①]。何谓"九

[①] （清）黄宗羲、（清）全祖望：《宋元学案·壹》，中华书局1986年版，第632页。

德"？学界对于"九德"的界定不一，学者多认为"九德"包括"心能制义曰度，德正应和曰莫，照临四方曰明，勤施而无私曰类，教诲不倦曰长，赏庆刑威曰君，慈和遍服曰顺，择善而从之曰比，经纬天地曰文。九德不愆，作事无悔，故袭天禄，子孙赖之"（《左传·昭公二十八年》）。这是指：心中能够准确判断事物是否符合道义标准称为"度"；德行端正，顺达天意称为"莫"；德惠四方称作"明"；关心他人疾苦，能够施惠众人称作"类"；诲人不倦称作"长"；赏罚有度称作"君"；仁慈温和，天下归服称作"顺"；择善而从称为"比"；才华出众，有经天纬地之才称作"文"。程颐将这九德置于其道德养成思想内容体系的中心地位。

二程在充分肯定"九德"作为道德养成的主要内容的同时，继承和发扬了先秦儒家道德养成的内容范式。道德养成的主要内容应该出自家庭伦理关系中的事亲孝，事兄悌，进而引申为社会群体和国家伦理层面的事君以忠，事同僚以义，所以二程认为"盖孝弟是仁之一世，谓之行仁之本则可"①。也就是说，二程将儒家一直以来倡导的道德养成核心内容"仁"作为自己道德养成思想的核心内容，并且将"仁"之根基定位于"孝悌"之上，并且提出理性的行仁行义，即"言行合乎于义，则敬之顺之；如果不合乎义，则要争之谏之"②。二程将道德养成的内容设定为由家庭关系中的孝悌，到社会事务中的忠义，事实上是出于家庭而不囿于家庭，最终实现道德养成思想内容的家国相连，家国同构。

对于儒家经典教育内容"六艺"，程颐没有给过多推崇，并且认为在道德养成内容的选择过程中应该理性看待"六艺"。有学者与程颐探讨是否可以学习"妙绝技艺"，程颐答"不可"。进而加以解释为何在道德养成过程中甚至整个教育过程中都不应该以学艺为主，"大凡所受之才，难加勉强，只可少进，而钝者不可使利也。惟理可进。除是积学

---

① （宋）程颢、（宋）程颐：《二程集·上》，中华书局1981年版，第138页。
② （宋）程颢、（宋）程颐：《二程集·上》，中华书局1981年版，第24—27页。

既久，能变化得气质，则愚必明，柔必强。盖大贤以下即论才，大贤以上即不论才。圣人与天地合德，与日月合明。六尺之躯，能有多少技艺？人有身，须有才；圣人忘己，更不论才也"①。在程颐看来，道德养成的主要目的就是体察与践行"理"，道德养成的内容也必须紧密围绕这一目的展开。虽然"六艺"能够起到变化气质的作用，能够使愚者聪慧，使软弱者坚强。但是人的时间精力均有限，如果将所有时间精力用于技艺学习之上，道德养成就会受到影响，这就是本末倒置、舍本逐末了。

四 "敬义兼持""习而后能安"的原则方法

（一）"物来顺应"

在《定性书》中，程颢论述了道德养成的原则，"夫天地之常，以其心普万物而无心；圣人之常，以其情顺万物而无情。故君子之学，莫若廓然而大公，物来而顺应"②。程颢认为，人性本来就与天地万物一体，是顺应"理"之规律，以"理"为本原的，因此在进行道德养成的过程中，不应该以外在的道德规范约束人的道德发展，而是应该通过顺应天理的内省的方式来实现对天理的体察。体察和顺应"理"，既是道德养成的目的与归宿，也是道德养成过程中必须遵守的原则与方法，故此二程认为道德养成的实施原则是"物来而顺应"。

外在的道德规范具有现实性、时代性，是社会变迁、文化变革与政权更迭的产物。事实上，道德养成最重要的两个维度就是外在的道德规范与内在的德性形成。道德的力量之所以强大，在于道德并不在人心之外，而是在人心之中。德性之形成，包括道德智性的形成（如正确的道德认知，准确的道德判断）、道德自觉的形成（善良悲悯、博济众人的道德情感，坚毅的道德意志，稳定良好的道德行为），才能够成为人道德发展程度的标志。"德性是道德的本质，规范是德性的外化，二者合

---

① （清）黄宗羲、（清）全祖望：《宋元学案·壹》，中华书局1986年版，第609页。
② （清）黄宗羲、（清）全祖望：《宋元学案·壹》，中华书局1986年版，第546页。

一构成完美的道德存在。没有德性的支撑，规范职能勾画虚假的道德存在，因为道德不具备主体自觉的本质。道德规范是人的发展途径，德性是人的发展成果和体现。"① 由此可知，缺少德性的"道德"是不具备主体自觉的"道德空壳"，以程颢为代表的宋代理学家论证了"物来顺应"的合规律性。

（二）"不可急迫"

道德养成是一个漫长的过程，道德主体不能急功近利、急于求成。"学者需敬守此心，不可急迫。当栽培深厚，涵泳于其间，然后可以自得。但急迫求之，终是私己，终不足以达道。"② 之所以说道德养成是一个复杂的过程，是因为道德养成的过程是一个内（德性形成）外（遵从道德规范）结合的过程，是一个动（道德实践）静（内省体察）结合的过程。二程的道德养成以"识仁"为前提，体认道德的本原与根本要义，继而在此基础上以敬之功夫内省体察，再以内省体察为指引，在道德实践中不断提升。进而以道德实践为"集义"的过程，以这一过程所获得的经验反馈内省，最终实现道德养成。故此，二程认为道德养成必然不能一蹴而就，道德养成过程中任何急于求成的行为，都无法使道德主体"涵泳于其间"，更无益于正确道德认知的获得，道德意志的形成，无法形成稳定良好的道德行为习惯，"栽培深厚"也就无从谈起。

（三）"禁于未发"

二程继承和发扬了先秦儒家倡导的在道德养成过程中防微杜渐的思想，"教人之术，若童牛之牿，当其未能触时，已先制之，善之大者"③，认为道德养成的过程，应该是一个内在的道德自觉与外在的规范约束的统一过程。道德养成过程中道德自觉的形成，依赖于道德主体有意识的、理性的道德体察，即"内省"过程。道德养成的过程还应

---

① 魏则胜：《道德建设的文化机制研究》，广东人民出版社2005年版，第152页。
② （清）黄宗羲、（清）全祖望：《宋元学案·壹》，中华书局1986年版，第557页。
③ （宋）程颢、（宋）程颐：《二程集·上》，中华书局1981年版，第14页。

该是一个以外在的道德规范、社会伦理等外部约束引导道德主体行为，形成良好的行为，避免出现错误道德行为，并最终实现主体道德修养提升的过程。

（四）"学者须先识仁"

二程"学者须先识仁"①的主张，是指将培养正确的道德认知、形成准确的道德判断作为道德养成的第一步。二程选择"仁"这一内容作为道德认知的对象，也是极具深意的：首先，"仁"是儒家重点的道德范畴，二程继承孟子"仁也者，人也"（《孟子·尽心下》）的论断，将"仁"作为人之为人的本质属性看待，这是对儒家道德养成传统的继承；其次，二程将"仁"的内涵加以整合和扩充，认为"义、礼、智、信皆仁也"②，将先秦儒家提出的有关美德的概念统一在"仁"的概念之下，扩充了"仁"之内涵；最后，二程提出"仁者，浑然与物同体"③，给出"仁"是宇宙万物的本原，这就将道德之"仁"提升至本体论的高度，提升了道德养成过程中道德主体所必须承担的职责，那就是必须通过对"仁"的体认来提升个人道德修养。

（五）"敬义兼持"

"敬以直内，义以方外"（《周易·坤》）是先秦儒家道德修养论的重要观点。二程在继承先秦儒家兼重内省外行的道德养成思想传统的同时有所创新。程颢对道德养成的论述则更多涉及持敬的内省工夫，非常重视道德主体在道德养成过程中的内省活动，甚至将内省工夫作为道德养成过程最为重要的部分。这一观点遭到张载的质疑，认为程颢有着过于重视内省工夫的倾向，以致程颢专门著《定性书》以回应，"所谓定者，动亦定，静亦定，无将迎，无内外"④。在程颢看来，内省甚至可以概括所有的道德修养工夫，甚至认为"无内外"，直接消除了内外的

---

① （清）黄宗羲、（清）全祖望：《宋元学案·壹》，中华书局1986年版，第540页。
② （清）黄宗羲、（清）全祖望：《宋元学案·壹》，中华书局1986年版，第540页。
③ （清）黄宗羲、（清）全祖望：《宋元学案·壹》，中华书局1986年版，第540页。
④ （清）黄宗羲、（清）全祖望：《宋元学案·壹》，中华书局1986年版，第546页。

区别，不言内外，只说内省，足可见程颢对"敬以涵养"的内在修养工夫在道德养成过程中的重视。

程颐同样认同"敬以直内"为道德养成的第一步，"操之之道，敬以直内也"①，强调"学者先务，固在心志"②。此外，程颐在这一问题上更多思考了外在行动，即"集义"，对于道德养成的重要意义。程颐认为"敬只是持己之道，义便知有是有非，顺理而行，是为义也。若只守一个敬字，不知集义，却是都无事也。且如欲为孝，不成只守着一个孝字？须是知所以为孝之道，所以侍奉当如何，温凊当如何，然后能尽孝道也"③。程颐论述了"集义"的重要意义：其一，集义是"顺理而行"，是"理"的外在表现，更是道德主体根据"理"的指引自觉地做出的道德行为，可以很好体现主体的道德养成情况与修养水平；其二，"集义"必须与"主敬"相结合，以"集义"为实践基础的"主敬"才能够真正体察到"理"与"仁"之本意，以"主敬"为指引的"集义"，才能切实表现"理"之内涵。

如何实现"集义"？程颐回答，"集义必于行事，非行事无集矣"④，也就是说，集义的唯一途径在于道德实践，即"行事"。"集义"是以对道德本原的认知体察为目的，以正确的道德认知和道德判断为依据，在现实的情境中进行的道德实践。由此可知，二程强调的"集义"是一种有理性引导的、自觉的道德实践活动，它与强调内在体察的"主敬"互为表里，服务于个体道德养成，是道德养成过程中重要的实践活动。

（六）"善养子者，当其婴孩"⑤

二程认为道德养成应从孩提时期开始，及早进行。程颢提出"人自

---

① （清）黄宗羲、（清）全祖望：《宋元学案·壹》，中华书局1986年版，第595页。
② （清）黄宗羲、（清）全祖望：《宋元学案·壹》，中华书局1986年版，第595页。
③ （宋）程颢、（宋）程颐：《二程集·上》，中华书局1981年版，第185页。
④ （宋）程颢、（宋）程颐：《二程集·下》，中华书局1981年版，第1172页。
⑤ （宋）程颢、（宋）程颐：《二程集·上》，中华书局1981年版，第84页。

孩提，圣人之质完"①，认为人在儿童时期人已经具备了道德养成的生理基础。儿童时期有着道德养成的天然优势，即儿童时期记忆力强，"勿谓小儿无记性，所历事皆能不忘"②；儿童时期善于模仿；儿童时期心思纯净，易于受到教育的影响与道德的熏染等，这些都为道德养成提供了可能。

（七）"教之在宽，待之以久"，"习而后能安"

"凡育人材也教之在宽，待之以久，然后化成俗美。"③ 道德养成是一个始于人之初又贯穿生命始终的过程。除了前文所述的道德养成应该从儿童时期就开始、及早进行之外，二程还认为道德养成的过程应该是让人沉润其中的过程。由此主张道德养成的过程应该是一个"教之在宽"的过程，"宽"首先体现为教育者对受教育者在进德修业的过程中主体性、自觉性的充分信任。

"宽"体现在道德养成过程中教育者重视受教育者经由自觉地体悟、省察、实践等道德养成方式，最终形成理性的道德认知、稳定良好的道德行为习惯的过程，因其重视内在的省察，少见于外在的刚性约束，因此可谓之"宽"。"宽"还体现在教育者在道德养成过程中更多采用以身作则的方式，以风光霁月、宽顺温和的态度进行，《宋史》《宋元学案》对程颐程颢之评价多为"风光霁月""和粹""气质刚方"，这无疑是对教育者以身作则的宽仁态度的佐证。

"人之进于贤德，必有其渐，习而后能安，非可凌节而遽至也。"④ 二程认为道德养成的过程是一个长期练习与实践的过程，是一个循序渐进的过程。这恰恰印证了前文所论述的"不可急迫"原则。由于"习"有着"模仿""习惯形成"的双重含义，因此二程提出的"习而后能安"也有两层含义：其一，道德养成需要不断躬身实践，二程力求儿童

---

① （宋）程颢、（宋）程颐：《二程集·上》，中华书局1981年版，第90页。
② （宋）程颢、（宋）程颐：《二程集·上》，中华书局1981年版，第48页。
③ （宋）程颢、（宋）程颐：《二程集·下》，中华书局1981年版，第1167页。
④ （宋）程颢、（宋）程颐：《二程集·上》，中华书局1981年版，第1027页。

在道德养成开始的时候就立志，将"圣人""君子"作为自己人生修养的最高理想。但是立志仅仅是道德养成的第一步，真正的道德养成还需要通过不断的道德实践才能逐步形成，甚至从某种程度来讲，立志易，守志、践志难，不断的道德实践才是道德养成最重要的途径。其二，道德养成应该以生活日用的行为习惯培养为主要手段，以良好、稳定、自觉的德行之形成为主要外在表现。

五 "德性宽宏""文理密察"：二程道德养成思想评价

二程融合宇宙本质与道德本体为一，构建"天人合一"的道德养成本体论。"吾学虽有所受，'天理'二字乃是自家体贴出来。"[①] 回答了道德本质、道德缘起等问题，构建了"天人本无二，不必言合"的"天人合一"理论体系，使哲学与伦理学融合，达到了更高的道德养成理论形态。通过对"理"和"气"展开对人性问题的论述，进而阐述了道德养成开展的可能与必要。二程的道德养成思想以立德树人为本，从个人、群体、社会、自然等层面论述了道德的重要性。

二程的道德养成是一种重视自省、强调自我教育的育人模式，它重视道德主体的自我教育，积极践行儒家道德养成思想，遵循人的发展规律，遵循教育的规律，将政治观教育、世界观教育、价值观教育、道德观教育等贯穿于教育的全过程，通过价值引导、环境熏陶、榜样示范等方式，促进受教育者道德发展。二程的道德养成思想是符合心理学有关道德发展阶段的研究结论的，二程的道德养成思想与心理学将道德形成划分为道德知识、道德情感、道德意志与道德行为的思想不谋而合。此外，二程重视道德养成的实践品质，将道德养成置于人的发展的全过程，也是我们今天德育必须学习和予以发扬的。

二程不仅构筑了严密的道德养成思想体系，在现实中也不断以道德养成的思想躬身实践，"大程德性宽宏，规模阔广，以光风霁月为怀；

---

① 《程氏外书》卷12，(宋)程颐、(宋)程颢：《二程集·上》，中华书局1981年版，第424页。

二程气质刚方，文理密察，以峭壁孤峰为体，其道难同，而造德各自有殊也"①。程颢为人"和粹之气，盎于面背……遇事优为，虽当仓促，不动声色"②，这都是二程在道德养成过程中通过不断自我修养、不断省察、躬身实践的结果。

对于二程的道德养成思想弊端的批评，多集中于二程对"饿死事小，失节事大"之议论。认为二程思想过于教条，将伦理道德置于人的生命价值之上，将道德养成内容与封建伦理道德等同。这确实是如今开展道德养成必须引以为戒的部分：应该将道德养成的内容与当前我国经济建设、社会发展的水平保持一致，应该以具有新时代、新社会发展背景下兼具民族文化传统精髓与时代需要的内容作为道德养成的思想来源，以显性与隐性相结合的教育形式开展德育。

二程的道德养成思想是中国传统教育文化中的重要组成部分，它与中国其他优秀文化传统一起影响了我国道德养成的历史，影响了中华民族精神文化，尤其是道德伦理精神之形成。对二程道德养成思想之精髓的探寻和把握，可为当今道德建设提供可供借鉴的历史经验。

第五节　性情一也，陶冶成之：
　　　　王安石道德养成思想

王安石（1021—1086），字介甫，其人"议论高奇，能以辨博济其说，果于自用，慨然有矫世变俗之志"③，希望通过变法以改变北宋当时"风俗日以衰坏"的道德伦理现状。由于王安石的变法主张得到统治者的采纳，王安石的道德养成思想也因此得以传播并在短时间内推行。与同一时期理学家相比，王安石的道德养成思想具有十分鲜明的特

---

① （清）黄宗羲、（清）全祖望：《宋元学案·壹》，中华书局1986年版，第540页。
② （清）黄宗羲、（清）全祖望：《宋元学案·壹》，中华书局1986年版，第540页。
③ （元）脱脱等：《宋史》卷327，中华书局1977年版，第10541页。

征：首先，王安石的道德养成思想与政权结合最为紧密；其次，王安石十分重视法度和奖惩在道德养成中的作用；再次，王安石颇重道德养成的致用性。"自先王泽竭，国异家殊，由汉迄唐，源流浸深。宋兴，文物盛矣，然士习卑陋，不知道德性命之理。安石奋乎百世之下，追尧舜三代，通乎昼夜阴阳所不能测而入于神。"[①] 在阐述研究儒家经术目的的时候，王安石明确提出是为了经理世务，并非为了做脱离现实的纯学术研究。

虽然后世对王安石理学思想贡献方面评骘甚严，但是几乎没有学者质疑王安石的道德修养水平及其道德养成思想，甚至他能重建治道的气概。王安石学术思想深厚，其道德养成思想深刻影响了"荆公学派"，以及北宋时期的教育实践与社会教化活动。

一 王安石道德养成思想基础

（一）"始于天，成于人"

王安石认为道德"始于天，成于人"，道德既有物质基础，同时也是人类进化的产物。道德是人类区别于其他动物的重要标志，也是人类最重要的社会属性之一。"故礼始于天而成于人，知天而不知人则野，知人而不知天则伪。圣人恶其野而疾其伪，以是礼兴焉。近荀卿谓圣人之化性而起伪，则是不知天之过矣。"[②] 道德既以人的自然本性为基础，又对自然本性加以规范和约束。王安石对人性的看法，源于先秦儒家，又是对先秦儒家人性论的发展和理性化。故此，以"礼"为代表的儒家倡导的道德具有合理性与必要性。也因此对道德的双重属性以及道德的必要性与合理性做了阐释。这些都为王安石道德养成思想的提出奠定了理论基础。

（二）"富之而后善"

道德养成开展需要坚实的物质基础。"人之始生也，莫不有寿之道

---

① 参见邓广铭《王安石在北宋儒家学派中的地位——附说理学家的开山祖问题》，《北京大学学报》（哲学社会科学版）1991年第2期。

② 《王临川文选》第3册，上海中央书店1935年版，第180页。

焉，得其常性则寿矣，故一曰寿；少长而有为也，莫不有富之道焉，得其常产则富矣，故二曰富；得其常性，又得其常产，而继之以毋扰则康宁矣，故三曰康宁也；夫人君使人得其常性，又得其常产，而继之以毋扰，则人好德矣，故四曰悠好德；好德则能以令终，故五曰考终。"①在王安石看来，空论高德洪范是毫无疑义的，因为道德养成需要坚实的物质基础，即所谓的"富之"。

"又曰富之然后善，何也？所谓治人者，教化以善之也。所谓富之然后善者，政以善之也。徒教化不能使之善，故继之曰，凡厥正人，既富方谷，徒政亦不能使人善。"②"富之而后善"也揭示了王安石对义利之辨的回答。"义利之辨"是儒家经典的伦理命题，王安石在宋以前儒家对义理问题的论述基础上（如孟子的"置民之产"思想），融合法家"仓廪实而知礼节"的义利观，提出了独具一格的义利观，即"利先义后"。"盖聚天下之人，不可以无财；理天下之财，不可以无义。夫以义理天下之财，则传输之劳逸，不可以不均；用度之多寡，不可以不通；货贿之有无，不可以不制；而轻重敛散之权，不可以无术。"③ 王安石认为，物质的富足为供养天下之人的先决条件，也为道德的养成提供了物质基础。从这个角度来看，是"利先义后"；但是对于物质世界的看法、对物质和财富的节制，处理世俗事物的时候，必须以"义"为标准。王安石的义利观实际上是与其"富之而后善"的道德养成思想相互印证的。

（三）"性情一也"

王安石摒弃先秦儒家讨论人性论问题时判定人性或善或恶的理论模式，没有采用盛行于汉唐的人性论标准，而是将人性的概念界定为"性"与"情"。"性"是人的先天禀赋，无所谓善恶；"情"是人之"性"与物质世界交感所生，因此王安石说"性情一也……性者情之

---

① 《王临川文选》第 3 册，上海中央书店 1935 年版，第 164 页。
② 《王临川文选》第 3 册，上海中央书店 1935 年版，第 170 页。
③ 《王临川文选》第 3 册，上海中央书店 1935 年版，第 220 页。

本，情者性之用，故吾曰性情一也"①，"性"与"情"互为表里。作为人先天禀赋的"性"是人后天形成的"情"之基础，而"情"是人先天禀赋之"性"的外在体现的形而下状态。由此推出，是后天的教育修养和环境习染决定了人的道德发展水平。

二 "仁者圣之次也，智者仁之次也"② 的教育目标

"夫有仁而不智也，未有智而不仁者也。然则何智仁之别哉？以其所以得仁者异也。仁吾所有也，临行而不思，临言而不择，发之于事而不当于仁也，此仁者之事也。仁吾所未有也，吾能知其为仁也，临行而思，临言而择，发之于事而无不当于仁者，此智者之事也。"③ 王安石认为，道德养成的目标应该是具有层次的，依次是智者、仁者与圣人。这一划分，既是以人格之高下作为划分依据，也是以道德的自觉性之高低作为划分依据。在王安石的论述中，没有对道德的最高层次人格"圣人"做解释，而是通过对"仁者""智者"两个层次做对比，来突出道德自觉的获得对于道德发展的重要意义。

对于"智者"来讲，面对道德难题或者说具体的道德事件、道德情境的时候，是需要"临行而思""临言而择"的，也就是说，智者尚未达到道德判断、道德行为的自动化、自觉化。王安石意识到，在进行道德养成的过程中，道德知识、道德原则、道德规范的获得，仅仅能够收获一名"智者"，而只有通过不断的道德实践、道德行为习惯的养成，才有可能提升人的道德自觉性，从而达到"仁者"的境界。王安石的道德养成思想中理想人格要兼顾安身崇德与学有所用。王安石还提出整个社会风俗的整饬与个人道德的发展进步，尤其是与统治者的道德修养水平密切相关，"道德一于上，而习俗成于下，其人材皆足以有为

---

① 《王临川文选》第3册，上海中央书店1935年版，第220页。
② 《王临川文选》第3册，上海中央书店1935年版，第194页。
③ 《王临川文选》第3册，上海中央书店1935年版，第194页。

于世"①。

三 "德以仁为主""德以礼为体"的教育内容

王安石将道德养成划分为三个部分,即德、行、艺。"盖其教法,德则异之以智、仁、圣、义、忠、和,行则同之以孝友、睦姻、任恤,艺则尽之以礼、乐、射、御、书、数。"② 三者是一个相互沟通、密切联系的有机整体。"行"是王安石道德养成体系的支撑,是"德"的外在体现,与"德"之精神内涵互为表里,包括事亲以孝、事朋以友,和睦邻里,和谐婚姻,任人以能,体恤孤残等;"艺"是王安石道德养成体系中沟通"德""行"的桥梁,是提升个人修养的形式和手段。在王安石看来,儒家传统的"六艺"则是"艺"的最佳内容。"德"是王安石道德养成思想体系的核心,王安石以"智""仁""圣""义""忠""和"分别阐释"德"的不同具体体现与内容侧面。

"德以仁为主。"③ 仁是"德"的重要内容之一,也是王安石道德养成的主体。"天地之于万物,圣人之于百姓,有爱也,有所不爱也。爱者,仁也;不爱者,亦仁也。惟其爱,不留于爱,有如刍狗当祭祀之用也,盛之以篚函,巾以文绣,尸祝斋戒然后用之。及其既祭之后,行者践其首脊,樵者焚其肢体。"④ 王安石的道德养成思想极具开创精神,对先秦儒家"仁者,爱人"(《孟子·离娄下》)的思想进行了批判性的继承,提出无论"爱"与"不爱"都是"仁"之体现,而判断的唯一标准在于是否符合"义理"之要求。这一论述阐明了"仁"之爱应该是符合义理的智性之爱,是理性之爱,理性之仁。这种思想表面上与先秦儒家"仁者,爱人"思想存在矛盾,其实却是与先秦儒家爱而有别的理性之仁思想有着高度的精神一致性,是对先秦儒家道德养成思想的

---

① 《王临川文选》第 2 册,上海中央书店 1935 年版,第 176 页。
② 《王临川文选》第 2 册,上海中央书店 1935 年版,第 129 页。
③ 《王临川文选》第 3 册,上海中央书店 1935 年版,第 236 页。
④ 《王临川文选》第 3 册,上海中央书店 1935 年版,第 201 页。

继承与创新。

"德以礼为体。"① 王安石认为礼是德的外在表现,"非礼勿听,非谓掩耳而避之,天下之物不足以干吾之聪也;非礼勿视,非谓掩目而避之,天下之物不足以乱吾之明也;非礼勿言,非谓止口而无言也,天下之物不足以易吾辞也;非礼勿动,非谓止其躬而不动,天下之物不足以干吾之气也"②。王安石对先秦儒家"非礼勿听,非礼勿视,非礼勿言,非礼勿动"(《论语·颜渊》)思想进行了创造性阐释。王安石认为,"礼"的意义和价值并非在于对人的约束和桎梏,或者被动躲避"非德"之事给人带来的道德困惑,而在于以"礼"形成来提升人的道德境界。在形成这一道德境界之后,人不再是处于道德困境中的被动客体,而是可以自发处理道德事务的道德化主体。这一阐释可以解读为王安石对经由道德养成达成人的道德主体性和人的道德自觉化的向往。

四 "振民育德""风俗法度"的原则方法

(一)"振民育德,莫大乎教"③

王安石将教育作为振民育德的重要手段。在王安石看来,人的道德并非先天具有,教育才是涵育道德最重要的手段。而道德的形成,端赖于道德养成和道德教化,王安石提出"人之才,未尝不自人主陶冶而成之"④ 就是此意。

(二)"善恶由习"

王安石在论述"性""情"一致之后指出,人性或善或恶,是由后天的教育和环境影响决定的。"君子养性之善,故情亦善;小人养性之恶,故情亦恶。"⑤ 王安石认为后天道德养成、环境习染是人性产生或善或恶区别的关键。王安石充分肯定道德养成在个人道德品质形成过程

---

① 《王临川文选》第 4 册,上海中央书店 1935 年版,第 63 页。
② 《王临川文选》第 3 册,上海中央书店 1935 年版,第 181 页。
③ 《王临川文选》第 3 册,上海中央书店 1935 年版,第 176 页。
④ 《王临川文选》第 2 册,上海中央书店 1935 年版,第 129 页。
⑤ 《王临川文选》第 3 册,上海中央书店 1935 年版,第 193 页。

中的关键作用，将道德养成、个人道德修养的提升与社会伦理道德的进步紧密联系起来。

（三）潜移默化，身先示范

这是王安石道德养成的重要原则。"善教者藏其用，民化上而不知所以教之之源。"① 王安石认为，成功的道德养成应该是潜移默化的，应该是以教育者身先示范为标志的。真正的道德养成，应该以个人的道德养成为本，以教育过程中以德为首的教育目的彰显为末。王安石批评当时的教育"本末倒置"，也就是说教育过程中以完成所谓的教育目的，以人的道德发展作为教育附加结果的行为是完全错误的。真正的教育，尤其是道德养成，应该以德性形成为根本，以教育的目的彰显为人德性形成后水到渠成的附加效果。从某种意义上说，王安石是强调一种除了人的德性养成之外别无其他硬性规定的"去目的化"的道德养成。这一道德养成精神实质的确立，不仅彰显了王安石道德养成思想中"人"主体地位的确立，还体现了王安石对于道德养成的价值判断，即道德养成并不仅仅是道德规范的灌输，而应该是一种使受教育者浸润于生活日常和道德实践之中，以不断促成受教育者道性之形成的过程。王安石按照这一逻辑，提出了在道德养成过程中将教育者的示范作用作为涵育受教育者道德养成的隐性课程。

（四）变风俗、立法度

王安石认为道德养成过程中制度手段必不可少。王安石在分析改善社会道德现状的时候提出，敦化社会风俗，最重要的手段有两种，一种是通过社会教化，一种是通过法制约束，"变风俗，立法度，最今之所急也"②。但是在考量二者对于整饬社会秩序、敦风化俗的过程中所起作用的时候，王安石将"变风俗"置于"立法度"之前，可见王安石对于道德养成对社会风气变化之作用的重视。在王安石看来，改变社会道德现状，首要手段是通过道德养成，即"教之"，使社会个体在道德

---

① 《王临川文选》第 3 册，上海中央书店 1935 年版，第 208 页。
② （元）脱脱等：《宋史》卷 327，中华书局 1977 年版，第 10542 页。

养成的涵育中了解道德知识、道德规范，形成正确的道德认知；其次要"约之"，用社会制度、乡俗民约、道德规范对个体的行为进行制约；最后，要"任之"，即让个体在实际生活中践行道德，将道德知识、道德认知运用到实际的道德事件之中。如果经历了教、约、任之后，仍然无法达到敦化风俗、使民向善的功效，那么就要通过"立法度"的方式，用外在的奖惩手段进行硬性制约了。礼仪制度与硬性规范都是王安石道德养成的重要手段，"饶之以财，约之以礼，裁之以法"①，"重禁祸之所自生，故其施刑极省而人之抵于祸财者少矣。"② 教之，养之，取之，任之：教之以德，养之以性，取之以事，任之以能。

（五）"穷理尽性"

这是王安石道德反思与自我提升的内省工夫。"通天下之志，在穷理；同天下之德，在尽性。"③ 王安石重视道德养成过程中教师潜移默化、身先示范的作用，重视先教化后惩罚的教化与法治的双重作用，重视道德养成主体的内省工夫，并且将这种内省工夫界定为"穷理尽性"。它以道德主体的主观道德体验为省察对象，关注道德主体的体认过程，并且将"穷理尽性"的内省工夫作为整个道德养成过程中的最高阶段，因此王安石说在道德养成过程中，体察的内容对象及其顺序应该是"一曰貌，二曰言，三曰祀，四曰听，五曰思"④。王安石强调的"内省工夫"是道德实践基础上的理性内省。

五 "经世致用""知命厉节"：王安石道德养成思想评价

王安石的道德养成思想以其独特的学术魅力与极强的致用特征在宋代理学家道德养成思想中独树一帜。朱熹曾用八个字概括王安石，"跨越古今，开阖宇宙"；梁启超曾经评价王安石"内之在知命厉节，外之

---

① 《王临川文选》第 2 册，上海中央书店 1935 年版，第 129 页。
② 《王临川文选》第 2 册，上海中央书店 1935 年版，第 129 页。
③ 《王临川文选》第 3 册，上海中央书店 1935 年版，第 164 页。
④ 《王临川文选》第 3 册，上海中央书店 1935 年版，第 166 页。

在经世致用，凡其所以立身行己与大施于有政者，皆其学也"①。事实上《宋史》中王安石并未被归为理学家，这是因为王安石的道德养成思想与元代以后被认为是"儒学正宗"的二程、朱熹等理学家的思想主张有着巨大差异。邓广铭曾经评价王安石"把释道及诸子百家兼容并取，而仍以儒家的学说义理为本位，为主体，这样自然就会使儒家的学说义理的广度和深度都能扩展到一个崭新的境界了"②。王安石的道德养成思想不仅在于思想话语上引佛老入儒，引法家入儒，阐释儒家的"内圣"之道且坦坦荡荡、毫不遮掩；还在于王安石能够将其道德养成思想与经世致用、世事实践紧密结合，兼论义利，为其道德养成思想提供了可尊、可行的世俗化基础，还在于王安石能够以得君主政的机会推行道德养成思想。王安石的道德养成思想在整个宋代理学家的道德养成思想体系之中独具魅力，又有着极强的现代借鉴意义与价值。

本章小结

北宋是宋代理学家道德养成思想体系的形成与奠基时期，此间的宋代理学家围绕道德养成的根本问题各抒己见，宋代理学家道德养成思想的框架逐步形成。理学家们不断探讨道德养成思想的哲学基础：邵雍试图用数学来阐释宇宙生成、万物变化，进而为人的存在、道德养成提供一个可以阐释的理论环境；周敦颐以太极图说阐述宇宙万物生成发展的规律，为人的道德可教、修养可成奠定了哲学基础；张载则以气一元论阐释宇宙生成、"天地之性""气质之性"的二元论解释人性，以变化气质作为人无限接近道德最高水平的途径，这为道德养成思想体系的发展提供了理论可能；二程构建了一个理气一元的道德养成思想体系；王

---

① 梁启超：《王安石传》，海南出版社1993年版，第204页。
② 邓广铭：《王安石在北宋儒家学派中的地位——附说理学家的开山祖问题》，《北京大学学报》（哲学社会科学版）1991年第2期。

安石则从社会治理角度提出切实可行的道德养成方法。

在研究范式方面，这一时期的理学家多运用释道二家的概念来阐释道德养成问题。在研究着力点方面，北宋理学家致力于说明宇宙万事万物有着相同本原，将道德提升到前所未有的高度；在研究内容方面，将道德养成的过程看作是一个顺应万物共同规律的过程。至此，宋代儒家思想体系的重构，尤其是宋代理学家对道德养成思想的阐发在精神实质上成为宋代理学家们对民族精神内核的探究与寻求。这才是对宋代理学家道德养成思想进行研究，并必须对于其思想内核和精神实质加以阐明的最终要义。

北宋理学家的道德养成思想为宋代道德养成思想乃至其后理学教育思想提供了内容框架，奠定了阐释基础。

第三章

宋代理学家道德养成思想之发展

    熹窃观古昔圣贤所以教人为学之意，莫非使之讲明义理，以修其身，然后推己及人，非徒欲其务记览为词章，以钓声名取利禄而已也。今人只为学者，则既反是矣。然圣贤所以教人之法，具存于经，有志之士，因当熟读精思而问辨之。苟知其理之当然，而责其身以必然。

——朱熹《白鹿洞书院揭示》

宋代理学家的道德养成思想发展至南宋日趋成熟。经历了"北宋五子"与王安石等理学家对道德养成思想的奠基与塑型，以朱熹、陆九渊、张栻、吕祖谦、陈亮与叶适等为代表的南宋理学家的道德养成思想成为两宋道德养成思想的理论高峰。同时，在理学内部，围绕道德的本体、道德养成的方法等问题，理学家们提出了不同的道德养成思想，这些思想之间争鸣频仍，逐渐形成以朱熹为代表的"理学"派、陆九渊为代表的"心学"派以及兼具两派主张的事功学派与湖湘学派，至此，道德养成思想呈现出高度发展又各具特色的特征。

本章选择南宋时期具有代表性的理学家的道德养成思想加以论述，试图在这种以时间为纵轴的划分模式下阐明宋代理学家道德养成思想的发展源流：宋代理学家道德养成思想对前代儒家，包括先秦儒家、汉唐儒家道德养成思想的继承与发展以及理学家之间的学术影响、前后因袭；在宋代理学家道德养成思想发展的不同阶段内，阐明其中具有代表性的道德养成思想的主要内容及其与同一时期其他理学家道德养成思想之异同。同时，将宋代理学家道德养成思想置于两宋风起云涌、复杂多变的社会历史环境中考察两宋道德养成之时代精神。最后，将宋代理学家道德养成思想置于中国古代漫长的历史洪流之中，描摹宋代理学家道德养成思想的历史意义与现代价值。

第一节 去欲存理，易知易行：
朱熹的道德养成思想[①]

朱熹是宋代理学的集大成者，也是一名躬行实践的教育家。朱熹一生致力于道德养成的研究与实践，"居家则寒泉谈经、武夷授课、沧州讲学，外任则白鹿书院、漳州道院、岳麓书院，随政兴学，门人弟子遍布天下"[②]。

一 "君子务本，本立道生"的教育目标

（一）君子务本，本立道生

作为理学思想的集大成者，朱熹道德养成思想深受儒家传统教育思想的影响，被后世学者认为"朱子教人之道，即孔子教人之道"[③]。先秦儒家坚信"君子务本，本立而道生"（《论语·学而》），这一思想深刻影响了朱熹道德养成思想。"道"是儒家理想的社会愿景，是"德

[①] 王睿、王凌皓：《朱熹的道德养成思想研究——基于其童蒙教材与读物的分析》，《古籍整理研究学刊》2017年第6期。

[②] 陈来：《朱子哲学研究》，上海师范大学出版社2000年版，第2页。

[③] 朱杰人等主编：《朱子全书》第13册，上海古籍出版社·安徽教育出版社2002年版，第490页。

治"，是全民素质的提高与精神层次的提升，更是人人争而为君子的理想状态。"道生"的状态，从宏观层面来看，是儒家理想的社会图式；从微观层面来看，是个人思想道德品格的塑造与养成。"本立"，从宏观看，是社会道德体系、精神核心和价值观念之形成；从微观看，是个体思想品德的塑造和道德行为习惯的形成，即个体修身立德根基的牢固。"本立"与"道生"之间具有先后相随的因果关系：先有"本立"，而后有"道生"；全体社会成员素质的提高有赖于社会成员个人道德素养的提高，而个体道德素养的提高又端赖于全体社会成员为其营造的成长发展环境。

在儒家"内圣外王"传统与宋代重视德性存养的社会氛围影响下，朱熹强调"通过社会教化，接受儒家的伦理道德纲常教育，依顺'五常之德'"①。朱熹将道德养成作为成人之本，重整纲常之基，"古者小学教人以洒扫应对进退之节，爱亲敬长隆师亲友之道，皆所以为修身齐家治国平天下之本，而必使其讲而习之于幼稚之时，欲其习与智长，化与心成，而无扞格不胜之患也"②；朱熹将道德养成看作是"立本"的重要途径，将道德养成提高到"齐家治国平天下"之基础与根本途径的高度，阐释儿童立德与社会进步之间密不可分的关系。朱熹道德养成思想正是在"君子务本，本立道生"的思想理路之下系统展开的。

（二）明人伦、尊德性

朱熹将道德养成看作是精神成长之必要和社会文明延续之必须，在"本立道生"的思想理路之下，将"明人伦"与"尊德性"作为道德养成的主要目标。

从促进个人德性养成角度来看，朱熹道德养成思想以"尊德性""道问学"为目标。朱熹强调"尊德性，所以存心而极乎道体之大也。

---

① 王凌皓：《继承与超越：先秦时期原创性教育思想研究》，吉林出版集团有限责任公司2015年版，第302—303页。
② 朱杰人等主编：《朱子全书》第13册，上海古籍出版社·安徽教育出版社2002年版，第393页。

道问学，所以致知而尽乎道体之细也。二者，修德凝道之大端也"①。在朱子看来，"尊德性"与"道问学"是提高个体修养不可分割的两个方面，"道问学"是"修德"的必要手段，"修德"是"道问学"的努力方向。"不尊德性，则懈怠弛慢矣，学问何从而进？"② 尊德性是道问学的原始动力，道问学为尊德性提供智力支持。同时，朱熹将道德养成与基础知识、基本技能的传授与训练相区别，强调道德养成是一种重在成就道德人格的"育"人过程，是以"养"的方式来实现的道德教育。

从促进社会发展角度来看，朱熹道德养成的最终目的是理顺整个社会关系，是培育和践行社会主义核心价值观，是"明人伦"，是实现人际关系和谐稳定。朱熹的道德养成思想以"明人伦"为指导，以道德养成为核心，以"礼"为规范，以忠孝为内容，以良好行为习惯与道德行为塑造达成"存天理"的目标。朱熹期望将蒙童"小学"时期养成的道德基础与成人后"大学"时期的"'止于至善'的道德理想与道德实践合而为一的境界"③ 相融通。自此，朱熹道德养成之目标清晰可见。

二 "尊德性，道问学"的教育内容

（一）传授主流道德观念，形成正确道德认知

朱熹认为道德养成是一个漫长、渐进的过程。在这个过程中，传授正确的道德知识、形成正确的道德观念，是道德养成的基础和前提。在道德知识与道德行为的先后顺序上，朱熹指出，"论先后，当以致知为先"④。意指道德知识的获得是儿童道德养成的第一步。道德知识的获得包含了对道德规范的理解、人际关系的捋顺，是对事物价值进行正确判断和对行为方式做出正确选择的基础和前提。道德知识获得的重要意

---

① （宋）朱熹：《四书集注》，岳麓书社2004年版，第41页。
② （宋）朱熹：《四书集注》，岳麓书社2004年版，第41页。
③ 王睿：《〈大学〉义理及现代启示》，《现代教育科学·高教研究》2011年第1期。
④ （宋）黎靖德编：《朱子语类》卷9，中华书局1986年版，第146页。

义在于掌握道德真理、道德规律，发展道德理性，获得道德智慧。因此道德知识在道德养成过程中起到导引、甄别与选择的作用。

朱熹重视通过传授主流道德观念来帮助形成正确的道德认知。在朱熹看来，"明人伦"不仅是童蒙教育的关键和为学要义，更是主流道德观念的核心。所谓"明人伦"，即阐明伦常之意，具体包括父子之亲、君臣之义、夫妇之别、长幼之序和朋友之序。在《白鹿洞书院揭示》中，朱熹曾经强调以"五教之目"为教育的主要内容。所谓"五教之目"，实际上就是人伦关系中的"五伦"，是中国伦理道德领域重要的命题，是对"明人伦"的具体扩展。朱熹确定"五教之目"作为道德养成乃至整个教育的重要内容是有着深刻的考虑以及历史含义的。朱熹提出"元亨利贞，天道之常。仁义礼智，人性之纲。……爱亲敬兄，忠君弟长。是曰秉彝，有顺无强"[1]。朱熹在《小学》《童蒙须知》之首，开宗明义地阐释了"明人伦"之于道德养成的统摄性影响。朱熹不仅重视正确道德认知的形成，更强调在日常生活日用中体会"明伦"之意。因为对于年幼的儿童来讲，脱离生活的道德知识教育未免严肃刻板。因此朱熹指出"夫童蒙之学，始于衣服冠履，次及语言步趋，次及洒扫涓洁，次及读书写文字"[2]。也就是说，对于年幼的儿童，道德知识的教学固然重要，但是要关注道德知识的深度和受教育者的接受能力，着力将社会主流的伦理原则转化为儿童生活日用的仪礼规范，将二者以象征性关系为连接，使儿童道德的养成发乎良知，着乎身心，行之日常，才能达到事半功倍的效果。

（二）浸润积极道德情感，锤炼坚强道德意志

朱熹十分重视道德养成中对道德情感的体察与感悟，因为他将道德情感与道德意志的形成看作是激发、调控道德认知和道德行为的重要影

---

[1] 朱杰人等主编：《朱子全书》第13册，上海古籍出版社·安徽教育出版社2002年版，第394页。

[2] 朱杰人等主编：《朱子全书》第13册，上海古籍出版社·安徽教育出版社2002年版，第371页。

响因素。朱熹强调"敬"这一积极道德情感的调节作用。朱熹所谓的"居敬""主敬"与佛道强调的"敬""净""静"内涵不同,"敬"不是心思放空、放逐感官感受的宗教式的"禅定",而是强调专心谨慎,将道德修养作为思考核心。内在的专心谨慎与外在的严肃整齐都统摄于"敬"字。只有内外皆"敬",则"天理常明,自然人欲惩窒消治"[①]。

朱熹在专门为儿童编写的童蒙读物和为学校编写的学规中,多援引历代先贤的事迹、语录来激励后学,使之获得情感鼓舞与精神升华,并在道德情感的不断强化中获得道德意志的提升。《近思录》列一章名为"圣贤气象",描述了先秦儒家至宋代诸多被人敬仰的圣贤事迹,其中有"生而知之""学而能之"的尧舜禹,有道而"无所不包"的孔子,有"传圣人学"的曾子,有如"光风霁月"的周敦颐,有"资禀既异""精粹如金"的二程,更有"气质刚毅""德盛貌严"的张载等,这不仅为儿童描画了一幅"圣贤气象"的生动画卷,更为儿童提供了一种理想生活愿景。儿童不仅向往、崇拜历代圣贤的博闻强识,更被历代圣贤砥砺向学的品质所深深感染,在对"圣贤气象"的敬仰中逐渐强化自身的道德情感、道德意志。

(三) 注重道德行为训练,强调行为习惯养成

朱熹十分重视行为习惯的塑造养成,认为道德养成就应该从行为习惯入手,从机械地遵从要求,到主动自觉的道德实践,朱熹的道德养成起于日常行为的严格训练,又归于行为习惯的塑造养成。

朱熹认为习惯的塑造基于对道德规范的践行训练,是道德品质形成的重要标志与外在体现。《训蒙绝句》提及:"洒扫庭堂职足供,步趋唯诺饰仪容。是中有理今休问,教谨端详体立功。"[②] 朱熹认为日常行为应该遵从"礼"与"理"的规范,着眼于生活的细微处,才能实现

[①] 朱杰人等主编:《朱子全书》第13册,上海古籍出版社·安徽教育出版社2002年版,第641页。

[②] 朱杰人等主编:《朱子全书》第26册,上海古籍出版社·安徽教育出版社2002年版,第2页。

良好道德品质的塑造养成；《童蒙须知》的编写也同样关注行为习惯养成对道德规范践行的重要意义。如"夫童蒙之学，始于衣服冠履，次及言语步趋，次及洒扫涓洁，次及读书写文字，及有杂细事宜，皆所当知"①。再如提及蒙童的社会行为标准："凡对父母长上朋友，必称名。凡称呼长上，不可以字，必云某丈。……凡出外及归，必于长上前作揖，虽暂出亦然。凡饮食于长上之前，必清嚼缓咽；不可闻饮食之声。凡侍长者之侧，必正立拱手。一有所问，则必诚实对，言不可妄。凡侍长上出行，必居路之右，住必居左。凡路遇长者，必正立拱手，疾趋而揖。"②从这段引文可知，《童蒙须知》对儿童可能涉及的日常社会行为及社会交往场景都有所规定。

朱熹反对机械地约束儿童行为，倡导以高尚的圣贤人格为引领，以形成正确的道德认知为前提，以涵养丰富的道德情感为动力，以锻炼坚定的道德意志为根基，有意识、有目的、次第渐进的行为训练和指导，希望从观念树立开始，经由行为习惯的塑造与养成，最终达成道德教育的目的。

三 "知行相须""整齐严肃"的践履举措

（一）依循秉彝，差异施教，引领自觉

朱熹根据人天性之差异，提出道德养成应该区分天赋秉性，根据基础不同进而确定不同的授业进度："授书莫限长短，但文理断处便住，若文势未断者，亦不妨。"③还要根据男女儿童的禀赋差异，提出使用不同的教材，女孩使用的教材"如曹大家《女戒》，温公《家范》亦好"④。

---

① 朱杰人等主编：《朱子全书》第 13 册，上海古籍出版社·安徽教育出版社 2002 年版，第 371 页。
② 朱杰人等主编：《朱子全书》第 13 册，上海古籍出版社·安徽教育出版社 2002 年版，第 375 页。
③ （宋）黎靖德编：《朱子语类》卷 17，中华书局 1986 年版，第 370 页。
④ （宋）黎靖德编：《朱子语类》卷 7，中华书局 1986 年版，第 124 页。

朱熹继承了儒家强调启发教学的思想,强调"君子教人,但授以学之之法,而不告以得之之妙。如射者之引弓而不发矢。然其所不告者,已如踊跃而见于前矣"①。注重引导学生立德修业的主动性、自觉性,这是朱熹道德养成思想的独特魅力所在。朱熹重视运用榜样的力量感召蒙童道德自觉。朱熹将童蒙看作是"圣贤坯璞","古者已自养得小儿子这里定,已自是圣贤坯璞了"②,他强调将圣贤作为蒙童学习和道德养成的榜样,对儿童进行人格塑造的引领。朱熹编纂的《小学》外篇中记录了诸葛亮、张载的嘉言懿行,赞誉诸葛亮"静以修身,俭以养德""澹泊明志,宁静致远"的人格风范,称道张载的品格和担当。朱熹将古之贤者作为儿童道德养成学习的榜样,具有重要的意义。这些圣贤行为为蒙童树立德行发展之榜样,"一味向前,何患不进",明确道德发展榜样,便于蒙童学习动力的产生。

(二)诗教熏陶,精神宣畅,义礼渐开

朱熹在近五十载的为学育人的人生经历中,对儒家传统教育和修养方法进行集成与创新。朱熹读《四书》有所感悟,因此采用七言绝句的形式,阐述儒学思想与理学精髓,遂成《训蒙绝句》,以作为儿童道德养成的基础读物,并同时起到了传播理学思想的作用。《训蒙绝句》继承了儒家重视"诗教"的传统,诗教的主旨虽不是对蒙童进行道德教育,但它却通过诗歌韵律熏陶了蒙童的美感,通过诗歌的言志激发蒙童的志趣,通过诗歌的语言塑造蒙童的精神,使得蒙童"抑扬其音节,宽虚其心意",从而"精神宣畅,心气和平",达到义理渐开的目的,使儿童在接受文学滋养、美学熏陶的同时,受到道德思想之浸润,文化积淀之涵育。

(三)事上磨炼,专心谨慎,整齐严肃

事上磨炼、专心谨慎、整齐严肃是朱熹强调的"居敬力行"功

---

① (宋)朱熹:《四书集注》,岳麓书社2004年版,第372页。
② (宋)黎靖德编:《朱子语类》卷7,中华书局1986年版,第124页。

夫。朱熹针对蒙童年龄小、理解能力有限、智识未开的情况，将蒙童道德养成的核心内容定为"学事"。"学事"即在事上磨炼，通过符合伦理道德规范要求的日常行为训练，使蒙童形成道德自觉的行为习惯。

在蒙童道德养成的原则方法上，朱熹强调应该将伦理道德的学习与日常生活实践相结合。朱熹道德养成的重点在于构建一套蒙童道德养成的方法论。对于蒙童来讲，如果编纂的蒙养教材一味说理，只余教条，无法真正涵养蒙童的道德；如果编纂的蒙养教材仅对蒙童的生活日用、饮食起居、待人接物进行具体指导，蒙童的道德自觉又难以形成，更无法塑造成为符合儒家道德、社会伦理规范的君子、圣贤。然而，朱熹巧妙地解决了上述矛盾，其道德养成方法既重视立志明理，有对儒学思想、理学经义的解释；又重视儿童日常行为与道德习惯养成。朱熹将道德说教与日常生活习惯培养相结合，不仅要儿童"知其然"，还要儿童"知其所以然"。

此外，朱熹在《白鹿洞书院揭示》中还列举了"为学之序"，实际上可以看作朱熹对道德养成过程的阐释。朱熹认为为学之序在于"博学之。审问之。慎思之。明辨之。笃行之"。博学、审问、深思、明辨是"穷理"所必需的过程，而"笃行"是"自修身以至于处世接物，亦各有要"，也就是说在进行道德实践的过程中还要遵守"言忠信，行笃敬。惩忿窒欲，迁善改过"的修身之要，这些都是朱熹认为的行之有效的道德养成方法。

四 "去欲存理""易知易行"的思想特质

（一）以儿童生活为逻辑起点，强调易知易行

朱熹为蒙童编写的教材及读物，内容涉及蒙童生活的诸多方面，其编写逻辑是围绕儿童生活与学习展开的。以《童蒙须知》的编写为例，朱熹认为儿童的生活"始于衣服冠履，次及言语步趋，次及洒扫涓洁，次及读书写文字,及有杂细事宜,皆所当知"①。《童蒙须知》分别从衣冠鞋履、语言步趋、洒扫涓洁、读书写文字、杂细事宜五个维度对儿童日常生活做了详细的规定,制定了明确的原则,充分体现了切于日用,易知易行的特点,是后世蒙学教材编纂的范本。

事实上,道德养成的内容,只有切合儿童的日常生活实际,才能引起儿童的精神共鸣;只有贴近儿童生活实际的道德养成,才能使儿童将道德知识内化为道德情感,最终外着于行。以儿童生活为逻辑起点,强调蒙童阶段的道德养成"只是教之以事",远绝佶屈聱牙、深奥抽象之"理",是朱熹道德养成思想的重要特质之一。

(二) 注重关键期教育,强调习与智长、化与心成

儿童期是道德养成的关键期,"而今自小失了,要补填,实是难"②。因此朱熹强调儿童教育"必使讲而习之于幼稚之时,欲其习与智长,化与心成,而无扞格不胜之患"③。认为符合儿童身心发展规律、认识规律的童蒙书籍会更好地促进儿童的道德认知发展。

朱熹编纂的童蒙教材反映出他对儿童道德养成教育的高度关注。朱熹强调道德养成应该循序渐进;蒙童的道德养成既要有理论的指导,又要躬行实践这些教材关注到"习与智长""化与心成"的关系,揭示出知识教学与道德培养的内在规律。

(三) 以"去欲存理"为教育目标,理学色彩浓郁

朱熹提出对儿童进行道德养成的根本目的在于"去人欲,存天理"。将"去欲存理"作为道德养成之目标,是与朱熹理学思想密不可分的。朱熹认为"人欲"与"天理"两相对立。朱熹主张去除的"人欲",指的是超出人类基本物质需要的欲望,即超出天理范畴的私欲。朱熹认为,塑造一个人的道德,必须去除人欲:"人之一心,天理存,

---

① 朱杰人等主编:《朱子全书》第13册,上海古籍出版社·安徽教育出版社2002年版,第371页。

② (宋) 黎靖德编:《朱子语类》卷7,中华书局1986年版,第124页。

③ 朱杰人等主编:《朱子全书》第13册,上海古籍出版社·安徽教育出版社2002年版,第393页。

则人欲亡；人欲胜，则天理灭，未有天理人欲夹杂者。"① 倡导在道德养成的过程中，压抑过分的、不正当的物质需求，使人不被私欲蒙蔽，进而实现自我道德提升。

朱熹作为宋代大儒，理学的集大成者，其编纂修撰的童蒙教材带有浓厚的理学色彩。一方面，朱熹继承了儒家重视"修身"的传统，编纂的童蒙教材多以儒家经典为蓝本；一方面，朱熹在构建其道德养成思想之时，以理学思想为指导，对儒家理论进行重组和阐释。诚如瞿菊农所言，"一个时代的教育内容总是那一个时代的统治思想。作为上层建筑的教育，主要是为它的政治经济基础服务；而教材的编制又总是受制约于教育内容的。蒙养教材一般说也是这样"②。朱熹编纂的童蒙教材中，阐释理学思想的内容占据了较多篇幅，如《训蒙绝句》中多处涉及理学基本概念。讲"天"，如"气体苍然故曰天，其中有理是为乾。浑然气理流行际，万物同根此一源"。讲"太极"，如"性蔽其源学失真，异端投隙害弥深。推原气禀由无极，只此一图传圣心"③。《近思录》则是集宋代著名理学家阐述理学思想的精辟语句成书，后人评价《近思录》时也曾经说道："昔朱子与吕东莱先生，晤于寒泉精舍，读周子、程子、张子之书，叹其宏博无涯，恐始学不得其门，因共掇其关于大体、切于日用者，为《近思录》十四卷。凡义理根原，圣学体用，皆在此编。"（江永《近思录集注序》）

（四）以"纲常名教"为主，强调以礼教立人

朱熹童蒙教材中的道德养成内容，按照层次可以归为两类：一类是对儿童生活日用、洒扫进退的行为习惯的规范，一类是有关伦理道德和理学基本原理的解释。这两类内容层次不同，一个说事，一个言理，都统摄在朱熹"去欲""存理""明伦"的道德养成目标之下。对于这样

---

① （宋）黎靖德编：《朱子语类》卷13，中华书局1986年版，第124页。
② 瞿菊农：《中国古代蒙养学教材》，《北京师范大学学报》（社会科学版）1961年第4期。
③ 朱杰人等主编：《朱子全书》第26册，上海古籍出版社·安徽教育出版社2002年版，第5页。

的道德养成目标，朱熹明确指出"三纲五常，礼之本也"①。因此，朱熹的道德养成，是以"三纲五常"等伦理纲常名教为核心内容的。

朱熹编纂的童蒙教材以"纲常名教"作为道德养成的核心内容，确有灌输封建思想、宣扬封建伦理道德之嫌；但同时，"纲常名教"也有着对于中华民族普遍认同的良好品德的弘扬，如重德，节制，修身，立志等，这些思想是中华传统文化的精髓与核心，甚至可以说是中华道德文明的重要组成部分，这些内容深刻影响了中华民族的民族精神。"在中国古代，作为倡导礼治、礼制、礼教，以'礼仪之邦'著称，建构形成的礼教立人治世的指导思想，曾经担负着各个历史时期人性教化和国家治理的使命，对于维护中国古代社会的稳定，促进经济、政治、文化、社会发展做出过有益的贡献。"②

五 "穷理禁欲"：朱熹道德养成思想评价

朱熹过于重视理学思想的阐发，使得对儿童心理发展与接受能力的关注度相对降低，导致其道德养成思想有诸多弊端：如在语言使用上，语句晦涩；在内容选择上"多穷理之事，近于大学……且类引多古礼，不谐今俗"（《养正类编》卷二《陆桴亭论小学》），"朱熹在注疏《论语》时，认为'仁'即'爱之理，心之德也'，站在理学家的立场将'仁'与'爱'相区分，并将'仁'看作'天理'。这种将'爱'从'仁'中区别开来的解释与孔子自己的有关'仁'的论述确实存在较大不一致，以至于李泽厚直斥这种解释为'歪曲'"③。李泽厚认为，朱熹把"仁"说成"天理"，"殊不知如此一抽象，就失去了那活生生、活泼泼的人的具体感性情感内容而成为君临事物的外在律令，歪曲了'仁'不脱离情感的（本体不离现象）的根本特点"④。"正是这种多同

---

① （宋）朱熹：《四书章句集注》，岳麓书社2004年版，第78页。
② 王凌皓、王晶：《先秦儒家礼教思想的历史定位及现代镜鉴》，《社会科学战线》2015年第4期。
③ 石中英：《孔子"仁"的思想及其当代教育意义》，《教育研究》2018年第4期。
④ 李泽厚：《论语今读》，生活·读书·新知三联书店2004年版，第109页。

情别人少同情自己、克制自己的自私、乐善好施的情感构成了人性的完美。只有这样才能在人类中产生情感和激情的和谐，在这之中包含了人类的全部优雅和恰当。"① 对朱熹"仁""爱"相别的批判是具有合理性的，因为"仁"作为一种品德，必然无法与"爱"这种道德情感相剥离。

不可否认的是，朱熹的道德养成思想是中国传统文化的重要组成部分，在文化传播中体现出一股巨大力量，它以中国儒家文化为内核，以中国传统文化为沃土，以修身、齐家、治国、平天下的由内而外的"成人""成圣"过程为逻辑，将儿童的道德养成根植于丰厚的历史文化土壤之中，体现了自先秦创始儒家到宋代理学新发展这一过程中道德养成思想发展的文化连续性，扩展了先秦儒家内圣外王的期望，回归道德养成的生活本真，从而实现对中国传统文化精神的弘扬。这对我们今天涵养儿童道德、编纂儿童教材具有重要的启发意义。

"德行之于人大矣……士诚知用力于此，则不唯可以修身，而推之可以治人，又可以及夫天下国家。故古之教者，莫不以是为先。"② 2014年9月9日，在考察北京师范大学时，习近平总书记提出要"把这些经典嵌在学生脑子里，成为中华民族文化的基因"③，中华民族优秀教育传统历久弥新，有着永恒的文化价值与生长意蕴。中华民族优秀教育传统是"中华民族和中国人民在修齐治平、尊时守位、知常达变、开物成务、建功立业过程中逐渐形成的有别于其他民族的独特标志"④，更是使教育事业新故相推、日生不滞的有力保障，只有坚持继承与发扬中华民族优秀教育传统，在延续民族文化血脉中开拓前进，才能真正实现国民素质的提高、社会规则意识的形成，而这两者的实现都仰赖于国民道德的养成。

---

① ［美］亚当·斯密：《道德情操论》，焦维娅译，安徽教育出版社 2008 年版，第 3 页。
② 《晦庵先生朱文公文集》第 7 册，商务印书馆 1929 年版，第 1274 页。
③ 《让经典成为中华民族文化的基因》，《人民日报》（海外版）2014 年 9 月 12 日。
④ 习近平：《在纪念孔子诞辰 2565 周年国际学术研讨会　暨国际儒学联合会第五届会员大会开幕会上的讲话》，人民出版社 2014 年版。

朱熹童蒙教材中的道德养成思想，以儒家文化与理学思想为主轴，适应时代变迁和社会文化要求，重视道德养成的实践品格，使蒙童待人接物、处世为学合乎道德、礼法的要求，进而按照传统社会的伦理道德标准、行为规范而设计自我，追求儒家理想人格图式，实现个人道德养成与社会风气净化的双重目的。朱熹道德养成中含有丰富的伦理教育内涵，紧扣国家文化核心之"本"，将个人道德养成与社会伦理的遵守贯通一致，在今天仍有为国家价值精神凝聚之"道"提供基础和本原的价值意蕴。

第二节　明理立心，代天理物：陆九渊道德养成思想

陆九渊是南宋理学家，世称存斋先生，因讲学于象山书院，又被称为"象山先生"，也是"心学"流派的创始者，与朱熹齐名。

陆九渊一生勤学，为政清明，以其道德养成思想与人格魅力使得"民俗为变"，其思想在南宋时期乃至整个理学学术体系中独树一帜。陆九渊认为君主应该具有极高的道德修养，以其人格魅力感召万民，即"代天理物"；在国家治理中，道德养成即"治心"应该是社会变革首先考虑的因素。陆九渊的道德养成思想与同一时期的朱熹、吕祖谦、陈亮、叶适等存在较大差异。陆九渊著有《象山先生全集》，其道德养成思想散见于《语录》《杂著》等著作，以及淳熙二年（1175）"鹅湖之会"上与朱熹有关"尊德性""道问学"之争论的记载与相关书信往来之中。

一　以"心即理"[①] 为哲学基础

陆九渊对于人性问题有一著名论断，"宇宙便是吾心，吾心即是宇

---

① 《陆九渊集》，中华书局2008年版，第149页。

宙"①。陆九渊作为宋代理学道德养成思想发展成熟阶段的重要代表，提出了与以往理学家完全不同的主张。不同于以往理学家论证人的道德与宇宙自然有着相同本原、同一主体的认识，陆九渊认为人的道德本原即"心"。虽然存在万事万物生发和依存的"理"，但是"人皆是心，心皆是理，心即理也"②，"心外无事，心外无理"③。"心"是人类的器官之一，是体察"理"的工具，也是"理"得以显现和发展的依托，甚至就是"理"本身。

根据这样的论断，陆九渊已经完全实现了其道德养成思想的"天人同构"过程，并且将研究的视角从研究宇宙万物生发、必须依存之"理"转向人类自身与道德发展本身，前所未有地提升了道德主体在道德养成过程中的地位。加之陆九渊强调的"心"兼具体察之功能、承载和体现"理"之功效，为道德养成提供了理论前提与基础。

二 "君子""存心"的教育目的

（一）"存心"

陆九渊十分称道孟子学说，因此在人性论方面继承孟子的"性善论"，并且把道德养成的目的和作用定位为"存心"。陆九渊认为，"心"是道德本体，是整个思想体系中最高位的概念范畴，对于"心"，陆九渊赋予其伦理学的含义，并且论断"心即理"。此外，陆九渊还认为"心"是进行道德认知、反思自我、切己体察的重要器官。陆九渊认为"心"具有善的倾向，"心"具有人性善的所有依据。所以，道德养成并非向外求，只需回归本心、保存本心即可。陆九渊认为道德养成只有一个目的，即"存心"，所以"存心"兼具道德养成目的与作用的双重含义。

---

① 《陆九渊集》，中华书局2008年版，第431页。
② 《陆九渊集》，中华书局2008年版，第149页。
③ 束景南、查明昊辑编：《王阳明全集补编》，上海古籍出版社2016年版，第346页。

陆九渊认为道德养成应该遵循一定的依据，也有着自身发展的过程。道德养成的第一步是"存心"。所谓"存心"，在陆九渊看来是对人之善本性的保存。第二步是"养心"，陆九渊认为"心外无物，心外无理"，所以"心"本身就已经具有善之倾向，但是仅仅依靠"存心"，人是无法应对物欲横流、充满诱惑的外在世界的，所以还需要采取一定的措施，即"养心"。所谓"养心"，是指弘扬道德主体精神，强调在道德养成过程中道德主体自觉性、主动性的发挥。第三步是"求放心"，即使因为外欲困扰，导致"心"之善被蒙蔽，道德主体依然不能自暴自弃，还应该不断进行道德养成，以提升道德主体的道德水平。

（二）"君子"是陆九渊道德养成的培养目标

陆九渊曾在论述君子与常人之不同时提出，"君子之所以异于人者，以其存心也"[①]。由是可知，陆九渊道德养成培养的理想人格应该是"君子"。而陆九渊心中的"君子"有着与常人不同的最重要特征，即"存心"。

三 "仁义者，仁之本心也"的教育内容

在道德养成的内容设计上，陆九将"仁"作为道德养成的主体内容，将"义"作为"仁"之外在体现，一并加以学习。但是，在论述道德养成的内容时，陆九渊依然加入了个人特色，将"仁"与"义"作为"心"之固有的倾向。

陆九渊主张提升道德主体的主动性与自觉性，在道德修养过程中直指本心，在这个过程中并非必须借助于教育内容。陆九渊甚至提出"六经皆我注脚"，也就是说人通过道德自省和体悟才是儒家经典学习的本真含义。从某种程度上讲，陆九渊认为道德养成是可以不假经籍的。

---

① 《陆九渊集》，中华书局2008年版，第149页。

四 陆九渊道德养成方法体系

（一）立志与笃行结合的道德养成原则

陆九渊继承和发展了先秦儒家道德养成思想，将"立志"作为道德养成总的原则。"道非难知，亦非难行，患人无志耳"①"人惟患无志，有志无有不成者"②。在陆九渊看来，立志是提升道德修养水平的总原则，也是道德养成的第一步。陆九渊将重视立志的思想付诸实践，在讲学授徒时十分关注学生的立志情况，"先生从容问其志，乃答曰'幼学之制，在于为善而已。'先生嘉叹而勉励焉"③。陆九渊在重视立志的同时重视践行志向对道德养成的重要价值，并以志向之专、践行之笃作为道德养成的重要保障。

（二）陆九渊的道德养成思想体系

在《周易》中曾经有对道德养成的一段论述，"是故，履，德之基也；谦，德之柄也；复，德之本也；恒，德之固也；损，德之修也；益，德之裕也；困，德之辨也；井，德之地也；巽，德之制也"④。（《周易·系辞》）陆九渊重视道德养成，以先秦儒家道德养成思想为基，重新阐释并构筑了一个相对完备的道德养成方法论体系。"'履，德之基'，谓以行为德之基也。基，始也，德自行而进也。不行则德何由而积？"⑤陆九渊将践行道德作为道德养成的基础，"《孝经》十八章，孔子于践履实地上说出，非虚言也"⑥。道德行为是道德养成形成的重要表现，道德养成只有通过不断践行道德理想，实践道德信条，才能实现道德修养的提升。

"'谦，德之柄也'，有而不居为谦，谦者，不盈也。盈则其德丧

---

① 《陆九渊集》，中华书局2008年版，第12页。
② 《陆九渊集》，中华书局2008年版，第149页。
③ 《陆九渊集》，中华书局2008年版，第479页。
④ （宋）朱熹撰，廖名春点校：《周易本义》，中华书局2009年版，第254页。
⑤ 《陆九渊集》，中华书局2008年版，第416—417页。
⑥ 《陆九渊集》，中华书局2008年版，第433页。

矣。常执不盈之心，则德乃日积，故曰'德之柄'。"① 谦虚，不自满是道德养成的重点。自负或狂妄自大，本身就不是合道德的品质，因此在道德养成过程中必须以自负自满为戒；同时，谦虚也意味着道德主体有着"不盈之心"，即是对自己道德水平存在不足的理性认识，对自己道德修养尚有追求，正是这种心态促使道德主体不断加强道德养成，最终实现"德乃日积"的结果。

"既能谦然后能复，复者阳复，为复善之义。人性本善，其不善者迁于物也。知物之为害，而能自反，则知善者乃吾性之固有，循吾固有而进德，则沛然无他适矣。故曰'复，德之本也'。"② 陆九渊继承和发展了孟子的"性善论"，认为人性本善，而人性中之所以会有不善即"恶"之存在，源于物欲对人性的蒙蔽。因此，陆九渊的道德养成思想最终的理论主张就是"存心"，即保存本心，也就是对本善的人性本来面貌的保存和发扬。遵循至善的本心，道德自然会以此为发展方向。

"知复则内外合矣，然而不常，则其德不固，所谓虽得之，必失之，故曰'恒，德之固也'。"③ 虽然人性本善，以"存心"为根本目标的道德养成可以使人道德不断发展，但是仍然会存在道德养成过程中的迟滞不进乃至道德水平的后退，出现这种问题的症结在于没有形成稳定的道德。不稳定的道德包括含糊不清的道德认知，摇摆不定的道德情感，软弱易变的道德意志，不稳定、不持久的道德行为等，这些都会导致"德不固"现象的发生。因此自觉、稳定、良好的道德行为（即"恒"）是"德固"的最好外在表现。

"君子之修德，必去其害德者，则德日进矣，故曰'损，德之修也。'善日积则宽裕，故曰'益，德之裕也'。"④ "损"与"益"都是

---

① 《陆九渊集》，中华书局2008年版，第416—417页。
② 《陆九渊集》，中华书局2008年版，第416—417页。
③ 《陆九渊集》，中华书局2008年版，第416—417页。
④ 《陆九渊集》，中华书局2008年版，第416—417页。

道德养成的重要手段。所谓"损",是在道德养成过程中做"减法",排除和避免不利于道德修养的人物和事件对道德主体的影响。所谓"益",是在道德养成过程中做"加法",是指在道德养成过程中更多接触道德修养水平高的人,多受优良美德之熏陶,以此来促成道德养成。陆九渊曾经反复论证损益功夫在道德养成过程中的重要作用,还用"易简功夫""剥落"等词指代道德养成的"损益"之法。

"不临患难难处之地,未足以见其德,故曰'困,德之辨也'。"[①]道德养成过程中,必然以真实的生活场景、频繁发生的道德事件作为道德养成的重要契机。"患难难处之地"不仅是道德养成的重要契机,更是检验道德养成的关键时间节点。

"井以养人利物为事,君子之德亦犹是也,故曰'井,德之地也'。"[②]陆九渊在论述道德养成的社会功效的时候曾经以井作比,井之德,体现在"养人利物",能够为人类生存提供水源,能够灌溉万物以利其生长,体现为一种利他性,那么人之德应该与井之德相似,以成他人之事、有益于群体之利为作用。

"夫然可以有为,有为者,常顺时制宜。不顺时制宜者,一方一曲之士,非盛德之事也。顺时制宜,非随俗合污,如禹、稷、颜子是已,故曰'巽,德之制也'。"[③]道德养成的过程应该是因时而变的。"巽"有两层含义:其一,巽在卦象中代表风,具有不断变化的特征;其二,从字源学来讲,"巽"为二子共辅一人,具有辅佐、帮助之意。陆九渊由此推出道德养成应该是因时而变、因地制宜的,应该是具有促进社会发展之功效的。陆九渊这种主张与宋代开放的社会风气,坚持"祖宗之法"又不断创新变革的时代倾向是高度一致的。"事为之防,曲为之制"的赵宋政权的顶层设计,为教育文化的发展指明了方向,皆因宋代理学家所面临的不仅是满目疮痍、浇漓无序的社会重建任务,还面临着

---

① 《陆九渊集》,中华书局2008年版,第416—417页。
② 《陆九渊集》,中华书局2008年版,第416—417页。
③ 《陆九渊集》,中华书局2008年版,第416—417页。

个体、群体、民族、社会道德重构的重任。

所以，包括陆九渊在内的宋代理学家道德养成思想是因时制宜、服务当下的。这种服务当下的时代精神是宋代理学家道德养成思想的重要品质，也是宋代理学家道德养成思想的灵魂。但是，陆九渊强调，因时制宜并非同流合污，个体、社会、民族、文化的道德养成并不是因"同"而生，因"同"而长的，道德养成思想应该是"和而不同"的，宋代理学家道德养成精神富有批判理性的特征也因此愈加鲜明。

除了前文所述的陆九渊道德养成思想的方法论体系之外，陆九渊继承了儒家修养论中的经典命题，强调以"切己自反，改过迁善"作为道德养成的重要方法和手段。强调发明本心的过程中不断发现自身存在的不足，不断修正以促进修养提升的过程，这也是陆九渊道德养成方法论的重要组成部分。

五 "心外无事，心外无理"：陆九渊道德养成思想评价

陆九渊的道德养成思想代表了宋代理学家道德养成思想发展的成熟水平，陆九渊的道德养成思想与程朱理学有着巨大差异，但也昭示着宋代理学家道德养成思想有着鲜活的生命张力与和而不同的文化包容气度，他与朱熹、张栻、吕祖谦、陈亮、叶适等理学家的道德养成思想共同构筑了宋代理学道德养成思想的理论成熟形态。

陆九渊以"心即理"为道德养成思想的基础，完成了宇宙本体与道德本体合而为一的理论形态；陆九渊的道德养成理论以其对道德主体对道德自觉的倡导，被认为是对思孟学派道德主体精神的发扬和创新，陆九渊甚至敢言"六经注我，我注六经"[①]，认为"大道至知"在充盈人本性中固有之道的过程中具有重要作用，所以道德养成过程中应该以道德主体的主体性、自觉性、能动性为中心。在这样的理论视角之下，

---

① 《陆九渊集》，中华书局2008年版，第359页。

甚至被儒家学者奉为原典、由朱熹毕生注释的"六经"都下降为次于道德本体存在的地位而成为道德主体的注脚。

陆九渊对"存心""求放心"等道德主张的倡导，在宋代理学道德养成思想体系中具有独特魅力，将道德养成的本质定位为道德主体性的获得，道德养成的关键在于"存心"，即保持、发展人固有的善良倾向。但是主观唯心的倾向以及"心外无事，心外无理"的主张，存在严重的理论缺陷，这也是陆九渊道德养成思想中被学界诟病最多的部分。陆九渊的道德养成思想，"道德本体不再建立在宇宙本体论的基础之上，而宇宙论却统一在道德论的基础上，人成了宇宙的中心，从伦理学上把道德主体的地位凸显到了空前未有的高度"[①]。

第三节　其为有渐，其进有序：张栻道德养成思想

张栻是南宋初期著名的理学家、教育家，与朱熹、吕祖谦合称"东南三贤"，后又与李宽、韩愈、李士真、周敦颐、朱熹、黄榦同称"石鼓七贤"，祀石鼓书院七贤祠。无论"三贤"或"七贤"，均可旁证张栻之于教育事业的贡献，甚至有研究者认为张栻是"一世道学之宗主"[②]，是南宋理学的宗师。张栻的老师胡宏亦称赞张栻"圣门有人矣！"[③]

张栻于乾道二年（1166）受邀主教岳麓书院、城南书院，后又执教石鼓书院。张栻在岳麓、城南、石鼓等书院授徒讲学过程中，不断发展、提升、凝练其学术思想，奠定了湖湘学派的学术基础，形成了独特

---

① 陈谷嘉：《宋代理学伦理思想研究》，湖南大学出版社2006年版，第451页。
② 张劲松：《张栻在宋代道学中的宗主地位及其影响》，《四川师范大学学报》（社会科学版）2014年第3期。
③ （元）脱脱等：《宋史》卷429，中华书局1977年版，第12770页。

的学术风格。张栻的道德养成思想与实践，就是在执教书院、授徒讲学的过程中逐步提出、实践与完善的，有着极强的实践价值。朱熹对张栻的学术能力评价极高，认为张栻"则于大本卓然先有见者也"①。研究张栻的道德养成思想主要参考《南轩论语解》《南轩孟子说》《岳麓书院记》等著述，以及《宋史·道学传》《宋元学案·南轩学案》中的相关记载。

一 "性，天下之大本也"的哲学基础

（一）张栻有关道德本原之论述

张栻继承了先秦儒家"天命之谓性，率性之谓道，修道之谓教"（《礼记·中庸》）的思想，将"性"看作宇宙、道德之本原。认为"天命之谓性，万有根焉"②，"性"是天命最好的体现，是宇宙万物得以存在、生发、成长的根本。此外他认为性乃天下之大本，认为包括人类在内的万事万物都统一于"性"。在论及道德本原的时候，张栻博采众家之长，试图融合程朱理学、陆九渊心学之主张，"心与理一，不待以己合彼，而其性之本然、万物之素备皆得乎此"③，认为道德的本体既非"理"，亦非"心"，"理"与"心"本来应该是高度统一的，都是"性"之本然的规律性的体现。张载的这种主张可以概括为"性本论"，与朱熹主张的"理本论"、陆九渊主张的"心本论"皆有不同，在阐述道德与宇宙万物的本原为"性"的同时，融"理""心"于"性"，试图调和"性本论"与"心本论"的理论分歧。

（二）张栻对人性的认识

关于道德本体之"性"，张栻认为"盖性难言，其渊源纯粹，可得而名言者，善而已。所谓善者，盖以期仁义礼知之所存，由是而发，无

---

① （元）脱脱等：《宋史》卷429，中华书局1977年版，第12775页。
② 邓洪波校点：《张栻集·上》，岳麓书社2017年版，第173页。
③ 邓洪波校点：《张栻集·上》，岳麓书社2017年版，第188页。

人欲之私乱之，则无非恻隐、羞恶、辞让、是非之心矣"①。从张栻对于人性问题的回答可知，张栻认识到对"性"本质属性之探讨是一个复杂的问题。

一方面，"性"来源纯粹，有着向善的倾向。"性"之中"善"的倾向是社会伦理中存在的仁、义、礼、智、信等美德的源头。如果按照人性本来状态的发展，在没有外物侵扰、人欲侵蚀的条件下，人自然会展现出符合"性"之本来状态的"恻隐之心""羞恶之心""辞让之心""是非之心"等高尚道德。

另一方面，张栻认为"善"的本性会被"人欲之私"侵扰和改变，当人欲对本性的侵扰达到一定程度时，人性中的"不善"即"恶"就会出现。然而，人是社会性的动物，物欲、人欲的侵袭也是人发展过程中必然存在、无法避免的，因此美德的形成并非先天形成、天性使然，还需要后天的不断修养才能得以形成。这一论述为张栻的道德养成思想提供了基础。

二 "尽仁道者圣人""传道济民"的教育目的与作用

张栻道德养成的培养目标是"圣人"。张栻认为"夫尽仁道者圣人也"②，认为圣人的言行表现能够最好地体现仁道。"圣人之动，无非天也，夫所谓天者，至公无私之体也"③，圣人的道德修养已经达到了顺应天的境界。张栻认为其道德养成的目的，是将人的道德修养提升至圣人的高度，或者说以圣人为道德养成的目标。

张栻道德养成的作用是"传道济民"。张栻曾在《岳麓书院记》中阐述道德养成的作用，"岂特使子群居佚谭，但为决科利禄计乎？亦岂使子习为言语文辞之工而已乎？盖欲成就人才，以传道而济斯民也"④。

---

① 邓洪波校点：《张栻集·上》，岳麓书社2017年版，第174页。
② 邓洪波校点：《张栻集·上》，岳麓书社2017年版，第126页。
③ 邓洪波校点：《张栻集·上》，岳麓书社2017年版，第175页。
④ 邓洪波校点：《张栻集·下》，岳麓书社2017年版，第571页。

张栻认为，道德养成的作用，不在于成就功名利禄，不在于丰富辞藻，而在于通过提升道德主体的道德修养水平来实现两个作用：其一是"传道"，即传承传统美德，其二是"济民"，包括个人道德水平的提升，"修身"乃至"齐家""治国"与"平天下"目标之达成。

三 "礼俗""伦纪"的教育内容

张栻道德养成以儒家伦理道德学说的传统命题如"孝悌""仁""义""礼俗""伦纪"等为主要内容。张栻在执教城南书院、岳麓书院时曾言"具为条教，大抵以正礼俗、明伦纪为先"[1]，将儒家倡导的礼俗、纲纪、人伦作为教育的重要内容；"旧典所遗，亦以义起也"[2]，张栻受孟子思想影响极深，将"义"作为道德养成的重要内容之一；"立庠序之教，孝悌为先……以教民孝悌，熏陶渐渍之深，其君子固有以自得其良心，而其小人亦知畏义而远罪，至于颁白者不负载于道路，则足以见孝悌之教行于细民"[3]。在论述教育如何改善个人和社会时，张栻认为在道德教育过程中，孝悌应该是人们最先学习的美德，通过对这一美德的认同和践行，使得道德主体能够恢复本性中向善的倾向，谨守规范，远离犯罪，可以实现老有所养，这些现象都体现了孝悌在道德养成过程中的重要作用。

张栻在《邵州复旧学纪》中论及为学之要、教学之方时，提出在道德养成的不同阶段应该选择不同的教学内容。

> 而为之则有其序，教之则有方，故必先使之从事于小学，习乎六艺之节，讲乎为弟子之职，而躬乎洒扫应对进退之事，周旋乎俎豆羽籥之间，优游乎弦歌诵读之际。有以固其肌肤之会，筋骸之

---

[1] （元）脱脱等：《宋史》卷429，中华书局1977年版，第12775页。
[2] （元）脱脱等：《宋史》卷429，中华书局1977年版，第12775页。
[3] 邓洪波校点：《张栻集·下》，岳麓书社2017年版，第571页。

东，齐其耳目，一其心志，所谓大学之道格物致知者，由是可以进矣。至于格物致知，而仁义礼智之彝，得乎性乎；君臣、父子、兄弟、夫妇、朋友之伦，皆以不乱；而修身、齐家、治国、平天下，无不宜者。此先王之所以教，而三代之所治，后世不可跂及者也。后世之学校，朝夕所讲，不过缀缉文辞，以为规取利禄之计，亦与古之道大戾矣。①

张栻认为，道德养成内容包含以"六艺"为代表的儒家传统教学内容、为人子弟职责、从事洒扫应对等日常之礼等。具体包括观察学习祭器与祭祀礼仪，用弦歌诵读来陶冶其心智；待儿童长大，道德养成内容则变成格物致知，以遵从天性本善的规律，体悟先天赋予人性的仁义礼智等美德。如果能够以此作为不同时期道德养成的教育内容，则可实现修齐治平之目标。

四 "知行互发""其为有渐，其进有序"的原则方法

（一）"学莫先于义利之辨"

"学莫先于义利之辨。义者，本心之当为，非有为而为也。有为而为，则皆人欲，非天理。"② 在张栻看来，教育的前提是"义利之辨"，认为"义"是"本心之当为"，即人心的本来状态就应该是符合道德标准的，并不是出于图利等外在目的；如果在道德修养的过程中是因有利所图才去做，那这种做法就是以满足人欲为目的的行为，是无法体现天道的。这段论述包含两层含义，第一层指出道德养成应该以辨明义利为前提；第二层则是认为道德养成的过程应该是遵循天理的"义"的过程，是对道德之顺应，而不是出于外在欲望的驱使。

---

① 邓洪波校点：《张栻集·下》，岳麓书社2017年版，第561页。
② （元）脱脱等：《宋史》卷429，中华书局1977年版，第12775页。

（二）知行互发，知行并重

张栻在论述"知""行"孰先孰后的命题时说道："所谓知在先，此固不可易之论……此非躬行实践则莫由至。但所谓躬行实践者，先须所见端确为之，此谓之知知常在先可也。"① 在张栻看来，若论知行孰先孰后，那么知在前。但是由"非躬行实践则莫由至"来看，张栻认为道德知识、道德认知引导道德行为与道德实践，但是道德知识的获得、准确的道德认知形成却需要从道德实践中得来。

其次，张栻对南宋初期存在的"吾惟求所谓知而已"现象进行批判。所谓"吾惟求所谓知而已"，是指只重视道德知识、道德规范的学习而忽视道德实践、道德行为习惯的养成倾向，认为仅仅重视道德知识与道德规范的获得，无法真正实现道德之养成。

最后，张栻提出道德养成的过程应该是知行并重的过程，"盖致知力行，此两者工夫互发也。寻常与朋友讲论，愚意欲其据所知者而行之，行而思之，庶几所践之实而思虑之开明。不然贪高慕远，莫能有之，果何为哉？"（《南轩集·寄周子充尚书》）张栻认为知、行是道德养成实施过程中最为重要的环节。两个环节相互促进，相互支撑。由此可见，"知行互发"是张栻道德养成实施的重要原则，"始则据其所知而行之，行之力则知愈进，知之深则行愈达，行有始终，必有始以及终。"（《南轩集·论语解序》）

（三）"学者之于道，其为有渐，其进有序"②

"循序渐进"是儒家论为学的重要原则与方法，张栻继承了儒家重视为学之序的思想，将其运用于道德养成的过程之中。张栻认为，道德养成不可能一蹴而就，道德养成的过程应该是行为习惯逐渐变化的过程，是道德顺应规律、有顺序地向善发展的过程，因而其有漫长性、有序性、向善性三个特征。所以，张栻认为致力于不断提升自己道德修养

---

① 邓洪波校点：《张栻集·下》，岳麓书社2017年版，第669页。
② 邓洪波校点：《张栻集·下》，岳麓书社2017年版，第876页。

的学者，应当认识到这些特征。道德养成的漫长性体现在践道之"道"有多种形式，"道无不该也，而有隐显、本末、内外之致焉"①，道有多种体现，"夫以一日之间，起居则由起居之道，饮食则有饮食之道，见是人则有待是人之道，遇是事则有处是事之道"②，因此"学者之于道"的过程必然是由一而多，由低到高的过程；道德养成的漫长性决定了道德养成必须有序而为，依序而进，否则"道之尽废"，无法实现德性、德行之形成；道德养成的根本目标则决定了道德养成的向善性。

五 "只说践履而不务穷理"：张栻道德养成思想评价

张栻的道德养成思想来源于其坚持不懈的教育实践活动。张栻一生执教多所书院，在教育实践过程中切实践行其道德养成思想，为宋代理学道德养成思想体系的成熟完善、湖湘民风之淳化、个人道德修养之提升作了突出的贡献。

张栻道德养成的知行论思想，重视在道德实践中获得道德认知，也重视道德认知对于道德实践的指导作用，认为"所谓知在先，此固不可易之论"。然而，却将道德知识与实践孰先孰后的问题变成了一个循环论证的过程，认为知在行之前，更为重视道德实践在道德养成过程中的重要意义。正是出于对道德实践的重视，张栻提出道德养成应该"务经济之学"，被朱熹指出其道德养成理论存在的缺陷，在于过分重视道德践履，相对轻视对道德本原的追问，即"只说践履而不务穷理，亦非小病"（《朱子文集·答詹体仁》）。

南宋初期经济快速发展以及经济形势转变，强烈刺激了人们对物质欲望的追求，产生所谓"人欲横流"现象。张栻道德养成思想正是对社会需要、人伦道德需要之回应。张栻在充分认识社会现实、理性分析人性的基础上提出其独具特色的道德养成思想，无论是在南宋还是在千年后的今天，都极具历史意义与借鉴价值。

---

① 邓洪波校点：《张栻集·上》，岳麓书社2017年版，第96页。
② 邓洪波校点：《张栻集·下》，岳麓书社2017年版，第145页。

第四节　重实际、讲实用、务实效：
浙东学派道德养成思想

南宋时期是理学道德养成思想体系走向成熟和完备的阶段。此时的宋代理学道德养成思想在哲学基础建构、思想体系完备、道德养成方法论建设方面都已拥有重大的突破与成果。此外，随着理论的不断发展，南宋时期理学家的道德养成思想开始出现分化的倾向。其中最具代表性的是以朱熹为代表的程朱学派、以陆九渊为代表的心学派和以吕祖谦、陈亮、叶适等为代表的浙东学派。

浙东学派的道德养成既反对朱、陆"性理学""心学"之学术主张，又试图调和二者之矛盾，尤重经世致用、事功之学。因此，在道德养成思想的建构过程中，吕祖谦、陈亮、叶适是有着较强的相似之处。在浙东学派内部，又分为以吕祖谦为代表的金华学派，以陈亮为代表的永康学派，以叶适为代表的永嘉学派，各派治学主张不尽相同，"永康究皇帝王霸之学倡言事功，永嘉考订千载特重经制，金华殚治文史，珍视文献之传"①。金华学派重视文史知识的学习与经典文献的传承；永康学派倡言事功，强调义利双行，王霸并用；永嘉学派重视历史考据。

一　兼顾内外，本末并举：吕祖谦道德养成思想

吕祖谦是南宋时期著名的理学家，出身东莱吕氏，世称"东莱先生"（或称"小东莱先生"，以别于其叔祖吕本中）。吕祖谦创立"金华学派"（又称"婺学"），开浙东学派之先。吕祖谦极重道德养成，但是反对南宋时期空谈心性的道德养成思想倾向，主张学以致用，明理躬行，与朱熹、张栻并称"东南三贤"。《宋元学案》曾对吕祖谦为学、

---

① 章柳泉：《南宋事功学派及其教育思想》，教育科学出版社1984年版，第2页。

修身、育人之道进行评价："先生文学术业，本于天资，习于家庭，稽诸中原文献之所传，博诸四方师友之所讲，融洽无所偏滞。晚虽卧疾，其任重道远之意不衰，达于家政，纤悉委曲，皆可为后世法。"① 研究吕祖谦的道德养成思想，主要依据其著述如《近思录》（与朱熹合著）、《东莱集》以及《宋史》《宋元学案》等史料的相关记载。

（一）吕祖谦道德养成思想的哲学基础

在论述宇宙万物与道德的本原时，吕祖谦认为万物发端于一源，依同一规律发展，"吾之性，本与天地同其性；吾之体，本与天地同其体。不知自贵，乃慕爵禄，所谓'舍尔灵龟，观我朵颐'，'咸其股，执其随'"②。人作为天地之一员所拥有的道德也与"天地一源"。面对朱熹认为道德本原在"理"、陆九渊认为道德本原在"心"的学术分歧，吕祖谦则提出"理"与"心"是同一概念，名异而实同，但是在论述道德本原时，吕祖谦实则更为倾向"心学"的主张，认为"人心本殊且明，与性不殊"，认为"心"是道德之本原。

人性论思想是吕祖谦道德养成思想的重要理论前提。吕祖谦继承和发展了儒家传统的"性善论"，认为"人之善心发处，亦人心固有之理。天道复，便运行无间。而人心多泯灭，盖以私意障蔽。然虽有障蔽，而秉彝不可泯没，便是天行无间之理"③。吕祖谦认为人性与天地同"理"，所以人性中是有向善倾向的，这种"善"的倾向是人生而具有的；之所以在现实世界中多有人心泯灭、纲常不振、道德沦丧的现象出现，是因为天理被私欲遮蔽。即便如此，人的向善本性并不会因此泯灭。吕祖谦关于人性的论述为其道德养成思想的提出做了理论铺垫。

（二）吕祖谦论道德养成的目的与作用

吕祖谦将具有"圣人境界"作为道德养成的目的。吕祖谦所谓"圣人"与传统儒家的"圣人"内涵相同，尤重道德修养水平。吕祖谦

---

① （清）黄宗羲：《宋元学案·贰》卷51，中华书局1986年版，第1653页。
② （清）黄宗羲：《宋元学案·贰》卷51，中华书局1986年版，第1655页。
③ （清）黄宗羲：《宋元学案·贰》卷51，中华书局1986年版，第1656页。

继承和发展先秦儒家"人皆可以为尧舜"的思想,认为在道德养成过程中,并不需要以外在的道德目标要求自己,因为在每一个道德主体的身上,都具有可以为圣人的基础,吕祖谦断言"吾胸中自有圣人境界"①,这也是对先秦儒家"人皆可为尧舜"思想的继承与发展。

吕祖谦认为道德养成的作用体现在"矫揉气质"。"大凡人之为学,最当于矫揉气质上做功夫。如懦者当强,急者当缓,视其偏而用力。"②道德养成的作用之一是改善人的"气质"。"气质"具备两种含义:其一为理学家道德养成思想体系中的重要概念,即人性,包含着与天理一致的本然状态的"天地之性"以及天理与人性相杂糅所体现出的"气质之性";其二指性格与精神面貌。道德养成的实施,虽不能改变天地之性,但是却可以扭转和改善气质之性。此外,吕祖谦将道德养成看作出于道德习惯养成,经由道德自觉形成,终于德性智慧获得的生命过程,所以当道德主体形成良好、稳定的道德行为习惯,形成道德自觉与道德智慧之后,自然表现出与接受道德养成之前所不同之气象,对于正义和真理,必然是当仁不让的;对于他人的错误必然是宽容以待的;对于取得的成绩以及与他人比较的时候,必然是虚怀若谷的;在进行道德判断、处世接物之时必然是智慧非凡的。

吕祖谦认为道德养成的作用还体现在"求放心"。"知其放而求之,则心在是矣,平居持养之功夫也。""善学者之于心,治其乱,收其放,明其蔽,安其危。守之必严,执之必定。"吕祖谦道德养成思想继承孟子"求放心"之主张,提出道德养成的作用体现在能够体察到自己道德修养之不足,并且能够积极主动采取相应道德养成手段,使道德主体不断接近道德养成的理想状态。

(三) 吕祖谦论道德养成的主要内容

吕祖谦的道德养成思想很好地体现了浙东学派"讲实理,育实才而求实用"的特点。其道德养成的内容是对前人教育内容的继承,体现为

---

① (清) 黄宗羲:《宋元学案·贰》卷51,中华书局1986年版,第1653页。
② (清) 黄宗羲:《宋元学案·贰》卷51,中华书局1986年版,第1663页。

"守成"与创新的特征。

吕祖谦认为先秦儒家提倡的教育内容具有十分重要的道德养成意义。因此,吕祖谦认为"六艺""六书""三德"有着极高的道德养成价值。他认为"看诗且须讽咏,此最治心之法"①,认为以讽咏之法学《诗》最为适合。但是,所有的教育形式都应服务于教育内容与教育目标,仅有"讽咏"之法,却没有《诗》作为内容载体,是无法真正实现"治心"之功效的。

"三德三行"。吕祖谦推崇儒家"教以三德三行以立其根本,根本既立,固是纲举而目张"(《东莱文集·卷十六》)的主张,认为在道德养成过程中应以"智""仁""勇"为教育内容,在"智""仁""勇"的基础之上,才能进一步促进受教育者道德之发展。根据吕祖谦对丽泽书院学规的设计,我们可以发现吕祖谦的道德养成思想的主要内容是对儒家经典的学习,通过对儒家经典的学习达到"明理""躬行"之目的。此外,吕祖谦还将先贤政事等作为道德养成的内容,"以此知五帝三王之政,无不由乐始。盖陶冶之功,入人最深,动荡鼓舞,优游浃洽,使自得之"②。其目的在于发挥先贤政事的示范与引领作用,在陶冶过程中实现道德主体德性、自觉性之形成。而且,吕祖谦认为,道德养成的内容不应该仅仅拘泥于儒家经典,因为"人情、法意、经旨,本事一理"③。

(四)吕祖谦道德养成的原则与方法

1. 兼顾内外,本末并举:吕祖谦道德养成的原则

所谓"内",即内省工夫。"吾胸中自有圣人境界,能反而求之,则当有应之者,'克己复礼'是也"④。吕祖谦继承了儒家重视"礼"在道德养成过程中发挥作用的传统,将克己复礼作为实现"圣人境界"

---

① (清)黄宗羲:《宋元学案·贰》卷51,中华书局1986年版,第1655页。
② (清)黄宗羲:《宋元学案·贰》卷51,中华书局1986年版,第1657页。
③ (清)黄宗羲:《宋元学案·贰》卷51,中华书局1986年版,第1667页。
④ (清)黄宗羲:《宋元学案·贰》卷51,中华书局1986年版,第1653页。

的重要手段。此外吕祖谦还强调自省在道德养成过程中的重要作用，"邪说诐行，辞而辟之，诚今日任此道者之责。窃尝谓异端之不息，由正学不明，此盛彼衰，互相消长。莫若尽力于此，此道光明盛大，则彼之消铄无日。所以为此说者，非欲含糊纵释，黑白不辨，但专恐专意外攘，而内修工夫反少"①。吕祖谦认为，南宋存在异说盛行、正学不明、儒道衰落、人心不古的现象，这种现象的产生是由于在道德养成过程中过于专注"攘外"（运用外在的规范约束个体行为），而不是致力于"内省"。

吕祖谦强调"内省""外攘"缺一不可。"内省"是人内在德性养成、道德修养水平提升的根本方法，而"外攘"是道德养成的外在表现，以规范等方式约束着人们的日常生活与行为。外在规矩的约束与内省的道德感悟缺一不可。为此吕祖谦在强调道德养成过程中"内省"重要性的同时，曾多次制定学规，如《乾道四年九月规约》《乾道五年规约》等。②在道德养成过程中，吕祖谦不仅关注道德主体的主动性、自觉性的彰显，重视道德养成过程中道德主体的内在发展，同时重视采用定立学规等外在的约束方式促进道德主体道德水平的提升。

吕祖谦提出"致知力行，本交相发""本末并举"的道德养成重要原则。吕祖谦继承先秦儒家对"体""用"进行价值判断的传统，提出"若有体而无用，则所谓体者，必参差卤莽无疑。然特地拈出，却似有不足则夸之病"③，意指在道德养成过程中，不仅要重视道德教育的指导思想、价值倾向、教育内容，更应该重视道德养成功用的实现。

2. 吕祖谦道德养成方法

"以逊入道""宽而不迫""随根性""应物涉事"等是吕祖谦道德养成的主要方法。吕祖谦指出"'逊'是入道之门"。认识到自身德性的不足，才会有不断提升道德水平的需要，继而发展成为良好的道德行

---

① （清）黄宗羲：《宋元学案·贰》卷51，中华书局1986年版，第1664页。
② 邓洪波：《中国书院学规》，湖南大学出版社2000年版，第31—32页。
③ （清）黄宗羲：《宋元学案·贰》卷51，中华书局1986年版，第1668页。

动。因此，吕祖谦认为应该"以逊入道"。

在进行道德养成过程中，吕祖谦强调关注道德主体的价值，兼顾道德主体的个性特质与共性发展规律，提出在道德养成过程中应保持"随根性"，即因材施教。"学者气质各有利钝，工夫各有深浅，要是不可限以一律，正须随根性……示以蹊径，亦有必待其愤悱而后启之者"①。只有对每一个受教育者的关注以及对受教育者特性的了解，才能真正展开道德养成；在进行道德养成过程中要遵循人的发展规律、道德的发展规律、教育的发展规律，"顺而治之"，才会达成"自然来复"② 的道德养成目标。

"窒欲之道，当宽而不迫。"吕祖谦承认私欲、人欲、物欲的存在，由于欲望阻碍蒙蔽了"本心"，因此限制不合理的欲望十分必要。吕祖谦不赞同用极其严格的手段"窒欲"，认为应以宽和平仁的手段处之，即"持之以厚，守之以默"③。吕祖谦将"窒欲"的过程比作治水，骤然遏制水流必然导致横流不可制，"故人不禁欲之起，而速礼之复""心一复则欲一衰，至再至三，则欲亡而纯乎理矣"④。

吕祖谦强调在现实生活待人接物过程中实现道德养成。"应物涉事，步步皆是体验处"⑤，吕祖谦认为日常生活是道德养成实施的重要场域，因为只有在真实的社会生活中才会出现人与人、人与物相交互的复杂关系，这种复杂的社会现象不仅是道德、伦理必须解决的问题，还承载着道德养成的重要道理，只有在日常生活中体验，在"应物涉事"中进行道德实践，才能实现道德修养的提升，当然也只有在日常生活中才能"多识前言往行，考迹以观其用，察言以求其心"⑥，实现对道德养成成效的考察。重视在生活场域中开展道德养成，即重视道德养成的实践品

---

① （清）黄宗羲：《宋元学案·贰》卷51，中华书局1986年版，第1665页。
② （清）黄宗羲：《宋元学案·贰》卷51，中华书局1986年版，第1665页。
③ （清）黄宗羲：《宋元学案·贰》卷51，中华书局1986年版，第1670页。
④ （清）黄宗羲：《宋元学案·贰》卷51，中华书局1986年版，第1665页。
⑤ （清）黄宗羲：《宋元学案·贰》卷51，中华书局1986年版，第1670页。
⑥ （清）黄宗羲：《宋元学案·贰》卷51，中华书局1986年版，第1654页。

性，是吕祖谦道德养成思想的重要特征，更是宋代理学家道德养成思想体系的共性特质。

吕祖谦强调榜样引领与环境熏陶对道德养成的作用。吕祖谦从正反两方面论述肃正社会风气的方法。吕祖谦以上古为例，认为人情淳厚的原因在于"朝夕与老者亲炙，观其仁义之容，道德之光，自得于观感不言之际"①，也就是说，即使没有形式化、制度化、模式化的社会教化，上古时期仍然能够人情淳厚，原因在于人们有着与道德修养水平高的"老者"朝夕相处的机会，时时受到美德的熏陶。而"吾侪所以不进者，只缘多喜与同臭味者处，殊欠泛观广接，故于物情事理多所不察，不敢为时异势殊之说以自恕"②，之所以出现道德无法进益的现象，原因在于没有良好的榜样示范，没有良好的道德养成环境，导致"善未易明，理未易察"③，因此道德养成应该受到重视，每个人都应该在道德养成的过程中精勤谨慎，"吾侪所当兢兢"④。

此外，吕祖谦还强调在道德养成过程中应该有坚强的道德意志，"论义理，谈治道，辟异端，不容有一毫回避屈挠"⑤。"当仁不让，检身若不及……坚任道之志，而致察理之功，乃区区所望。"⑥

（五）吕祖谦道德养成思想评价

"宋乾、淳以后，学派分而为三：朱学也，吕学也，陆学也。三家同时，皆不甚合。朱学以格物致知，陆学以明心，吕学则兼取其长，而复以中原文献之统润色之。门庭径路虽别，要其归宿于圣人，则一也。"⑦吕祖谦是宋代理学道德养成思想大成与分化时期的重要代表之一，其学术思想与主张独树一帜。吕祖谦"讲实理，育实才而求实

---

① （清）黄宗羲：《宋元学案·贰》卷51，中华书局1986年版，第1657—1658页。
② （清）黄宗羲：《宋元学案·贰》卷51，中华书局1986年版，第1667页。
③ （清）黄宗羲：《宋元学案·贰》卷51，中华书局1986年版，第1667页。
④ （清）黄宗羲：《宋元学案·贰》卷51，中华书局1986年版，第1667页。
⑤ （清）黄宗羲：《宋元学案·贰》卷51，中华书局1986年版，第1665页。
⑥ （清）黄宗羲：《宋元学案·贰》卷51，中华书局1986年版，第1666页。
⑦ （清）黄宗羲：《宋元学案·贰》卷51，中华书局1986年版，第1653页。

用",重视人在道德养成过程中发挥的主体作用,"善类衰微,缘起漓薄……卷舒固在我也"①,提出"静多于动,践履多于发用,涵养多于讲说,读经多于读史,工夫如此,然后能可久可大"②的原则,其教育思想有着满足浙东地区经济发展的务实特色,具有极强的历史意义与时代价值,对宋代理学道德养成思想体系的发展与成熟起到了重要推动作用。

二 复正情性,义利双行:陈亮、叶适道德养成思想

陈亮,世称龙川先生,南宋时期理学家,是永康学派的代表。叶适,世称水心先生,南宋时期理学家,主张"修实政"(经营濒淮沿江诸牢实自守)、"施实德"(减轻赋役),为永嘉学派集大成者。

陈亮、叶适提倡经世致用,反对空谈道德性命之学的风气,在道德养成思想方面有着较高的一致性。陈亮、叶适主张"事功之学""经济之学",经常被后世学者拿来与程朱作比,认为陈亮、叶适试图扭转宋代高度重视道德的教育价值取向,试图改变宋代因理学兴盛而导致的重文轻武、卑功利不究实物之弊端,难免被后学认为其对道德教育养成教育的重视不够。

事实上,陈亮、叶适在整个教育过程中将道德养成置于教育的首要位置,肯定道德养成对人发展的价值引领作用,陈亮尝言:"德行言语、政事文学、无一之或废,而德行常居其先,荡荡乎与天下共繇于斯道。"他们坚决反对"空谈心性义理"的做法,强调"义利双行",提出了既符合南宋时期浙东地区经济发展对人才的需要,又给理学道德养成思想体系的完备提供了极具创新意识的道德养成思想。陈亮道德养成思想散见《龙川文集》《陈亮集》;叶适的道德养成思想散见《水心先生文集》《水心别集》《习学记言》等。

---

① (清)黄宗羲:《宋元学案·贰》卷51,中华书局1986年版,第1665页。
② (清)黄宗羲:《宋元学案·贰》卷51,中华书局1986年版,第1670页。

（一）陈亮、叶适道德养成思想的哲学基础。

淳熙十一年（1184）至淳熙十三年（1186），陈亮与朱熹就"理"、天理人欲、义利关系等基本问题论争。陈亮承认"理"的存在，也承认"理"是宇宙万事万物生发运行必须依循的规律。但是对于程朱将"理"作为形而上的绝对存在的主张予以否定。陈亮、叶适不认为"理"是形而上的玄妙存在，也不认为在形而上的"理"与形而下的宇宙万物之间有一条明显的界限，而是认为"理"蕴含在万事万物之中，因为"阴阳之气，阖辟往来，不容息……此天地盈虚消息之理"（《龙川文集》卷19《与徐大谏》）。"理"蕴藏在万事万物之中，万事万物无一不是"理"的载体。若没有万事万物存在、发展与变化，"理"将没有存在的物质实体，人更无法体会"理"之存在，叶适甚至强调"君子不可须臾离物"。

对于人如何体察"理"的问题，陈亮主张"天地之间，何物非道。赫日当空，处处光明，闭眼之人，开眼即是"（《陈亮集》卷28《又乙巳秋书》），"夫不为尧存，不为桀亡者，非谓其舍人而为道也"。（《龙川文集·与朱元晦秘书》）反对朱熹只有儒者才能体察"理"的说法，认为所有人能从万事万物中体察到"理"。由此，人性作为万事万物之一，也包含着穷"理"的可能；即使是被程朱理学、心学所贬抑的"人欲"，也因此有了存在与实现的合理性，"人生何为，为其有欲，欲也必争，惟曰不足"（《陈亮集·刘河清墓志铭》），如果不能满足人生活的基本物质条件、基本欲望，则会损害"道"的完整性，"有一不具，则人道为有缺"（《陈亮集·问答下》）。甚至有学者认为陈亮"是把人的各种物质欲求等同于人性的"[①]。

叶适进一步论证了义利统一的问题，"'仁人正宜不谋利，明道不计功'，此语初看极好，细看全疏阔。古人以利与人而不自居其功，故

[①] 毛锡学等：《宋代功利主义思想研究》，《河南大学学报》（社会科学版）1993年第4期。

道义光明。后世儒者行仲舒之论,既无功利,则道义者乃无用之虚语尔"①。叶适批判了董仲舒"正其义不谋其利,明其道不计其功"的观点,实际上批判了"理学"有性理空谈的倾向。论证"道在争物中""学以致用""义利统一"的观点。

陈亮、叶适承认"理"的存在,由万事万物都是理的承载体这一观点引申并论证了人欲存在的合理性,为其道德养成思想构筑了人性论与义利并行的哲学基础。

(二) 陈亮、叶适论道德养成的目的与作用

陈亮、叶适认为道德养成应该以"学为成人"为道德养成的目的,以培养"才德双行""智勇仁义交出"的"佐命之才""俊秀之士"为主要目标。

陈亮反驳朱熹建议他做一个醇儒的言论,援引孔子之语,认为道德养成的目的不应该是培养一个只知闲坐空谈道德性命的"醇儒",应该成为一个德才兼备的"成人"。叶适提出道德养成的目的和作用在于"造士使之俊秀"。叶适认为,俊秀之士应该德才兼具,道义修养应居于第一位,"夫秉义明道,以此律己,以此化人,宜莫如天子之学"②。

对于空谈道德性命之学泛滥的现象,陈亮、叶适进行了尖锐抨击,"自道德性命之说一兴,而寻常烂熟无所能解之人,自托于其间,以端悫静深为体,以徐行换步为用,务为不可穷测以盖其所无。一艺一能皆以为不足自通于圣人之道也,于是天下之士始尽丧其所有而不知适从矣。为士者耻言文章行义而曰尽心知性;居官者耻言政事书判而曰学道爱人。相蒙相欺以尽废天下之实,则亦终于百事不理而已"③。陈亮认为,如果道德养成仅仅要求人们不问世事,那么这种道德养成所培养的人无疑是对社会发展无用的,这种道德养成是失败的。"气不足以充其所知,才不足以发其所能,守规矩准绳而不敢有一毫走作,传先民之说

---

① (宋)叶适:《习学记言序目·上》,中华书局1977年版,第323页。
② 刘公纯、李哲夫点校:《叶适集》,中华书局1961年版,第800页。
③ 刘公纯、李哲夫点校:《叶适集》,中华书局1961年版,第179页。

而后学有所持循，此子夏所以分出一门而谓之儒也，成人之道宜未尽于此。故后世所谓有才而无德，有智勇而无仁义者，皆出于儒之口，才德双行、智勇仁义交出而并见者，岂非诸儒有以引之乎？故亮以为学者学为成人，而儒者亦一门户中之大者耳。秘书不教人以成人知道而教以醇儒自律，岂揣其分量则止于此乎？不然，亮犹有遗恨也。"① 在陈亮、叶适看来，道德养成不在墨守成规，循规蹈矩，谨遵先王之法，而是在于让道德养成与才智齐头并进，以德配位，成为一个深明义理、德才双行、精通务实之学的人。

（三）陈亮、叶适道德养成的主要内容

陈亮、叶适都十分重视儒家经典的道德养成作用，"夫盈宇宙者无非物，日用之间无非事，古之帝王独明于事物之故，发言立政，顺民之心，因时之宜。处其常而不惰，遇其变而天下安置，今之载之《书》者皆是也"。（《龙川文集·经书发题》）"圣人之于《诗》，固将使天下复性情之正而得其平施于日用之间者"。（《龙川文集·经书发题》）叶适认为经书虽然有为后学设立道德榜样的重要作用，但是若当今之人完全按照古籍记载去处事，必然无法适应时代潮流，应时应变。

陈亮、叶适重视儒家典籍"复性情之正"的重要作用，但不认同程朱学派将儒家典籍奉为圭臬、"一字删不得一字加不得"的态度，而是将儒家典籍视为重要的文献资料，在这些记载着上古政事、贤人修为的典籍中寻找能够指导人们日常生活、处事接物、发言立政，天下安置之道。陈亮还认为要实现"学为成人""才德双行"的道德养成目的，除了重视儒家典籍在道德养成过程中的重要作用之外，还应该关注文学、政事、言语等对于人才养成的重要作用，"德行言语，政事文学，无一之或废"。"吾夫子列思科，而厕德于言语、政事、文学者，天下之长俱得而自进于极也。……而二十年来，道德性命之学一兴，而文章

---

① 北京大学哲学系中国哲学史教研室：《中国哲学史资料辑要·下》，北京大学出版社1977年版，第198页。

政事几于尽废。其说既偏，而有志之士盖尝患哭之矣。"① 叶适指出"于是定为《易》《诗》《书》《春秋》之文，推明礼、乐器数而黜其所不合，又为之论述其大意，使其徒相与共守之，以遗后之人。"

（四）陈亮、叶适论道德养成的原则与方法

陈亮、叶适推崇孔子分科育人的主张。陈亮与程朱理学最大的分歧在于如何实现"圣人之道"，如何培养"成人"与"佐命之才"。陈亮强调学校在育人过程中的重要作用，"以天下之学养天下之士"，反对在教育过程中过分强调记诵等方式，"童子以能记诵为能，少壮以学说为本，老成以德业为重。穷天地之运，极古今之变，无非吾身不可阙之事也。故君子之道，不以其所已能者为足"（《陈亮集》卷15《赠武川陈童子序》）。陈亮反对朱熹涵养心性、静坐体察的道德养成方法，认为"理""道"蕴藏在万事万物之中，因此强调通过格物致知来体察"理"和"道"，来实现道德养成之目的。陈亮曾说，"夫道之在天下，何物非道，千涂万辙，因事作则。"（《陈亮集》卷27《与应仲实书》）

叶适认为"仁必有方，道必有等，未有一造而能尽获也"（《叶适集·陈叔向墓志铭》），强调道德养成不能一蹴而就，应是一个循序渐进的过程。叶适推崇先秦儒家强调的"学而时习之""学不躐等"的主张，强调道德养成不能依靠"顿悟""静坐"等方式来进行。

（五）陈亮、叶适道德养成思想之评价

朱熹曾劝说陈亮，"绌去义利双行，王霸并用之说，而从事于惩忿窒欲、迁善改过之事，粹然以醇儒之道自律"（《朱文公文集》卷36）。但是陈亮认为："才德双行，智勇仁义交出而道见者，岂非诸儒有以引之乎！故亮以为学者，学为成人。"陈亮并不接纳朱熹对其做个醇儒的建议，驳斥朱熹空谈道德性命，成人之道未尽，有着子夏之儒格局不足的弊病，"故后世所谓有才而无德，有智勇而无仁义者，皆出于儒之口，才德双行、智勇仁义交出而并见者，岂非诸儒有以引之乎？故亮以为学

---

① 邓广铭点校：《陈亮集（增订本）·上》，中华书局1987年版，第117页。

者学为成人，而儒者亦一门户中之大者耳。秘书不教人以成人知道而教以醇儒自律，岂揣其分量则止于此乎？不然，亮犹有遗恨也"①。

陈亮、叶适认为培养品德高达又有用于人、有用于社会的，才是道德养成的最终旨归。陈亮、叶适在学术思想上勇于创新又能够因时制宜、因地制宜，一反空疏学风，是宋代理学道德养成思想中独具特色的一支。"从思想渊源来看，功利主义和理学家都师承儒学。儒家奉修身、齐家、治国、平天下为宗旨，内含着修身养性、涵养道德和经世致用的思想。功利主义者和理学家都不否认经世致用，但功利主义者以实现社会功利为经世致用，所以勇于面对社会现实，理学家认为，只有修养自身，涵养德性才能经世致用。他们以德性为本，功利为末，鄙薄功利，从而使他们的理论避开限时，成为空洞的教条，走向了经世致用的反面。功利主义者推崇关中富国强兵利民的思想，是儒家思想中唯物主义思想一脉的发展。"② 以陈亮、叶适为代表的事功学派兼重义利，强调经世致用，一反理学空谈德性的风气，前承先师贤者修齐治平的社会理想，后启中国近代唯物主义思想之启蒙，是中国教育思想史上独具特色的思想流派。

本章小结

南宋理学家道德养成思想是在前人道德养成思想基础之上形成和发展起来的，它以北宋理学家的道德养成思想为基础，对"理""气""心""性"等理学基本问题进行更为深入的讨论，对道德养成的目标、内容、原则、方法、作用进行了更为严密的论述。此间是宋代理学家道

---

① 北京大学哲学系中国哲学史教研室：《中国哲学史资料辑要·下》，北京大学出版社1977年版，第199页。
② 毛锡学等：《宋代功利主义思想研究》，《河南大学学报》（社会科学版）1993年第4期。

德养成思想发展的大成时期，涌现了朱熹、陆九渊、张栻、吕祖谦、陈亮、叶适等理学大家。南宋理学家们构建了独具特色又极富时代精神的道德养成思想，不断使道德养成思想体系向着系统、精密的方向发展，这一趋势使得南宋成为宋代理学家道德养成思想的大成时期；而此时也是宋代理学家道德养成思想的分化时期，这种分化体现在南宋理学不同学派道德养成思想主张差异的日益显著之上。有的学者将这种矛盾本质归结为"尊德性"与"道问学"的分歧[①]，但是本书则更倾向于将这种矛盾的本质归结为在北宋理学家道德养成思想博大浑厚基础之上学说不断精细化的必然结果。因此，南宋时期道德养成思想高度发展，而不同学派之间的道德养成思想又各具特色，共同呈现出南宋道德养成思想高度发展的时代特征。

---

① ［美］田浩：《功利主义儒家——陈亮对朱熹的挑战》，姜长苏译，江苏人民出版社2011年版，第24页。"在一些思想家中，尊德性占了优势，他们为问学于德性的划分增添了新的内容。我们可以在与外部的物质世界感官接触中获得学问，而德性则通过内在的道德本性来获得……儒学传统中在问学与德性之间寻求平衡的困难使得12世纪的'道学'一分为二……学问之道却一直与关注道德修养相缠结，以至于充分发展的智识主义直到18世纪才出现，并且他也不能完全掩盖人们对道德修养的热情。"

第四章

宋代理学家道德养成思想的创生环境及其与社会的互动关系

> 自唐迄宋，变迁孔多。其大者则藩镇之祸，诸族之兴，皆于政治文教有重重之变化；其细者则女子之缠足，贵族之高坐，亦可见体质风俗之不同。而雕版印刷之术之勃兴，尤于文化有大关系。故自唐室中晚以降，为吾国中世纪变化最大之时期，前此犹多古风，后则别成一种社会。纵而观之，无往不见其蜕化之迹焉。①
>
> ——柳诒徵

宋代是我国封建社会政治、经济、文化的大变革时期，也是教育、思想、艺术高度繁荣时期。20世纪初，日本学者内藤湖南提出了著名的"唐宋变革论"与"宋代近世说"，认为宋代是中国从中世向近世转变的重要历史阶段，"在中国，具有那样内涵的近世，当起于宋代以后，而至宋代为止，是从中世走向近世的过渡期"②。

内藤湖南等学者坚持的"唐宋变革论""宋代近世说"作为一种学术假说，对某些史实的诠释必须加以订正；但是，作为一种研究范式，

---

① 柳诒徵：《中国文化史（中册）》，中华书局2015年版，第837页。
② ［日］内藤湖南：《中国史通论：内藤湖南博士中国史学著作选译（上）》，夏应元等译，社会科学文献出版社2004年版，第323页。

"唐宋变革论""宋代近世说"仍在持续为人们研究和阐释宋代教育的历史提供启示。这一学说揭示了宋代作为中国封建社会最重要的历史节点之一,与前代呈现出截然不同的历史气象。

宋代理学家的道德养成思想正是产生于宋代这一特殊历史时期,因此有着深刻的历史和社会背景,更有着恢宏变迁的文化气象。虽然这种历史气象并不尽如内藤湖南等学者认为的都是革命性、创造性的改变,但宋代社会在政治、经济、文化等方面的发展,确实为宋代理学家道德养成思想的形成与发展提供了沃土,为宋代理学家探讨道德养成问题提出了迫切需求;而宋代理学家道德养成思想的产生、发展、成熟,无疑也为宋代社会中政治、经济、文化诸要素的发展提供了内部动力,成为捋顺宋代社会内部诸多问题的重要平衡力。因此,探讨宋代理学家道德养成思想的创生背景,有助于我们了解宋代理学家道德养成思想产生的时代要素,更有助于理解宋代理学道德养成思想影响至今的历史必然性。

第一节 宋代理学家道德养成思想的创生环境

考察宋代理学家道德养成思想应该遵循的基本原则,是整体性(holistic)原则。本书对整体性原则的运用贯穿于总结宋代理学家道德养成思想特质的全过程。

对宋代理学家道德养成思想分析的整体性,体现在将其置于两宋时期经济、社会、文化的宏大背景下加以考察。借用杜牧之语,"丸之走盘,横斜圆直、计于临时,不可尽知。其必可知者,是知丸之不能出于盘也"。(《樊川文集·注孙子序》)将宋代这一历史时期看作"盘",宋代理学家的道德养成思想便是"丸",宋代社会政治经济文化为宋代理学道德养成思想体系提供了物质基础、基本框架,而宋代理学思想在这一宏大历史图景之下的发展过程,或"横"、或"斜"、或"圆"、或"直",呈现出不同走向与特点,却都有据可依、有迹可循。以宋代经济社会历史文化的基础去考察宋代理学家道德养成思想,其思想特质、走向与发展规律也愈加分明。

一 经济环境：富庶繁荣，一道德以同俗

"一切以往的道德论归根到底都是当时的社会经济状况的产物"①,两宋时期的经济是我国古代经济发展的高峰。高度发达的封建经济为宋代理学家道德养成思想提供了坚实的物质基础,有研究者在评价两宋时期经济社会发展情况时论断,"就物质文明和精神文明高度而言,宋代在封建社会历史时期之内可以说空前绝后。"② 商品经济繁荣、政府不抑兼并的土地政策为两宋经济带来了前所未有的发展条件,也潜伏着巨大危机。富庶繁荣、危机隐现的宋代经济迫切呼唤一种能够"一道德以同俗"的道德教育思想,这为宋代理学家道德养成思想创生提供了必要环境。

宋代土地制度已经摆脱唐代以来的均田制,实现了私有化与自由买卖,实物定额租和货币代物租等新型地租形态陆续出现,农业手工业开始突破自给自足的家庭经营模式,日用品的交易遍及城乡,海外贸易大为繁荣。商业资本和高利贷开始进入生产领域,出现了纸币,部分行业如纺织、瓷器、盐铁、造纸等,开始出现资本主义因素。

在商品和货币经济浪潮的卷袭下,秦汉以来的坊市制度弛坏,城市数量增长,城区扩大,居民增加,商业繁荣,新兴的城市居民——市人和城市游民也形成了,与之相适应的城市生活样式——词曲、戏剧、瓦舍和市人组织——行会、结社流行起来。③

（一）两宋时期经济发展之表现

1. 农业发展

农业是中国古代社会最重要的经济生产部门；农业作为经济发展的

---

① 《马克思恩格斯选集》第3卷,人民出版社1995年版,第435页。
② 邓广铭：《谈谈有关宋史研究的几个问题》,《社会科学战线》1986年第2期。
③ 邓广铭：《辽宋夏金史讲义》,中华书局2013年版,第5页。

重要组成部分，为宋代经济发展、宋代思想变革提供了最为坚实的物质基础。

农业政策方面，宋代统治者十分重视农业生产，勤于劝课农桑，其表现为皇帝亲耕籍田之礼、皇后的亲蚕礼等，最高统治者往往亲临观稼，见于记载的有太宗端拱元年（988）正月[①]、仁宗明道二年（1033）二月[②]、徽宗宣和元年（1119）正月[③]、高宗绍兴十六年（1146）正月[④]等。除了皇帝皇后亲耕亲蚕、观稼观稻之外，还专门设立劝农司，设劝农使负责帝国农事。

值得注意的是，北宋开始出现一种地方公文，称"劝农文"，是地方官在农忙季节发布的一种公文。此公文的内容一般为宣传农业生产的重要性、提醒农民勿违农时、根据当时当地情况阐述农业生产中存在的问题及解决对策等。"劝农文"兴起于北宋，盛行于南宋，从一个历史侧面反映了两宋时期对农业生产的重视。有研究者对两宋时期的劝农文进行过统计，详细情况见表4-1。

表4-1　　　　　　　　宋代劝农文表（部分）

劝农者	时间	地点	资料来源
黄　裳	政和三年	不详	《演山集》卷35
朱　熹	淳熙三年	南康军	《朱文公文集》卷99
朱　熹	淳熙八年	漳州	《朱文公文集》卷100《朱文公别集》卷6
黄　震	咸淳七年至咸淳九年	抚州	《黄氏日抄》卷78
仲　并	不详	平江	《浮山集》卷10
吴　儆	不详	安仁	《竹洲集》卷14
周必大	绍熙三年	潭州	《文忠集》卷37
陈傅良	不详	桂阳军	《陈傅良文集》卷44

[①] （宋）李焘：《续资治通鉴长编》第2册，中华书局2004年版，第646页。
[②] （宋）李焘：《续资治通鉴长编》第5册，中华书局2004年版，第2605页。
[③] （宋）李攸：《宋朝事实·下》，商务印书馆1935年版，第129—130页。
[④] （宋）李心传：《建炎以来朝野杂记》，商务印书馆1936年版，第41页。

第四章　宋代理学家道德养成思想的创生环境及其与社会的互动关系 | 147

续表

劝农者	时间	地点	资料来源
崔敦礼	不详	平江	《宫教集》卷12
卫博	不详	镇江府	《定庵类稿》卷4
袁说友	淳熙七年至淳熙八年	池州	《东塘集》卷16
袁说友	庆元五年	成都府	《东塘集》卷16
周孚	不详	不详	《蠹斋铅刀编》卷29
杨简	不详	永嘉	《慈湖遗书》卷5
……			

资料来源：周方高：《宋代农业管理若干问题研究》，湘潭大学出版社2012年版，第96页。

在高度重视农业生产的政策指导下，"我国现今实行的各种种植制度，在宋代即也基本形成"①，两宋农业得以发展。两宋时期长江流域与黄河流域两大耕作区为宋代农业发展贡献了种类多样、数量众多的农产品。

无论是官方记载还是时人笔记，都曾经记载宋真宗大中祥符时积极引入抗旱、产量高的占城稻。占城稻耐旱早熟，对土壤环境要求相对较低，尤其适合北宋东南各地。在不断推广下，占城稻盛行于江南东、西路和两浙路，再加之与晚稻配合耕种为双季稻，使得北宋谷物产量大为增加；经过实验将占城稻推广至江淮流域，使稻子的种植区域不断扩大，甚至在南方部分地区稻子种植可以实现一年两熟或两年三熟，南宋时期占城稻的种植范围在北宋的基础之上进一步扩大。这极大提高了宋代农业的生产力，也为宋代社会经济、发展、人口增长奠定了物质基础。

为了配合农业生产与农业发展，宋代大兴水利。许多新型田地在宋朝出现，例如梯田、淤田（利用河水冲刷形成的淤泥所利用的田地）、沙田（海边的沙淤地）、架田（在湖上做木排，上面铺泥成地）、圩田

---

① 韩茂莉：《宋代农业地理》，山西古籍出版社1993年版，第8页。

等。两宋时期江南湖泊水渠较多的地区，在北宋期内已出现了大量圩田，这使农业生产力得到极大提高。这些措施大幅增加了宋代耕地面积。至道二年（996），全国耕地面积为三百一十二万五千两百余顷，到天禧五年（1021）增加到五百廿四万七千五百余顷。各种新的农具在宋朝出现，代替牛耕的踏犁和用于插秧的秧马，新工具的出现同样大幅提升了农作物产量。一般农田每年可亩收一石，江浙地区一年可达到二至三石，长江流域和珠江流域农业发展迅速。

此间，一些北方农作物如粟、麦、黍、豆来到南方；棉花盛行种植于闽、广；茶叶遍及今苏、浙、皖、闽、赣、鄂、湘、川等地；种桑养蚕和麻的地区也在增加。南宋时太湖地区稻米产量居全国之首，尤其以平江府（今苏州）为代表，有"苏湖熟，天下足"（指苏州和湖州）或"苏常熟，天下足"（指苏州和常州）之称。甘蔗种植遍布苏、浙、闽、广，糖也成为被广泛使用的调味品，宋代出现了世界上第一部关于制糖术的专著《糖霜谱》，棉花作为经济作物传入中国并得以普遍种植。

2. 商品经济发展与新货币形式的产生

后世谓宋朝"积贫积弱"，但宋朝民间的富庶与社会经济的繁荣实则超过盛唐时期，"从隋唐掀起的继战国秦汉以后的第二个商品经济浪潮，在两宋时达到高峰……社会呈现了比较明显的成熟性、商品化和市井化趋向"[1]。两宋时期农业的发展，包括粮食作物产量的大幅提升和经济作物的发展，共同推动了宋代商品经济的发展。

宋代货币制度的变化密切伴随着宋代商品经济的发展，并开始呈现出"铁钱、铜钱并用……白银逐渐由通用货币发展为法定货币，而绢帛则逐渐退回到日用商品的地位……纸币的产生及逐渐发展成为一种新的货币"[2]。

"于时（熙宁、元丰年间），同、渭、秦、陇等州钱监，废置移徙

---

[1] 邓广铭：《辽宋夏金史讲义》，中华书局2013年版，第4—5页。
[2] 王棣：《宋代经济史稿》，长春出版社2001年版，第145页。

不一，铜铁官多建言铸钱，事不尽行。"① 两宋时期冶铸业的生产与发展水平还不能完全适应两宋经济发展的需要，致使铜钱、铁钱的冶铸速度跟不上货币流通数量；两宋时期白银产量增加，促使白银作为货币的流通数额和区域都有所增加，白银逐渐成为两宋经济流通的主要货币；两宋经济发展的重要标志就是产生了中国最早的纸币——"交子"。"会子、交子之法，盖有取于唐之飞钱。真宗时，张咏镇蜀，患蜀人铁钱重，不便贸易，设质剂之法，一交一缗，以三年为一界而换之。六十五年为二十二界，谓之交子，富民十六户主之。"② "先是，益、邛、嘉、眉等州，岁铸钱五十余万，自李顺作乱，遂罢铸，民间钱益少，私以交子为市。"③ 交子与传统金属货币相比，有着轻便等特征，更易交易。

通过对比这两条记载不难发现，二者记载的交子产生的时间与发明者不同，有的认为交子产生于宋真宗时期，有的认为产生于宋太宗淳化年间。但是可以肯定的是，"交子"产生于宋代，政府发行官方认可的交子，交子开始作为纸币进行流通，成为我国乃至世界上最早流通的纸币。至南宋时期，又有"关子""会子"等进入流通，其中会子成为南宋时期的主要流通货币。

纸币的发明和流通不仅在中国经济史、货币史上具有重要意义，事实上也反映了两宋时期商品经济的发展水平，因为纸币最初作为一种信用货币，必须要以发展到一定高度的经济作为基础。所以，以"交子"的参与流通作为重要表现之一的两宋经济，事实上出现了与前代不同的变化。

3. 经济重心转移与人口增殖

宋代初年有户 650 万左右。据《元丰九域志》记载，元丰（1078—1085）年间，全国有户 1600 万。北宋时期因推广占城稻，人口迅速增长，从宋太宗太平兴国五年（980）的 3710 万增至宣和六年

---

① （元）脱脱等：《宋史》第 13 册，中华书局 1977 年版，第 4382 页。
② （元）脱脱等：《宋史》第 13 册，中华书局 1977 年版，第 4403 页。
③ （宋）李焘：《续资治通鉴长编》卷 368，中华书局 1990 年版，第 8871 页。

(1124）的12600万。

据《宋史·地理志》记载，崇宁元年（1102）全国有户2000万（实际各路相加为1730万）。而根据今人研究，宋大观三年户数达2088万，人口约11275万。

金国南侵后，中国再次出现了北方人口大量南徙的现象。这次南迁有两波。第一个高潮是从"靖康之难"到《绍兴和议》；第二个高峰则是在金主完颜亮南侵期间。根据统计，南宋在人口峰值阶段，全国人口达到8500万。《宋史·地理志》若以绍兴三十二年（1162）与崇宁元年（1102）比较，两浙路户口增加26万户、江南西路增加42万户、福建路增加33万户、潼川府路增加24万户、夔州府路增加14万户。宋朝的城市人口大量增加，10万户以上的城市有50个，其中临安人口过120万，开封人口过150万，是当时世界上最大的两个城市。虽然有研究者提出存在"诡名挟户"[①]的情况，因此研究宋代人口数量，不能仅参考宋代户数，"本朝……户口率以十户为二十一口。以一家止于两口，则无此理，盖诡名子户漏口者重也"[②]。但是根据时人笔记中多有对当时人口数与户数的比率约为2的记载，因此亦可对两宋不同时期的人口数有所了解。

（二）两宋经济发展对宋代理学家道德养成思想之影响

宋代经济的发展为社会文化的繁荣奠定了坚实的物质基础，也为社会思想的多元化与开放化提供可能。物质的繁荣与发展刺激了人们对于物质和利益的追求。传统儒家[③]对于"义""利"价值的思索在宋代开始面临新的考验。"鸡犬之声相闻，老死不相往来"的封闭式的小农

---

① "诡名挟户"是宋代特有的一种社会现象。因宋代统治者不仅不抑制土地兼并，反而对豪强和士绅地主的兼并行为加以纵容，而豪强士绅地主大多享有免除赋税和劳役的特权，因此宋代赋税劳役的沉重负担都被加诸于中小地主身上。许多中小地主因此采用成立虚假户以假报户籍的方式规避赋税徭役。"诡名挟户"又可以细化为诡名子户、诡名挟佃两种方式。

② （宋）李心传：《建炎以来朝野杂记》，商务印书馆1936年版，第41页。

③ "传统儒家"一般与现代新儒家相对使用。这里是与宋代新儒家相对的概念，包括先秦创始儒家、汉代儒家学者等。

第四章　宋代理学家道德养成思想的创生环境及其与社会的互动关系 | 151

经济的田园之梦开始动摇，中国传统的道德价值、道德意识、道德秩序受到前所未有的冲击。

土地制度的变更，阶级阶层的变化使得社会矛盾日益加深，为新儒学的产生提供了社会基础。社会的发展迫切需要一种不同于佛老宗教、倡导"入世"而又能适应社会发展需要、结束五代十国以来混乱的思想局面的人伦道德学说。在这样的背景之下，宋代理学家敏锐地意识到，可以将"一道德以同俗"作为对时代召唤的回应。宋代理学家的道德养成，就是在"一道德以同俗"的纲领之下提升道德自觉的重要途径。因此诸多理学家针对两宋时期的经济发展带来的道德乱离，纷纷提出了自己的解决构想，这些构想集中体现在道德养成思想之中。

二　政治环境：内权集上，外权不竞

"历史进化之迹，随在可见，而民族之能力，亦不必随国运之盛衰为消长。"[①] "两宋之时，汉族对外之力固甚薄弱……然详考其时之文物，则仍继续进步，纚纚不休。文学、工艺、美术、制造，无不各有所创新。宗其全体论之，宋代民族审美之风，实又进于唐代。"[②] 宋代是我国封建中央集权制度完善与巩固的重要历史时期，中原王朝的中央集权加强，有着宋代以前一直存在的历史趋势，也有着宋代独特的历史因素。

秦始皇统一六国开始，中国经历了多次的分裂与统一。分裂是中原王朝内部长久存在的割据因素，以及北方民族与中原民族的交流与融合共同作用的结果。中国历史上第一次大分裂是三国两晋南北朝时期，历时4个世纪；第二次分裂是唐晚期的藩镇割据到五代十国时期的完全分裂，历时近3个世纪。到了公元10世纪的北宋时期，中国政治发展开始出现统一的趋势。从外部来讲，虽然作为中原王朝的赵宋强敌环伺，北有辽国、金国、蒙古，西有西夏，南部有大理，不算真正意义上的统

---

① 柳诒徵：《中国文化史·下册》，中华书局2015年版，第991页。
② 柳诒徵：《中国文化史·下册》，中华书局2015年版，第991页。

一,但是宋以后的中原王朝基本保持着统一的局面。这说明,两宋时期是中国历史上一个至关重要的时期。

在这个历史时段内,民族融合不断加强,中华文化的向心力不断增强。正是外部不断的政权对抗和以战争、互市等形式的外交、政治、经济交流,加快了民族融合的脚步,最终促使两宋与前代王朝相比更为重视中央集权的巩固和政治的统一。宋朝缔造者赵匡胤是通过"陈桥兵变"进而黄袍加身建立赵宋政权的,所以,宋代统治者既要鉴于五代乱离、君道寝微,武夫悍将危及政权稳定的历史故旧,又要防备通过兵变夺取政权的模式被复制的可能。所以,中央集权的加强成为必然趋势。

中国古代的中央集权制发端于秦汉,但在两宋时期得到了进一步的发展与强化。唐末五代的乱象是宋代中央集权制度不断加强的直接原因。"天下自唐季以来,数十年间,帝王凡易十姓"①,唐末及五代十国政权更迭频仍,战祸连年不断。造成这一现象的原因,往往被归结为唐代采用的节度使制度,节度使是"都督带使持节者,谓之节度使"②,唐末的节度使"既有其土地,又有其人民,又有其甲兵,又有其财赋,于是方镇之势日强……几覆天下……天子力不能制……姑息愈盛,方镇愈骄……迨至末年,天下尽分裂于方镇……推原祸始,皆由于节度使掌兵民权之故也"③。节度使制度作为唐末重要的政治军事制度,引起了晚唐政治局势的剧烈动荡,然而将唐末五代的乱象仅仅归因于节度使制度,则有以偏概全的嫌疑。事实上,"抵秦、汉以来,辖地太广,民治既湮,惟恃中央一政府,其力实有所不及。故非君主有枭雄过人之才,其所属之地,必易于分裂。无论唐法之弊,酿成五代之乱"④。节度使制度背后的深层次原因在于唐代政治版图的不断扩大与其中央政权统辖地方能力的发展缓慢不匹配。"国家不安者,其故非他,节镇太重,君

---

① (宋)司马光编,邓广铭、张希清点校:《涑水记闻》,中华书局1989年点校版,第11页。
② (清)赵翼著,王树民校证:《廿二史札记·上》,中华书局1984年点校版,第429页。
③ (清)赵翼著,王树民校证:《廿二史札记·上》,中华书局1984年点校版,第430页。
④ 柳诒徵:《中国文化史·下册》,中华书局2015年版,第839页。

弱臣强而已矣"①，将唐末至五代十国期间的纷乱归结于地方权力过大，而中央政府无力统辖之过。

宋代汲取唐末和五代十国藩镇割据的经验，试图通过不断加强中央集权来实现"国家长久"。为了避免重蹈唐末五代政权不断更替的覆辙，无论是统治者出于政权稳定的考虑，还是出于社会发展、百姓安居乐业的需求，都急需一个相对稳定的内部政治环境，加强中央集权制因此成为宋代政治的当务之急。"今所以治之，无他巧也，惟稍夺其权，制其钱谷，收其精兵，则天下自安矣。"② 两宋加强中央集权、节制藩镇的措施主要包括：中央加强对官员任免的权力、加强对军权和赋税的控制力。

（一）封建中央集权制的完善与巩固

1. 中央掌握官员任命权力

两宋在官员任命上，汲取了唐末五代地方武将强盛，而中央政府无力制约的经验，往往派遣文臣知州事，"（地方官员的重新任命）或因其卒，或因迁徙致仕，或以遥领他职，皆以文臣代之"。

宋代中央集权制的加强，突出体现在对各级地方官员的授职体系上。宋代官员任职方式中，特旨除授成为宋代统治者着重使用的方式。所谓特旨除授，即由宋皇直接下达任命或免除的旨意。中央机构的官员任命，重要地区的监司、知州、知府等地方高级官员，一般都由皇帝直接任命。皇帝直接任命被视为无上荣耀和恩赐，可以起到对被任命官员的激励作用，使其更大程度实现对皇帝的效忠；此外，职务由皇帝直接任命有助于增强地方对中央政权的向心力；直接任命这一方式为被任命的官员提供更为直接和强大的支持，最终实现加强中央集权的目标。

2. 中央掌握地方兵权

后周显德六年（959），赵匡胤被周世宗柴荣任命为殿前都点检，

---

① （宋）司马光编，邓广铭、张希清点校：《涑水记闻》，中华书局1989年点校版，第11页。
② （宋）司马光编，邓广铭、张希清点校：《涑水记闻》，中华书局1989年点校版，第11页。

成为禁军的实际统帅。周世宗去世后的公元960年，赵匡胤于陈桥驿"黄袍加身"发动军事政变，迫使后周恭帝禅位，同年赵匡胤登基，改国号为"宋"，改元建隆。为了保证军事权力的统一，防止掌握军权的将领使用同种方式进身危及赵宋政权，宋太祖即位后的一项重要政治举措就是收回兵权，将兵权掌握在最高统治者手中。宋代开始，中央集权制不断增强的例证之一就是北宋初期的"杯酒释兵权"。通过这样一种突然发难的方式，宋太祖迅速集中了中央军权。

在加强中央对地方军权的控制方面，宋代统治者采取了一系列措施。其中最重要的三项措施是取消支郡、选用文臣领军和收地方精兵于中央。

取消支郡。所谓支郡，是晚唐开始出现的名称。唐朝晚期，作为封疆大吏的节度使统辖范围不断扩大，属地不仅有节镇，更有多处州郡，节镇之外的州郡被称为此节度使的支郡。一个节度使统辖的州县的钱粮、度支、军队、赋税都由节度使控制，这种局面使得地方逐渐成为节度使的个人势力范围，节度使统辖范围越大，掌握的军事、经济、政治资源就越多，对中央政权的威胁就越大。当地方政权与中央政权势力的平衡状态被打破，藩镇割据形成，酝酿成晚唐至五代十国的数年战乱。所以，宋代开始取消节度使所辖的支郡，并且将这些支郡直属中央。

任命文臣领军和收地方精兵于中央。宋代多任文臣为州郡长官，称"知州军事"，彻底切断武将据地自雄的可能。在削减势力范围、任命文官为州郡军事长官的同时，宋代中央政府于965年下令，命令各州长吏选送本地骁勇善战的士兵补充中央禁军。选拔优秀军人加入禁军后，中央政府选拔教习训练，同时为这些地方选拔上来的禁军提供丰厚的待遇，皇帝亲自检视阅兵以突出对禁军的重视以及对禁军的直属统辖权，由此地方军事势力被不断削弱，而中央军事势力得以不断增强。北宋以来的这些军事措施，缩小了地方行政单位，降低了地方精锐军队的战斗力，削弱了宋代地方的军事实力。两宋地方军事力量被削弱导致地方军队战斗能力的降低，正是导致宋代"州郡遂日就困弱，靖康之祸，虏骑

第四章 宋代理学家道德养成思想的创生环境及其与社会的互动关系 | 155

所过，莫不溃散"①的重要原因。

3. 中央掌握赋税权力

宋代基本延续了唐代的"两税法"。"两税法"是在唐代"租庸调制"基础上对赋税制度的全面改革。中央政府根据每一年财政支出制定总税额，再参照各地情况由中央分配地方税额总数，地方政府负责征收当地赋税。两宋的税收制度"唯以资产为宗，不以丁身为本"，降低了对土地私有制的干预和控制程度，以财产多少作为课税依据，拓宽了征税对象的范围，增加了政府的财政收入。宋代征税时大多依循旧历，征收实物赋税，税率约为三十而税一。但是，由于两宋统治者对土地私有制控制程度的降低，土地产权私有化程度提高，土地作为一种生产资源开始进入市场流通，"田制不立"②再加之宋代社会不抑制土地兼并，使得宋代土地兼并现象愈演愈烈。"势官富姓占田无限，兼并伪冒习以成俗，重禁莫能止焉"③，土地兼并存在的同时权贵采用"寄名""冒户"等手段逃避税收，使得沉重的赋税负担都施加在中小地主与自耕农身上；再加之实物税的征收往往要求课税户根据当时政府的需要亲自将实物税送至指定地点，宋代称"支移"，或者将实物税折变成规定的实物，称"折变"，"支移""折变"的过程要消耗大量人畜盘费，还要受到地方胥吏的层层盘剥，使得农户实际承担了应缴税收的几倍之数，极大地增加了人民的负担。

宋代中央对税务的管理逐渐程序化、制度化。宋代中央税务机构几经变革，大致以元丰改制为界。宋初至元丰改制，宋代中央税务机构为三司，元丰改制后户部负责全国税收，六曹辅之。国家专门税收机构的建立，标志北宋中央税务机构的专门化与专业化，也标志着北宋时期已经开始将赋税职能收归中央。赋税权力由中央掌控后的北宋，"外州无

---

① （宋）黎靖德编：《朱子语类》卷128，中华书局1986年版，第308页。
② （元）脱脱等：《宋史》第13册，中华书局1977年版，第4158页。
③ （元）脱脱等：《宋史》第13册，中华书局1977年版，第4158页。

留财，天下支出悉出三司"①，最终实现削弱地方权力的同时加强中央集权的目的。

（二）阶级环境：地主阶级内部、地主阶级与农民阶级矛盾的凸显

宋朝建立是通过武装政变实现的，没有大规模的战争去荡涤前代不断严重的土地兼并，也没有大规模的农民起义缓和地主阶级内部、地主阶级与农民阶级之间的矛盾。宋代统治者注意到土地问题是魏晋南北朝以来封建统治者治国亟待解决的问题，统治者却依然对日益严重的土地兼并持放任态度。"自祖宗承五代之乱……而又田制不立，田亩转易，丁口隐漏，兼并伪冒者未尝考按，故赋人之利视古为薄。丁谓尝曰：'二十而税一者有之，三十而税一者有之。'盖谓此也。"② 宋代统治者"无抑兼并"，承认土地作为一种生产资源可以在市场流通，使得土地兼并现象日益严重；再加之近70%的土地不缴纳赋税，因此国家庞大的开支以赋税的形式分摊在中小地主、自耕农和平民身上，造成了大地主与中小地主、地主阶级与农民阶级之间日益尖锐的矛盾与斗争。

除了赋税不均，田制不立外，豪绅地主对东南地区水利田的控制空前加强，几乎达到了垄断的地步。东南地区盛行圩田，范仲淹在《答手诏条陈十事书》中曾描述豪绅地主垄断水利的现象，"每一圩方数十里，如大城，中有河渠，外有门闸，旱则开闸引江水之利，涝则闭闸拒江水之害。旱涝不及，为农美利"③。圩田的发明可以保证农田远离旱涝之害，本来是有利于提高作物产量，提升农业生产力的。但是圩田逐渐被豪绅地主垄断，致使出现废湖为田的情况，以致圩田之外的土地遇旱灾无水灌溉，遇涝则无处泄洪，每年必发生旱涝灾害。这无疑进一步加剧了豪绅地主与中小地主之间的矛盾。宋代理学家程颢曾上疏皇帝，对宋代的土地经济状况及其导致的社会问题进行过论述，"富者田连阡

---

① （元）脱脱等：《宋史》第13册，中华书局1977年版，第4349页。
② （元）脱脱等：《宋史》第13册，中华书局1977年版，第4291页。
③ （宋）李焘：《续资治通鉴长编》第11册，中华书局1985年版，第3422页。

第四章 宋代理学家道德养成思想的创生环境及其与社会的互动关系

陌,跨州县而莫之止;贫者日流离,饿殍而莫之恤,幸民猥多,衣食不足而莫为之制"①。这些都为宋代阶级矛盾的激化埋下了伏笔。

宋代阶级矛盾体现在地主和农民的矛盾之中。据史籍记载,两宋时期规模较大的农民起义包括:淳化二年(991)二月,青城(今河北省黄骅市)县民王小波聚徒众起事于眉州,战死,众推李顺为主,至淳化三年春,李顺在成都称帝,国号大蜀,年号应运,统治北起剑关,南至巫峡的区域;庆历三年(1043),京东路沂州兵变;同年张海、郭邈山、党君子等人起事;宣和元年(1119)十二月,宋江等人起事,宋皇下诏,招抚山东盗宋江;宣和二年(1120)十月,方腊起事于浙江睦州青溪;建炎四年(1130)湖南常德人钟相自称楚王,改元天载;淳熙六年(1179)湖南郴州宜章县陈峒起事等。在整理两宋史料时发现,两宋时期农民起义数量众多,甚至有宋人在笔记中将农民起义的频率描述为"蜂起",极言两宋农民起义数量之多。虽然没有唐末农民起义持续时间长、涉及范围广、破坏性强,但是仅从宋代史料的记载来看,农民起义一直贯穿两宋政权统治之始终。

通过对这些农民起义原因记载的分析发现,大多是因为政府对民众的盘剥,如王小波李顺起义,是因为"王师取之,其重货铜布即载自三峡而下……转送京师……除常赋外更置博买务,诸郡课民织作,禁商旅不得私市布帛"②;宋江起义是因为杨戬成立"西城所"之后"把梁山泊收为'公有'……立定租额"③,对凡进入梁山泊捕鱼、采蒲的农民收取高额赋税,同时对沿湖各地进行盘剥,即使国家对此地免税,但是杨戬不仅不免征租税,甚至逐年增加租税额度;方腊起义因为"腊有漆园,造作局屡酷取之……会花岗石之扰",不断的严重盘剥和沉重的经济压力才迫使民众起事以反抗剥削。由此可见两宋时期日渐凸显的内部矛盾。

---

① (清)黄宗羲:《宋元学案·壹》,中华书局1986年版,第573页。
② (宋)李焘:《续资治通鉴长编》卷13,中华书局2004年版,第279页。
③ 邓广铭:《辽宋夏金史讲义》,中华书局2013年版,第78页。

地主阶级内部的矛盾还体现为党争。从 11 世纪晚期开始，政府提供的职位数量与科举取士的比例持续下降。职位数量有限，选官标准不断提高，竞争日趋白热化，矛盾由此而生。"在过分拥挤的官场中，成功地获得了功名的人们激烈地争夺文官职位。政见之别以及其他因素——比如地缘派系、亲戚关系、私人友谊、官官相护、逢迎巴结、个人偏好、裙带关系甚至贿赂——加剧了官场摩擦和人际冲突。一些思想高尚的学者感到既困惑又憎恶。特别是从 12 世纪起，不少饱学的知识分子在经历了短暂而不愉快的官僚生涯之后，宁愿闲居不仕，将注意力转向思想、哲学和教育"[1] "随着学术的进步、民间知识分子数量的增长，以及思想意识关怀的日益深化，两种倾向之间的两极分化在不断加剧。当各派别为思想意识权威发生争论，当一个反对派的学派在某些友好士大夫的支持下要求成为正统，这种分化业已发展到一个关键性的阶段。"[2] 地主阶级内部的矛盾大致包括既得利益与改革者之间的矛盾、豪绅地主与中小地主之间的矛盾、持不同政见的官员之间的矛盾、不同学术思想的官员之间的矛盾、不同地域的官员之间的矛盾等。

（三）外交环境：少数民族政权鼎立交逼的外部环境

后世对两宋的评价多有"积贫积弱"之说。其中"弱"字，多从对外关系与政治军事着眼，概括了两宋时期少数民族政权并立、中原政权强敌环伺却无力抵抗的窘境。事实上，从公元 8 世纪中叶的"安史之乱"（755）到公元 11 世纪的"澶渊之盟"（1004），经历了近三个世纪的分裂乱离，重建帝国的使命终于得以完成。公元 9 世纪，一个相对稳定和统一的宋帝国得以建立，但是这个帝国与两个半世纪之前的大唐帝国和更久之前存在的汉帝国相比，存在着诸多不同。

首先，宋帝国疆域与唐帝国相比明显缩小。唐代版图极盛时期为总

---

[1] ［美］刘子健：《中国转向内在：两宋之际的文化内向》，赵冬梅译，江苏人民出版社 2002 年版，第 133 页。

[2] ［美］刘子健：《中国转向内在：两宋之际的文化内向》，赵冬梅译，江苏人民出版社 2002 年版，第 134 页。

章二年（669），此时北辖突厥故地，至今俄罗斯的安加拉河；西至今哈萨克斯坦和乌兹别克斯坦交界的咸海，西南以祁连山为界与吐蕃毗邻；南至当今越南与老挝部分领土；东至朝鲜半岛的平壤并辖熊津城，东北至今吉林省境内。安史之乱后，唐帝国的疆域接近唐全盛时期版图的一半，而北宋版图较之唐代则又被蚕食，以宋徽宗政和元年（1111）为例，北宋疆土北部与辽国毗邻，两国以雁门、白沟为界；西北与西夏相接，以横山为界；西部有吐蕃诸部，以河、湟、洮、岷、剑南西山为界；西南有大理国与越南。至南宋时期，"偏安一隅"退守江南则成为南宋常态，北部与金国以淮水（今淮河）为界，西以大散关为界，与西夏和大理为邻。

其次，与疆域缩小伴随而来的，是周围少数民族政权环伺的窘境。两宋之际，北部先有辽，后有金和蒙古，东部是高句丽，南部有安南，西南有大理和吐蕃，西部有西夏、回鹘，强邻交逼下的宋帝国"一塌之外皆他人家也"，宋朝不再是汉唐时期"无远弗届"、他国敬仰依附、俯瞰他国的"天下帝国"了。

北宋北部的辽国，是契丹族建立的民族政权。耶律阿保机于公元907年成为契丹部落联盟首领，公元916年正式称皇帝，建立契丹国，公元947年，耶律德光改国号为"辽"，公元1125年，金国灭辽。宋太祖坚持"凡攻取之道当先其易者"，故契丹国虽为北宋强敌，但是在北宋初期双方都坚持不相侵犯的政策。至太平兴国四年（979），宋太宗亲率大军进攻幽州，双方大战于高粱河，宋军大败；又于公元982年伐辽，再败；北宋朝廷历经两次与契丹交战失败后放弃武力收复失土的政策，改为利用河道、湖泊防守辽国进犯；景德元年（1004），辽国国主与太后萧氏率军伐宋，宋真宗亲率军迎战至澶州，恰遇辽国军队主将战死，因此顺势与契丹签订"澶渊之盟"，约定辽宋双方为兄弟之国，而宋每年输送给辽岁币，宋辽两国以白沟河为边界。"澶渊之盟"后，宋辽两国维持和平近百年，互派使节，互市频繁。

就在宋辽两国在"澶渊之盟"后维持和平的百年间，辽国统治区域内的长白山麓以及松花江和黑龙江流域之间，有一支被辽国称为"生女真"的部族，由完颜部等部落构成。生女真仍是采用游牧的生活方式，逐水草而居，依山谷建帐族居，"其市无钱，以物博易；无工匠，其舍屋车帐往往自能为之"①。经过几个世纪的发展，尤其受到周围更为发达的农业文明的影响，及至公元1114年，完颜阿骨打成为完颜部首领，完颜部女真的势力不断增强。后因辽国大量索取海东青和北珠等原因，以阿骨打为首的女真族开始反抗辽国统治。公元1115年，完颜阿骨打称帝，国号金。先是抓住北宋希望收复燕云诸州的机会，与北宋政权联合，夹攻辽国，辽国败，而北宋与金国也因为燕云诸州的归属问题争端不断；至公元1126年，金国军队围攻汴京，要求北宋皇帝称金国皇帝伯父，"输金五百万两，银五千万两，衣绢百万匹，牛马万头"②，"割太原、中山（定县）、河间三镇之地与金，两国以黄河为界"③，后金兵再度南下，至1127年发生"靖康之难"，金国军队俘虏了宋钦宗与北宋皇族、朝臣、工匠等三千余人以及大量财帛、书籍、器具，北宋灭亡。

靖康之难后，皇室宗亲大多"北归"，宋徽宗王子康王赵构于1127年即位，为宋高宗，改元建炎，建立南宋朝廷，偏安一隅。金国几次南侵，由于南宋民众的奋起抵抗，且因金军不善于南方作战，再加之多次发生如金国内讧等偶然事件，因此金国虽屡次犯宋，但南宋朝廷仍然至蒙古崛起，于1276年攻陷杭州，1279年"崖山海战"之后，文天祥战败，陆秀夫携南宋幼帝投海自尽，南宋亡国。

两宋时期西部的民族政权是西夏，是党项族建立的民族政权。党项首领李元昊于宝元元年（1038）称帝，西夏国建立。元昊称帝前，西夏名义上为宋之属国，宋以上国每年赏赐西夏物资；元昊称帝后西夏与北宋抵抗之势开始形成。康定元年（1040），西夏进攻北宋边境延州，

---

① （宋）宇文懋昭：《大金国志·下》，商务印书馆1934年版，第297页。
② 邓广铭：《辽宋夏金史讲义》，中华书局2013年版，第93页。
③ 邓广铭：《辽宋夏金史讲义》，中华书局2013年版，第93页。

第四章　宋代理学家道德养成思想的创生环境及其与社会的互动关系 | 161

恰逢大雪，西夏退兵；历经三川口之役、好水川之役、麟府丰之役、定川寨之役，西夏军队大胜。公元 1044 年，西夏与宋重订合约，西夏向宋称臣，宋每年"赐"西夏岁币"银绢茶共二十五万五千两匹斤束"①。

（四）政治环境对宋代理学家道德养成思想之影响

"对内财权、兵权悉操自上，而对外则力多不竞，辽、夏迭兴，无以制之。其中因果得失，盖难言矣。"② 两宋时期的政治政策，在政治上加强了封建专制和与中央集权，但是"道之以政齐之以刑"毕竟无法实现对思想的控制，因此两宋时期迫切需要支持政权稳定的系统化学术思想。宋代理学思想正是在这样一种政治呼唤中应运而生。

在少数民族环伺的政治时局之下，宋帝国内部也发生了悄然的变化。"靖康二年夏四月庚申朔，金人以帝及皇后太子北归，凡法驾、卤簿，皇后以下车辂、卤簿、冠服、礼器、法物、大乐、教坊乐器、祭器、八宝、九鼎、圭璧、浑天仪、铜人、刻漏、古器、景灵宫供器、太清楼秘阁三馆书、天下州府图，及官吏、内人、内侍、技艺、工匠、娼优、府库畜积，为之一空。"③ 一方面有学者指出"契丹、女真之南侵，摧残中国之文化，尤甚于刘、石之乱华"④，认为少数民族政权的南侵对汉民族文化产生了极大的破坏。事实上，中原政权与少数民族政权的对峙，尤其是战争，确实对两宋文化产生了一定的破坏性的影响，但是民族、文化的发展正是在不断变化、相互影响的状态之中保持着不断发展进步的动态平衡。在这一趋势之下，两宋时期从政治军事到社会生活，从学术思想到民间生活都发生着细微又影响深远的变化。在学术思想方面，在承认天下必然"有阴有阳"（亦即有内有外）之后，如何在现实中区分"华夷"，成为有宋一朝士大夫心中一直挥之不去的焦虑。为了构建新的"华夷"之辨，宋代学者希望通过构建一个正统的思想

---

① 邓广铭：《辽宋夏金史讲义》，中华书局 2013 年版，第 46 页。
② 柳诒徵：《中国文化史·中册》，中华书局 2015 年版，第 841 页。
③ （元）脱脱等：《宋史》第 2 册，中华书局 1977 年版，第 436 页。
④ 柳诒徵：《中国文化史·下册》，中华书局 2015 年版，第 841 页。

体系来实现,即通过民族精神的整合来实现民族的统一。因此才有了宋代豪放派词人翘首以盼的"笑谈渴饮匈奴血"的悲壮诗句;才有了宋代学者对儒家经典的重新解读和对儒家思想的深度改造,以期通过对民族精神的重塑来实现民族的整合。

三 文化环境:多元圆融,返之淳正

宋代理学家们以其淳朴笃实的学风、崇尚德性修养的学术内涵、探求儒学思想基础的学术追求为其道德养成思想奠定了丰厚的文化积淀。这种积淀的形成,绝非儒家学术发展到一定阶段的必然结果,它是宋代多元文化消解与交融、先代儒学发展到一定高度以及与宋代文化制度相互影响、共同作用的结果。

(一)多元并存与批判消解:儒释道的争鸣与融合

宋代理学家道德养成思想的产生与发展离不开其与释道二教的争鸣与融合。这种争鸣与融合体现为三教对意识形态主导地位的争夺,以及争夺过程中彼此间的批判、借鉴与融合,此间呈现出不同的阶段特征。

第一个阶段为先秦至汉代,是儒释道思想各自发展并开始出现接触与交流的阶段。儒家思想和道家思想都是中国本土思想,均产生于先秦时期,是春秋战国时期具有独特学术主张的思想流派。根据孔子曾问学于老聃的记载可知,儒道早在春秋时期就已经出现了思想的交流。汉初采用道家"无为""与民休息"的思想作为指导思想,在经济恢复并发展之后又采用"罢黜百家""独尊儒术"作为汉代的统治思想。儒家思想成为统治思想之后,道家思想并未沉寂,其部分思想在汉末三国时期与神仙方术、民间文化等相融合形成道教。佛教产生于古代印度,至东汉传入我国。由此可知,至汉代,三教开始出现交流的可能。

第二个阶段为魏晋至五代十国时期,是儒释道的交流与争鸣时期。魏晋南北朝时期朝代更迭,战事频仍。人们关注生活与个体生命意义,作为汉代统治思想的儒学虽然倡导积极入世,却不能很好回答

第四章　宋代理学家道德养成思想的创生环境及其与社会的互动关系 | 163

生命、价值、养生等问题。因此，道家思想与佛教思想在此时快速发展起来。

魏晋南北朝时期是道教获得长足发展的时期。至唐代，唐高祖将老子奉为道教教主，封为"太上老君"，宫廷与民间对道教的信仰日盛，"道教地位的确定，恰因此而深植根柢"①；唐玄宗确立了唐代帝王"受箓"的传统，为道教的传播和发展提供了政治保障。尽管道教在唐代受到如此礼遇，但是唐代时期并非一家独大。

佛教经历了南北朝时期的长足发展，发展至唐代已经成为中国重要的宗教之一。唐代帝王笃信佛教者众多，如唐代宗、唐宪宗等；而沉重的赋税徭役与连绵不断的战祸促使民间对佛教的信奉日渐盛行，"王公士民瞻奉舍施，唯恐弗及。有竭产充施者，有燃香臂顶供养者"②。佛教教义与价值理念深入民心，此间成为深刻影响思想意识层面的宗教思想，同时也对社会经济政治产生了消极影响。"佛法入中国，尔来六百年。齐民逃赋役，高士著幽禅。官吏不之制，纷纷听其然。耕桑日失隶，朝署时遣贤。"③佛教的盛行起到缓解社会矛盾、慰藉心灵的作用。

此时，儒家思想式微，而释道获取长足发展一时出现"三教之争"。"三教之争"由最开始的思想争鸣演化至五代十国的"灭佛"行动。

据记载，唐高祖武德七年二月丁巳，唐初第一次三教论争开始，"高祖释奠于国学，召名儒僧道论义"，主要参加者是释道两家的重要人物，但是最后两种宗教的论争却归于儒理。从结果来看，此时的三教之争仍然以释道二教之理归于儒家为结果，也表明此时儒家思想仍然占据着统治思想的主流。但是儒家思想的主流地位依然被不断冲击，唐高宗、唐肃宗以后禅宗日盛，"自初唐两教互争地位之后……（三教）虽仍有小争执，但皆无关宏旨，且因高宗以后禅宗的兴盛，道、佛合流的

---

① 南怀瑾：《中国道教发展史略述》，东方出版社2014年版，第66—67页。
② （宋）司马光：《资治通鉴》第4册，中华书局2001年版，第2978页。
③ 《韩昌黎全集·上》，北京燕山出版社2009年版，第26页。

风气已渐趋明朗，中国文化的会通，也因之奠定基础"①。

佛教虽然能够起到慰藉心灵的作用，但是佛教盛行却给唐末至五代的经济发展带来了沉重的负担。"僧徒日广，佛寺日崇。劳人力于土木之功，夺人利于金宝之饰，遗君亲于师资之际，违配偶于戒律之间，坏法害人，无逾此道。且一夫不田有受其饥者，一妇不蚕有受其寒者，今天下僧尼不可胜数，节待农而食，待蚕而衣，寺宇招提莫知纪极，皆云构藻饰，僭拟宫居，晋宋齐梁，物力凋瘵，风俗浇诈，莫不由是而致也。"②也就是说，佛教不仅不能促进生产，反而加重人民的负担，具有寄生性，"古者三人共食一农人，今加兵佛……其间吾民尤困于佛"。佛教的盛行还消耗了大量人力物力兴修佛寺，用贵重的金属与财帛装饰和供奉；佛寺名下享有的田产等不课税、寄名于佛寺的僧众不服徭役，既不利于国家税收，又无益于增强国家军事实力；此外，佛教最大的破坏性还体现在对中国传统的人伦道德的瓦解之上。韩愈曾直接指出，"佛本夷狄之人，与中国言语不通，衣服殊制。口不言先王之法言，身不服先王之法服，不知臣君之义，父子之情"，故不宜敬奉，于是他断然提出："以此骨（佛骨）付之有司，投诸水火，永绝根本，断天下之疑，绝后世之惑。"③

国家层面对佛教的抵制，突出体现在从南北朝开始的多次"灭佛"④事件。"三武灭佛"即为国家层面，运用政治力量抵制佛教超常发展的典型事件；在思想意识与学术层面对佛教及其教义的抵制，则直接促进了宋代理学思想的产生。

第三个阶段是五代十国至宋代，此间儒释道从争鸣走向融合。

随着对道教和佛教的哲学研究不断深入，思想日渐深厚，哲学体系

---

① 南怀瑾：《中国道教发展史略述》，东方出版社2014年版，第67页。
② （后晋）刘昫等：《旧唐书》卷18，吉林人民出版社1995年版，第386页。
③ 《韩昌黎全集·下》，北京燕山出版社2009年版，第870页。
④ 所谓"灭佛"事件，即由朝廷颁布相应诏令严格限制佛教活动、强迫还俗以减少僧尼数量、没收寺产等，甚至还包括更为极端地破坏佛教庙宇和造像、焚毁佛教经典、对僧众处以极刑等。灭佛事件在佛教中被称为"法劫"。

第四章　宋代理学家道德养成思想的创生环境及其与社会的互动关系

日益完善。此时的儒学则在哲学基础与理论建构方面显得薄弱。在三教不断争鸣的过程中，儒家学者开始不断思考儒释道三者之间的关系。有儒家学者认为三教一致①，三者都是求道之教，但是只有儒学才是应对世事、本心最完备的学说；还有学者站在坚决支持儒家、反对佛老的立场之上。事实上许多儒家学者都对佛教与道教的教义与原典有着深刻的理解。在不断批判佛老的过程中，他们在理论上摄取佛家心性论的阐述，吸收道家主静的修养方式，通过重新阐释儒家经典，结合宋以来的社会需要，奠定儒家思想哲学基础的同时不断架构起不同于先秦儒家与汉儒的"新儒学"思想体系，使在佛教和道教中企求"出世"、寻求精神归宿的人们开始回归讲求人伦道德的积极入世的态度。吕祖谦则在评价儒释道三家学说的各自特点与异同时认为："释氏之湛然不动，道家之精神专一，亦近于'有乎'，只为非'在道以明'。"②除了理论上的相互吸纳融合，儒释道三教在实践上的融合也走向了实质化。除了儒释道三家主动的融合，也包括统治者的政策推动，如武则天曾颁布《僧道并重敕》，强调佛老因有共同的理想应并重；唐玄宗著《孝经注》《道德经注》《金刚经注》，均可见其对三教的并蓄态度。

五代十国华夷混杂，变乱频仍，儒释道的发展与争鸣也体现出新的趋势。宋代理学的发展与佛教有着千丝万缕的联系。"宋儒之学，其入门皆由于禅。濂溪、明道、横渠、象山由于上乘；伊川、晦庵皆由于下乘。"③作为宋代理学的重要奠基者与程朱理学的开创者，"北宋五子"之一的程颢在周敦颐的影响下厌倦科举之事，"泛滥于诸家，出入于老、释者几十年，反求诸六经，而后得之"④。

所以说，包括道德养成思想在内的宋代理学思想"是一个典型的

---

①　颜之推认为："内外两教，本为一体，渐积为异，深浅不同。内典初门，设五种禁；外典仁义礼智信，皆与之符。仁者，不杀之禁也；礼者，不邪之禁也'智者，不酒之禁也；信者，不妄之禁也'。"

②　（清）黄宗羲、（清）全祖望：《宋元学案·贰》，中华书局1986年版，第1654页。

③　（明）黄绾：《明道编》卷1，中华书局1959年版，第6页。

④　（清）黄宗羲、（清）全祖望：《宋元学案·壹》，中华书局1986年版，第540页。

儒、释、道三教结合的派别"①。"必须承认，至少就宋代新儒家而言，他们实际上从佛教和道教借鉴的资源可能要比自己意识到的还要多。不但正统派哲学家的部分理论在遭到对手攻击后做了不少的修正，而且他们的一些概念可以直接追溯到佛道。可以在经典中发现宋学的源泉。"②可以说，正是儒释道三者的对立和融合，批判与消解，才使得宋代儒家能够构建起不同于以往儒学但沟通佛老的"新儒学"——宋代理学。宋代理学一改以往儒学疏于理论构建的弊端，吸收佛家的心性之学与思辨哲学，吸收道家的宇宙论思想，使儒家伦理学说具有更为坚实的哲学基础。

（二）继绝学与开太平：宋代理学家对儒家思想的继承与发展

"有宋一代，武功不竞，而学术特昌。上承汉、唐，下启明、清，介述创造，靡所不备。"③ 宋代学术具有"致广大、尽精微、综罗百代"之特点。而在宋代学术中最具代表性的，甚至被称为宋代学术主体的，是宋代理学。④ 宋代理学家驳斥汉唐儒家"春秋三传束高阁，独抱遗经究终始"⑤，舍本逐末，抛弃原典，只重视挖掘经书的学术倾向，强调在继承先秦创始儒家学术思想的同时进行创新。正因如此，宋代理学呈现出异于汉唐诸儒的特点。宋代理学学术研究的特点突出体现在两个方面，一是对先秦儒家学术精神的继承，二是对儒家学术精神的创新与发展。

1. 宋代理学家对先秦儒家思想的继承

宋代理学家以先秦儒学的直接继承者自居。张载认为人之要义之一

---

① 黄心川：《"三教合一"在我国发展的过程、特点及其对周边国家的影响》，《哲学研究》1998年第8期。
② ［英］卜道成：《朱熹和他的前辈们：朱熹与宋代新儒学导论》，谢晓东译，厦门大学出版社2010年版，第3页。
③ 柳诒徵：《中国文化史·中册》，中华书局2015年版，第861页。
④ 柳诒徵：《中国文化史·中册》，中华书局2015年版，第868页。柳诒徵认为，宋儒之学虽有种种特色，但是不足以为宋代儒学的主体。能够称为宋代儒学主体的，只有道学，即理学。
⑤ 王基伦注析：《韩愈诗选》，中州古籍出版社2016年版，第132页。

在于为往圣继绝学，所谓"往圣"与"绝学"即是以孔子为代表的先秦儒家思想，后世学者受这种思想的影响颇深，甚至评价宋代理学家"《周易》自汉以来，为费直、郑玄、王弼所乱，取孔子之言，逐条附于卦爻之下，程正叔《传》因之。及朱元晦《本义》，始依古文，故于《周易》上经条下云，中间颇为诸儒所乱。近世晁氏始正其失，而未能尽合古文。吕氏又更定著为《经》二卷、《传》十卷，乃复孔氏之旧云。"①

在宋代理学家们看来，先秦儒学思想精髓没有被汉唐儒者继承，而是中断千年后在两宋时期重被提及，宋代理学家们正是先秦儒家思想的继承者、传播者与社会使命的担当者，他们十分认同韩愈的论断，"尧是以传之舜，舜是以传之禹，禹是以传之汤，汤是以传之文武周公，文武周公是以传之孔子，孔子传之孟轲。轲之死，不得其传焉"。(《原道》卷11》)

宋代理学家是十分讲求"道统"的，这种对道统的重视，本身也是对先秦儒家以延续文化、传播人伦道德为学术使命这一情怀的继承。孔子认为："文王既没，文不在兹乎？天之将丧斯文也，后死者不得与于斯文也；天之未丧斯文也，匡人其如予何？"(《论语·子罕》)这种对道统的强调，是以对先秦儒家思想精髓的认同为基础，强调对儒家思想不断发展、创新与传播的弘道意识。事实上，宋代理学家也的确以继承道统为时代赋予的重任。与先秦儒学一样，宋代理学有着激荡融摄、生机勃勃的精神气象。宋代理学被称为"新儒学"，理学之新即体现在新学风、新学术、新品格、新精神之上。

2. 宋代理学家对先秦儒家思想的创新与发展

宋代理学家在重视儒家学术传统的同时也敢于提出对儒家传统的质疑。这种质疑正是宋代学术长足发展的重要保证。宋代理学家敢于质疑的精神体现于对前人研究的质疑，即批判地继承。

---

① (清)顾炎武著，黄汝成集释，栾保群、吕宗力点校：《日知录集释·上》，上海古籍出版社2014年版，第3页。

"《系辞》非圣人之作乎？"曰："何独《系辞》焉？《文言》《说卦》而下，皆非圣人之作。而中说淆乱，亦非一人之言也。若余者，可谓不量力矣。邈然远出诸儒之后，而学无师授之传，其勇于敢为而决于不疑者，以圣人之经尚在，可以质也。"①

问：林少颖说《盘诰》之类，皆出伏生，如何？曰：此亦可疑。盖《书》有古文，有今文。今文乃伏生口传，古文乃壁中之书。《禹谟》《说命》《高宗肜日》《西伯戡黎》《泰誓》等篇，凡易读者，皆古文。况又是科斗书，以伏生写字文考之方读得。岂有数百年壁中之物，安得不讹损一字，又却是伏生记得者难读，此尤可疑。今人作全书解，必不是。②

宋代理学家的学术精神还体现在其精思慎辨，不为苟同。

欧阳公以《河图》《洛书》为怪妄。东坡云：著于《易》，见于《论语》，不可诬也。南丰云：以非所习见，则果于以为不然，是以天地万物之变，为可尽于耳目之所及，亦可谓过矣。苏、曾皆欧阳公门人，而议论不苟同如此。③

邵浩云：苏子由却不取《小序》。曰：他虽不取下面言语，留了上一句，便是病根。伯恭专信《序》，又不免牵合。伯恭凡百长厚，不肯非毁前辈，要出脱回护，不知道只为得个解经人，却不曾为得圣人本意。是便道是，不是便道不是，方得。④

对于学术问题的不同见解，使得宋代理学内部流派纷呈，不同学派争鸣讲学，也使得宋代理学不同学派各有建树。宋代理学的濂学、关

---

① 《欧阳修全集》，中华书局2001年版，第1119页。
② （宋）黎靖德编：《朱子语类》第6册，中华书局1986年版，第2325页。
③ （宋）王应麟撰，栾保群、田松青校点：《困学纪闻》，上海古籍出版社2015年版，第12页。
④ （宋）黎靖德编：《朱子语类》第3册，中华书局1986年版，第1863页。

学、洛学、闽学、新学、蜀学、湖南、江西、浙东等学派异彩纷呈,这些都是宋代理学家对先秦儒家教育思想的继承与创新。

(三) 宋代学校的兴盛与科举制度的发展

两宋时期的教育制度发展状况与宋代理学家道德养成思想的产生、发展、传播密不可分。

中国历来有着重视儿童教育的传统,肩负着"蒙以养正"重任的蒙学在宋代获得了蓬勃发展。宋代蒙学开始重视儿童身心发展规律,将儿童接受教育划分为"小学""大学"两个阶段,而且两宋蒙学机构种类繁多,有小学、乡校、冬学、家塾、蒙馆等,这些蒙学机构无论在教育管理制度的完善还是教材建设方面,都有着长足的发展。

宋代官学制度在继承前代,尤其是隋唐官学制度的同时有所创新。宋代中央官学在国子监下设立国子学、太学、四门学、广文馆、辟雍、武学、律学、算学、小学等,为皇族与贵胄子弟专门设立宗学、诸王宫学与内小学等。直属中央各个机构的学校有律学、太史局下辖的算学、太医署下辖的医学、图画局下辖的画学、书艺局下辖的书学等。除中央官学之外,庆历新政后,各州县均设学。宋代因理学发达,南宋理学大儒朱熹做《四书章句集注》,"四书"在宋代以后作为科举考试的官方指定参考书。宋代官学的高度发展还与"庆历兴学""熙宁元丰兴学""崇宁兴学"三次兴学密切相关。三次兴学使得"整个社会形成了对学校教育的高度重视,推动了各级各类学校教育的发展;引发了人们对教育培养人才和科举选拔人才关系的关注和探讨,人们试图变革教育与科举之间的恶性循环为二者互动的良性循环"[①]。

宋代理学大儒大多通过书院讲学,宋代书院也因此获得了快速的发展,"至理宗时尤伙,其得请于朝,或赐额,或赐御书,及间有设官者。应天有明道书院,苏州有鹤山书院,丹阳有丹阳书院,太平有天门书院,徽州有紫阳书院,建阳有考亭书院、庐峰书院,崇安有武夷书院,

---

① 王凌皓:《中国教育史纲要》,人民教育出版社2013年版,第19页。

金华有丽泽书院，宁波有甬东书院，衢州有柯山书院，绍兴有嵇山书院，黄州有河东书院，丹徒有淮海书院，道州有濂溪书院，兴化有涵江书院，桂州有宣成书院，全州有清湘书院"①。其次是书院的职能上，宋代书院在继承唐五代书院藏书、咨询职能之外，还发展出教书育人、学术研究的职能。再次是在书院的影响上，两宋书院不仅仅是私人、官府的藏书之所，官学的有益补充，更成为培养两宋人才的重要来源。两宋书院的发展与理学发展关系密切。

书院的发展为理学思想的产生、发展和传播提供了现实基础，是理学家思想不断精进的发展平台；而理学家们往往以书院为阐述理学思想、学派争鸣的阵地，客观上为书院的发展提供了现实的助力。因此可以说，两宋书院的发展与理学思想的发展关系密切。书院强调自修能力培养，重视学生主观能动性的特点是与宋代理学思想，尤其是宋代理学家道德养成思想有着高度一致的精神内核。

宋代是科举制度发展的高峰。两宋以"右文轻武"的政策倾向和文官治国的体制需要选拔大批文官，这些为两宋时期科举制度的高度发展提供了政策基石和现实需求。两宋时期科举制度在继承隋唐时期科举制度的同时，呈现出创新发展的态势。首先，两宋科举取士的名额远超前代。仅以宋初刚刚恢复科举取士之后的宋太祖乾德五年为例，"礼部奏合格进士、诸科凡二十八人……得进士二十六人，五经四人，开元礼七人，三礼三十八人，三传二十六人，三史三人，学究十八人，明法五人"②，科举录取人数大大超过前代，更遑论两宋时期录取人数最多的宋真宗咸平三年。其次，两宋科举的考试科目也多于前代。"宋之科目，有进士，有诸科，有武举。常选之外，又有制科，有童子举。而进士得人为盛。神宗始罢诸科，而分经义、诗赋以取士，其后遵行，未之有改。自仁宗命郡县建学，而熙宁以来，其法浸备，学校之设遍天下，而

---

① 柳诒徵：《中国文化史（中册）》，中华书局2015年版，第983页。
② （元）脱脱等：《宋史》第11册，中华书局1977年版，第3606页。

海内文治彬彬矣。"① 宋初，科举考试设进士、九经、五经、开元礼、三史、三礼、三传、学究、明经、明法等科。再次，两宋的科举考试与量才授官的结合更为紧密，基本上科举及第后即被授官，与前代相比，两宋科举及第后授官的官阶更高，而且两宋时期还增加了殿试，通过这种方式显示国家和朝廷对士人的重视，极大提升了科举及第士人的地位与待遇。两宋时期科举取士吸引力不断增大的同时，舞弊现象迭出，两宋也因此推行诸多科举新政加以防范。凡此种种，为宋代社会发展、文化繁荣提供大批人才。

（四）宋代对传统教化习俗的沿袭与创新

"教"，意指"上所施下所效也"②，"化"，意指"匕，变也。从到人。"③ "教化"意指"'下'者经过在'上'者的价值施予与导向，致使其内在的人格精神发生深刻变化"④。中国向来有社会教化的传统，中国传统的教化思想渊源深厚，早在春秋战国时期就已经形成多元并存、异彩纷呈的教化思想。

儒家的教化思想最早可以追溯至西周时期的周公旦。周公旦总结殷商时期政治兴亡、朝市更替的历史经验教训，认为"惟不敬厥德，乃早坠厥命"⑤，即不重视道德修养和社会治理才是殷商灭亡的重要原因。重视礼乐教化，是周代延续近八个世纪的重要原因之一。

春秋战国"礼崩乐坏"的社会现实一方面加速了周代秉持的礼乐教化的没落；另一方面为儒家教化思想的提出提供了历史契机。孔子以重振周礼为目标，主张构建以"仁"为内容核心的教化体系。孔子教化思想是为其以德治国的政治理想服务的。在以孔子为代表的先秦儒家看来，施行教化的社会治理功效是以严刑峻法为措施的社会治理远远无法比拟的。荀子则从性恶论的角度出发论述社会教化之功，认为人的天

---

① （元）脱脱等：《宋史》第11册，中华书局1977年版，第3604页。
② （东汉）许慎：《说文解字》，中华书局2002年版，第205页。
③ （东汉）许慎：《说文解字》，中华书局2002年版，第205页。
④ 黄书光：《中国社会教化的传统与变革》，山东教育出版社2005年版，第1页。
⑤ （汉）郑玄：《十三经注疏》，北京大学出版社1999年版，第399页。

赋秉性经为后天的教化提供了物质基础与前提可能;后天教化则为先天禀赋提供制约、完善和修饰的机会,只有将后天教化与先天禀赋结合,才能在外规范社会秩序,在内成就圣人之功。

汉初统治者顺应时势,采用道家"无为而治"的社会教化理念,将政府的"无为"作为"与民休息"的重要手段,使得汉武帝时期拥有坚实的经济积累。汉武帝时期,黄老无为的社会教化思想已经无法适应不断发展的社会经济水平,甚至一度导致社会失控、道德滑坡、功利至上、官吏蠹职、民不崇德的情况。基于这一社会现实,董仲舒认为汉代社会乱象的原因在于"师异道,人异论,百家殊方,指意不同"①。"罢黜百家,独尊儒术",主张采纳儒家思想作为汉代的统治思想,"凡以教化不立而万民不正也……是故教化立而奸邪皆止者,其堤防完也;教化废而奸邪并出,刑罚不能胜者,其堤防坏也。古之王者明于此,是故南面而治天下,莫不以教化为大务"②。至此,儒家的教化思想成为我国封建王朝教化思想的主流。

魏晋至宋代以前,是儒家教化思想遭遇重大挑战的时期。此时受到佛老的冲击,儒家教化思想的统治地位不断动摇。三教融合的趋势之中,理学家思想不可避免带有佛老的影响。"理学开山祖周敦颐的'太极图'即源自道教的'太极先天图',朱熹的'理一分殊'明显受到佛教的'月印万川'思想的启发。"③ 理学家与董仲舒的不同之处在于,直接将纲常伦理的地位上升至本体论的高度。二程说:"道外无物,物外无道,是天地间无适而非道也。"④ 意指构成万物本原之"道"无时无刻无处不在,需要不断思考体察;朱熹提出:"宇宙之间,一理而已……其张之为三纲,其纪之为五常。"⑤ 认为三纲五常不仅是"理"的外在表现,也是"理"本身,是"兼具本源性和永恒性的重要范畴"。

---

① (汉) 班固:《汉书》,中华书局 1962 年版,第 2523 页。
② (汉) 班固:《汉书》,中华书局 1962 年版,第 2523 页。
③ 黄书光:《中国社会教化的传统与变革》,山东教育出版社 2005 年版,第 16 页。
④ (宋) 程颐、(宋) 程颢:《二程集·上》,中华书局 1981 年版,第 1 页。
⑤ 《晦庵先生朱文公文集》第 7 册,商务印书馆 1932 年版,第 1180 页。

宋代理学家们建立"理"本体论，并且在理本体论的基础上阐明天理、心性、教化之间的辩证统一的关系。"程朱学派论证了'性即理'（程颐）、'心包万理'（朱熹），并将人性分为'天地之性'与'气质之性'（张载）、将人心分为'人心'与'道心'（二程），提出了变化'气质之性'以恢复'天地之性'的'复性'说以及化'人心'为'道心'的'尽心论'。"① 陆王学派强调"心即理"（陆九渊）、"心外无理"（王守仁），专论"发明本心"（陆九渊）与"致良知"（王守仁），与程朱学派相颉颃，因此黄宗羲曾概括为"同植纲常，同扶名教，同宗孔孟"②。

（五）宋代文化发展对宋代理学家道德养成思想的影响

儒家伦理教化思想经过宋儒，尤其是宋代理学家们的重新论证，不仅实现了思想体系的完整化、系统化、哲学化发展，更实现了实践层面的进一步深化。因此，后世对两宋教化之功给出了极高的评价，"宋有天下，先后三百余年。考其治化之污隆，风气之离合，虽不足以拟伦三代……其时君汲汲于道艺，辅治之臣莫不以经术为先务，学士搢绅先生谈道德性命之学，不绝于口，岂不彬彬乎进于周之文哉！"③

宋代理学家的道德养成思想与两宋的教化之功密不可分。两宋教化为宋代理学家道德养成思想提供了社会基础与思想沃土，宋代理学家的道德养成思想不仅为两宋教化提供思想指导、主要内容，更将两宋时期的教化实践与教化水平提升到我国封建社会前所未有的发展水平。

四 科技环境：嘉惠学林，公诸同好

宋代是我国科学技术发展的高峰，宋代产生了大量先于同时期其他文明并且对当时乃至当今社会都产生深远影响的发明创造。培根曾经评价"这三种发明已经在世界范围内把事物的全部样貌和情况都改变了：

---

① 黄书光：《理学教育思想与中国文化》，上海教育出版社1993年版，第36—40页。
② （清）黄宗羲、（清）全祖望：《宋元学案》，中华书局1986年版，第1887页。
③ （元）脱脱等：《宋史》第15册，中华书局1977年版，第5031页。

第一种是在学术方面；第二种是在战争方面；第三种是在航海方面；并由此又引起难以数计的变化来，竟至任何帝国、任何教派、任何星辰对人类事务的力量和影响都仿佛无过于这些机械性的发现了"①。造纸术的发展、印刷术的广泛使用、笔墨制造水平的提高，不仅为两宋时期的思想发展提供自由而开放的视野，也为宋代理学家道德养成思想的形成、发展和传播提供了重要助力和有效手段，更与宋代理学家道德养成"致广大、尽精微、综罗百代"的学术特点产生了强烈的时代共振。

（一）宋代科技发展与广泛应用深刻影响宋代理学家道德养成思想

1. 出版印刷技术的发展与盛行

印刷术是中国古代重要的发明之一，中国古代最早的印刷术是雕版印刷，至唐代中晚期，雕版印刷术已经被运用于文化传播；至两宋时期，雕版印刷术获得长足发展，技术日臻成熟。雕版印刷技术与手抄书相比，优势明显：相比手抄书的劳师费时，雕版印刷时，几位工人、一套套版即可短时间内刊印书籍；相比手抄书的失误频出，雕版印刷时只要套版正确，则刊印的所有书籍均无误。因此，至宋代，雕版印刷技术已经被官私出版机构广泛使用。雕版印刷术在发展成熟的过程中，技术问题依然存在：套版固定，只能刊印一部书籍的内容；如果书籍内容众多，卷帙浩繁，则制版成本极高。"刊印《开宝藏》……得 13 万版……刻经、传、正义也要 10 万版。"② 宋代庆历年间，毕昇针对雕版印刷存在的技术问题创造性地加以改进，将胶泥字块制成活字排版印刷，在刊印多部书籍的时候十分便利。③ 雕版印刷术与活字印刷术是宋

---

① ［英］培根：《新工具》，许宝骙译，商务印书馆 2005 年版，第 112—113 页。
② 李致忠：《中国出版通史 4·宋辽西夏金元卷》，中国书籍出版社 2008 年版，第 190 页。
③ （宋）沈括著，施适校点：《梦溪笔谈》，上海古籍出版社 2015 年版，第 118 页。"庆历中，有布衣毕昇，又为活板。其法：用胶泥刻字，薄如钱唇，每字为一印，火烧令坚。先设一铁板，其上以松脂蜡和纸灰之类冒之。欲印，则以一铁范置铁板上，乃密布字印，满铁范为一板，持就火炀之。药稍溶，则以一平板按其面，则自平如砥。若止印二三本，未为简易；若印数十百千本，则极为神速。"

代出版印刷技术发展与应用的重要成果。随着印刷技术的发展，宋代出版事业也快速发展。"宋兴，治平以前，尤禁擅镌，必须申请国子监。熙宁后方弛此禁。然则士生于后者，何其幸也！"[1] 宋代建国伊始，百废待兴，对政权稳定的需求最为迫切，因此宋初的出版政策十分严格，在管理上"尤禁擅镌"。至熙宁年间，政权稳定，经济稳步发展，再加之为了适应宋代重文轻武的文教政策，逐步放开书籍出版政策，使得"宋代在出版机构、出版规模、出版数量、出版品质等诸方面，都达到了前所未有的程度"[2]。

2. 两宋时期造纸技术的普及与提高

"在北宋、南宋的三百余年内，其各地所造纸张，不但用于书写、绘画、印书等方面，且极广泛地被用于制作衣冠衾帐等方面。在宋人的诗中多有'楮弁'、'楮冠'字样，知多用纸为冠；'纸帐'知多用纸为帐；《新安志》十引苏易简文，谓'山居者常以纸为衣'，王禹偁《柳府君碑碣》亦谓'王审知据福建，残民自奉，人多纸衣'，知多用纸为衣；陆游有《谢朱元晦寄纸被诗》，谓'纸被围身度雪天，白于狐腋软于棉'，知多用纸为被；真德秀《措置沿海事宜状》谓'水军所需者纸甲'，知水军专用纸为甲，则此种纸张必入水不濡。纸的用途如是广泛，则当时纸的产量必极多；既可以做衣服，又可以造甲，则其制作技术必极进步。"[3] 由此可知宋代造纸技术的发展以及纸张使用的普遍程度。

3. 其他科技的发展

指南针制作技术的发展。早在我国战国时期，就已经有关于"司南"的记载了。但是到了宋代，司南车的制作技术已经无法延续，"指南车，一曰司南车。仁宗天圣五年（1027）工部郎中燕肃始造指南车。肃上奏曰：'黄帝与蚩尤于战涿鹿之野'，蚩尤起大雾，军士不知所向，

---

[1] （宋）罗璧：《罗氏识遗》第1卷，中华书局1991年版，第2—3页。
[2] 李致忠：《中国出版通史4·宋辽西夏金元卷》，中国书籍出版社2008年版，第5—6页。
[3] 邓广铭：《辽宋夏金史讲义》，中华书局2013年版，第150页。

帝遂作指南车……唐元和中（806—820），典作官金公立以其车及记里鼓上之，宪宗阅于麟德殿，以备法驾。历五代至国朝，不闻得其制者。今创意成之。其法用独辕车……立木仙人于其上，引臂南指。……诏以其法下有司制之。"[1] 由记载可知，公元 11 世纪上半叶，中国还没有掌握使用磁石制作指南针的技术，时人仍然试图寻找和恢复上古传说中存在的"指南车"。两宋时期则不断对指南针进行研究和改造，出现了指南鱼法等；并且有国外研究认为中国指南针最早用于堪舆，但是唐末至两宋时期开始被用于指示方向与航海。此外，两宋高度发达的科技还包括医学的发展、火药技术的进步、陶瓷制作技术的进步，等等。

（二）宋代科技进步与宋代理学思想之发展

两宋时期出版印刷技术的发展使得源流千年的儒家思想得到重新提炼和推广的机会。在印刷术没有被广泛使用之前，儒家思想的发展和传播的主要途径包括：其一，儒学大师的传播，如私人授徒讲学、学术交流论争等；其二，国家政治力量的推动，如对科举考试考核内容的规定等；其三，社会教化的推行，乡约民俗的浸润等；其四，其他方式，如外国遣使带回的学术著述等。但是，这些传播方式，或失于传播范围有限，或失于推行目的的功利化，或失于思想理论体系的不完整。事实上，宋代苏轼曾感慨"日传万纸""学者观书，多且易致"。宋代出版政策的宽容与印刷技术的不断发展，为知识记载、书籍刊印与思想传播提供了更多可能。而宋代出版印刷技术的发展成熟成为理学发展的重要影响因素，其作用体现如下。

其一，出版印刷技术为宋代理学提供了思想传播之载体。印刷术的发展使得宋代理学家对传统经典的阐释更为方便自由。以宋代理学之集大成者朱熹为例，其著作《论语集注》《孟子集注》《周易本义》等在未定稿之前就已被出版商预定出版，他自己主办的位于建阳崇化的同文书院，亦是刊印其著作的主要基地。在时人笔记中多有记载，同文书院

---

[1] 邓广铭：《辽宋夏金史讲义》，中华书局 2013 年版，第 148—149 页。

刊印的书籍"通行四远"。书籍传播的区域大小,即是朱熹思想传播和延伸的范围。

其二,出版印刷技术为宋代理学提供了学术交流之便利。印刷术的发展促使宋代学术多元化的形成。宋代理学家们继承并发扬了先秦儒家奔流恣意、张扬的学术精神,在重视学术思想阐述的同时重视不同学术流派之间的交流和沟通,而两宋时期发达的书籍出版为两宋理学家思想的传播与交流提供了便利。

其三,出版印刷技术为宋代理学提供了社会教化之舆论。在印刷术被广泛用于文化传播的宋代,书籍出版是理学家传播其学术思想的重要途径,卷帙浩繁的著作所承载的理学思想得以更广泛地流传,印刷术在其中起到了极其重要的作用,如表4-2所示。

表4-2　　　　　宋代理学家书籍刊印出版情况(部分)

时间	书籍
宜和五年(1123)	(坊刻、私刻)印卖《苏轼司马光文集》
乾道四年(1168)后,具体时间不详	坊间私刻张栻《孟子说》
乾道九年(1173)后,具体时间不详	坊间私刻朱熹《论孟精义》,出现多个版本
淳熙十年(1183)	泉州公使库印书局雕印《司马温公集》
绍熙元年(1190)	朱熹刻《四书注》于漳州
淳祐元年至淳祐十年(1241—1250)间	杨古用活字印刷术印《近思录》
南宋淳熙年间,具体时间不详	建安蔡子文东塾之教室刻《击壤集》十五卷
……	

资料来源:张秀民:《中国印刷术的发明及其影响》,上海人民出版社2009年版;李万建:《中国古代印刷术》,大象出版社1997年版;田建平:《宋代书籍出版史研究》,博士学位论文,河北大学,2012年。

印刷技术的发展改变了中国文化发展的历史,缩短了书籍出版的周期,提高了书籍出版的速度,加快了书籍流通,促进了知识的聚积、提炼和推广,促进了宋代的精神生产及精神生活,开启了对传统经典多重阐释的自由之风和主观之风,从而形成了宋代精神、思想、文化与学术的多元化与新意义的生成。

两宋时期科学技术的发展与进步，不仅仅昭示着这一时期的社会发展与技术进步，更昭示着两宋时期的中国已经开始能够以先进科学技术作为探究宇宙万物和人类奥秘的工具。科学技术的发展进步为宋人提供了更多与周边政权和国家交往的途径，更广阔的交往区域范围，更纵深的交往程度，这些都为宋代理学家道德养成思想的发展提供了开阔的学术视野和学术探究的人文精神。

第二节　宋代理学家道德养成思想与社会的互动

对宋代理学家道德养成思想创生环境的分析是为了回答宋代理学家道德养成思想何以回应宋代社会环境之剧变，即回答宋代理学家道德养成思想提出之必然。在回答这一历史必然之后，对宋代理学家道德养成思想的历史影响的分析之结果，是为了更好地理解宋代理学家道德养成思想在特殊历史时期所起到的作用，也是为抽象出宋代理学家道德养成思想的价值以为今所用。

一　义利相辨：宋代理学家道德养成思想与经济之互动

宋代社会物质富足，文化繁盛，既为宋代理学家道德养成思想的产生发展奠定了基础，同时也是宋代理学家道德养成思想发展与实践的硕果。宋代理学家道德养成思想的发展与实践深刻影响了两宋时期经济的发展。

宋代理学家道德养成思想中的兼重个人修养与社会事功的倾向对两宋及以后的中国社会活动产生了重要的价值引导作用。宋代理学家道德养成思想在重视个人道德智慧的养成与道德习惯的养成的同时兼重社会事功的获得。换句话说，宋代理学家道德养成思想不排斥"利"，倡导在个人物质利益的获得应该以高尚的道德情操为指导。这种价值取向既是对儒家"不义而富且贵，于我如浮云""因民之所利而利之"这类兼重义利、以义导利思想的继承，同时也是对宋代经济发展、商品经济繁荣、奢靡享乐等现象的回应。以南宋理学思想家吕祖谦、陈亮、叶适为例，他们不仅强调教育要不断提升社会个体的道德修养水平，还要求社会个体成为对社会发展、经济进步具有重要作用的"社会个体"。宋代理学家道德养成思想通过对社会个体义利观念的影响，一定程度上起到了规范社会经济活动行为的作用，深刻影响了两宋时期乃至以后中国社会经济的发展。

当然，宋代理学家道德养成思想在规范社会个体行为与活动的同时，也在一定程度上对宋代乃至以后我国封建社会经济的发展起到抑制作用。宋代理学家道德养成思想在发展过程中，逐渐将道德养成置于整个人发展目标的首位，甚至强调"饿死事小，失节事大"，不仅将个体对于社会财富的追求归于"物欲"范畴之中，甚至将维系个人生存的合理的物质追求行为贬抑到较低位置，这无疑不利于社会经济的长足发展。

二 才资德帅：宋代理学家道德养成思想与政治之互动

道德养成成为维系社会稳定的重要手段和纽带。中国古代社会是一个家国同构的社会，道德养成对于家庭和睦、宗族和顺、国家安定都有着十分重要的意义。宋代理学家的道德养成思想继承了先秦儒家"格物""致知""诚意""正心""修身""齐家""治国""平天下"的治理逻辑，以个人修为之提升、道德之养成作为道德养成的起点，将身修、家齐、国治、天下平为道德养成的归宿，从而实现"内圣"与"外王"的最终愿景。

宋代理学家在构建其道德养成思想的过程中，圆融佛老，援引道家、道教的思想观点、采用佛教的思辨方法，为理学道德养成构建了一个富有哲学深度和思辨性的理论基础，这一构建过程在客观上成为宋代理学家道德养成思想为其"纲常名教"的内容寻求合理性的过程。因此，从这个意义上讲，宋代理学家道德养成思想的发展过程，就是中国封建道德逐渐理论化、精细化的过程。在这一过程中宋代理学家道德养成思想起到了重要的作用，"教育学生最主要的任务是复其天命之性，尽其封建宗法人伦，成为忠孝两全人才。学生必须躬行忠、信、孝、悌的道德规范，诚意正心"①。

（一）宋代理学家的道德养成思想成为维系社会稳定的重要工具

1. 个人发展层面

道德养成成为中国封建社会中后期教育的主要任务与个人发展的首要目标。中国儒家历来有着重视道德的传统，一直将道德水平之高低作为评价一个人的重要标准。这种传统经由先秦时期"亲亲"的人伦情感自然生发而出，至汉唐天人感应的道德神秘化，以及将个人道德置于门阀视域之下的差别对待，直到宋代理学家的道德养成思想体系构建，才真正成为具有哲学深度和相对广泛意义的判断人的重要标准。朱熹直言"德行之于人大矣"，宋代理学家无一例外均关注道德养成对于个人道德修养水平提升的重要意义。司马光曾经提出一个评价人才的模式，"夫聪察强毅之谓才，正直中和之谓德。才者，德之资也；德者，才之帅也"②。"是故才德全尽谓之圣人，才德兼亡谓之愚人，德胜才谓之君子，才胜德谓之小人。"③"苟不能得圣人君子，与其得小人，不若得愚人。"④ 司马光的人才评价标准基本代表了宋代理学家对人的评价标准，宋以后则一直沿袭宋代理学家道德养成思想中将道德作为判断一个人的重要标准，判断一个合格的社会成员的标准，判断一个优秀的人的标准。宋代理学家道德养成思想是宋代理学思想的核心部分，宋代理学家将道德养成作为个人发展的首要目标，这成为两宋以后中国教育最重要

---

① 唐之享：《以德治国论》，湖南人民出版社2002年版，第21页。
② （宋）司马光：《资治通鉴》，吉林文史出版社2016年版，第25页。
③ （宋）司马光：《资治通鉴》，吉林文史出版社2016年版，第25页。
④ （宋）司马光：《资治通鉴》，吉林文史出版社2016年版，第25页。

的特征。可以说，宋代理学家对道德之于人发展重要性的重视，深刻影响了中国人对道德的看法，使得道德成为中国人最重要的人生目标和存在依据之一。

2. 家庭层面

家训、家学等是宋代理学家道德养成的重要手段，教育儿童奉亲事长的道理，以儿童日常生活作为教育的主要场域，以儿童生活日用的常见事宜作为教育的重要内容，以身作则维系家庭和睦，涵养子弟道德，如司马光对其兄司马旦"奉之如严父，保之如婴儿，自少至老，语未尝妄"[1]，程颐"致养其父，细事必亲。赡给内外亲党八十余口"[2]，张载"教童子以洒扫应对"[3]，无不运用其道德养成思想来实现劝勉子弟、和睦家庭的目标。

3. 社会层面

宋代理学家往往以其学术造诣、社会威望、政治权力为助力，重建、兴办学校，多数理学家还亲自执教，参与学校管理与学术传授、学术交流，以学校为平台，以族规、乡约、日常民俗为道德养成的载体，积极宣扬宋代理学家的道德养成思想。

程颢做地方官时，"乡皆有校，暇时亲至，召父老而与之语；儿童所读书，亲为正句读。教者不善，则为易置"[4]。程颢十分重视教育发展，若有闲暇，必定视察学校教学情况，并且以学校为其道德养成思想的传播阵地，每每召集乡邻父老在此进行交谈。重视儿童教育情况，甚至亲自为儿童读物点校句读，如果教师工作不称职或职业素养较低，程颢会重新为当地儿童延聘教师。

除了重视学校，重视教育之外，宋代理学家还重视圣贤祠等具有教育意义的机构建设。因为以圣贤祠为代表的机构成为地方官及族长进行

---

[1] （清）黄宗羲等：《宋元学案·壹》卷7，中华书局1986年版，第278页。
[2] （清）黄宗羲等：《宋元学案·壹》卷7，中华书局1986年版，第591页。
[3] （清）黄宗羲等：《宋元学案·壹》卷7，中华书局1986年版，第664页。
[4] （清）黄宗羲等：《宋元学案·壹》卷7，中华书局1986年版，第538页。

劝谕或施行社会教化的重要场所，是宋代理学家所重视和传播其赞赏的道德信条、道德准则的物化存在，能够提升当地民众的自豪感和归属感。

宋代理学家们的道德品质和人格魅力也成为深刻影响社会教化的重要因素。"先生（程颢）视民如子。民以事至县者，必告之以孝悌忠信。欲辨事者，或不持牒，径至庭下，先生从容理其曲直，无不释然。度乡村远近为保伍，使之力役相助，患难相恤，而奸伪无所容。凡孤茕残废者，责之亲戚乡党，使无失所。行旅出于其途者，疾病皆有所养。"①"乡民为社会，为立科条，旌别善恶，使有劝有耻。"② 可以说，宋代理学家不仅是教育家，更是社会活动家，他们以多种方式，用其道德养成思想影响、维系着家庭和睦与社会和谐。宋代理学家道德养成思想成为中国封建社会后期维系社会稳定的纽带。

宋代理学家的道德养成思想对当时及后世的社会教化、社会风气、人们行为都产生了深刻的影响。

> 类似的"孝迹"更多地载于史籍、方志，如"割骨疗亲"，仅宋代有文字记载的就有55人，元、明之后，更是不胜枚举……以宋为界，节妇：宋代152人，为以往周至五代总数的1.67倍，元又为宋的2.36倍，明骤增至179倍，清稍降，也为宋的62倍；烈女：宋代122人，为周至五代总数的1.28倍，元为宋的3.1倍，明升为30倍，至清也有23倍。③

据统计，中国古代有关"孝迹""节妇""烈女"等道德典范的记载呈现逐年增多的趋势，而两宋时期是数量增加的一个标志性节点。与

---

① （清）黄宗羲等：《宋元学案·壹》卷13《明道学案》，中华书局1986年版，第538页。

② （清）黄宗羲等：《宋元学案·壹》卷13《明道学案》，中华书局1986年版，第538页。

③ 罗国杰：《以德治国论》，中国人民大学出版社2004年版，第92—93页。

明、清两代相比，两宋时期的关于道德典范的记载数量是前代数量之和的倍数，中国古代道德典范的数量从宋代开始出现几何式的增长。这与两宋尤为提倡道德教化，以及理学家、教育家们采用各种方式进行道德教化有着密切的关系。"在这样一种人—教育—社会的三重互动过程中，使得大多数人都浸润在儒家伦理氛围之中，使得儒家伦理成为社会有效整合的一种极端重要的力量。"①

道德发展是宋代理学家道德养成的首要目标，更是整个理学教育的首要目标。虽然在论述道德养成的可能性与必要性的时候，宋代理学家或将人性置于天地万物之中，或讲求人性是天地万物之领袖，角度虽然不同，但都承认人性是顺应天理的，承认人性之于道德的重要性。但是在具体论述道德养成的过程中，又将其与人性割裂开来，过于强调其中的道德部分，而贬抑如"人欲"和"情"等在内的其他部分。

宋代理学家道德养成思想对于道德的着重强调，适应了两宋亟须重建道德伦理的社会需要，却不能够客观看待人性中非道德、非理性的因素，将这些因素人为放置在道德对立面，通过"灭人欲"等贬抑人性的方式来实现道德的发展。这种思考方式是自相矛盾的，这种主张是不现实的。人的全面发展是教育的应有之义，道德养成应该与人发展的其他方面相得益彰、和谐共进，成为人全面发展的重要组成部分。否则，在片面强调道德的教育之下培养出来的人，只能是片面、割裂的人。道德养成的最终旨归应该是人的全面发展。

（二）宋代理学家道德养成思想中的精神认同：从"华夷之辨"到"民族交融"

自先秦以来，"华夷之辨"一直是中国文化的重要论题，其内涵发展也经历了不同的历史发展阶段。先秦时期，以"华夏"为中心，周围民族被称为"北狄""南蛮""东夷""西戎"，被看作是文明未开化

---

① 任剑涛：《伦理王国的构建》，中国社会科学出版社 2005 年版，第 348—349 页。

之民族，此时"华""夷"之别在于地域、礼仪文化；秦汉统一的进程推动了民族融合与统一，统一周围民族和部落的汉民族开始形成。伴随着统一民族的形成，"华夷之辨"的内涵也在不断发展，"华""夷"之间的差别不在地域，而在种族与文化。三国两晋南北朝后，隋唐中央集权制的封建帝国建立，实现了民族的统一，各民族之间的文化得以在相对和平稳定的环境中交流互鉴；两宋时期结束了五代十国的混乱局面，再次实现了民族的交融与统一。此时的民族交融与统一出现了新的趋势，尤其是划江而治的南宋朝廷虽然偏居南方，但通过另一种方式推动了"华夷之辨"的发展，即通过涵盖自然、社会、人生等诸多问题的理学思想形成并快速发展。在这一过程中以圆融佛老的气度昭示了"中国和'夷狄'的区别，是不以种族肤色为标准，而是以'先王之道'（文化）为标准，如果中国不行'先王之道'，那就是'新夷狄'。如果'夷狄'行'先王之道'，那就是'新中国'"[1]。这一过程中，中华民族统一的道德观念、价值观念逐步形成。

宋代理学家的道德养成思想进一步明确将文化中倡导德治、提倡君子之德的倾向作为划分夷狄的重要依据。"在上层建筑中出现一个包括自然、社会、人生各方面的广泛哲学体系，道学。道学批判而又融合了佛教，继承而且发展了儒家，是中国封建哲学发展的一个顶峰。它的出现和作用，和董仲舒哲学的出现和作用，有许多类似之处。元朝和清朝都是以当时汉族以外的民族入主中原的。但在既得全国政权以后，都以道学为统治思想，认为是孔子的嫡传，儒家的正统。"[2] 自此，以"先王之道"代表的道德成为划分夷狄的重要标准，进而成为判断一个政权统治合法性的重要依据。

宋以后的政权，都希望通过对由宋代理学家阐述定型的中国传统道德的遵从和弘扬来促进民族的交融和政权的稳定。以元、清两代为例，元代是蒙古族建立的政权，但是元代并没有将蒙古族文化作为建立政权

---

[1] 冯友兰：《从中华民族的形成看儒家思想的历史作用》，《哲学研究》1980年第3期。
[2] 冯友兰：《从中华民族的形成看儒家思想的历史作用》，《哲学研究》1980年第3期。

后的文化主体,而是通过颁布《加封孔子制》等政令,加封孔子以表明对中华文化的认同,在加强民族交融的同时证明其政权的正统性与合理性。清朝是满族建立的政权,清朝历代统治者或工于诗词绘画,或加封孔孟,或研习《性理精义》《朱子全书》等儒家经典,其实都是希望通过对文化的认同实现其政权的合理性、实现民族的交融。从这个意义来讲,宋代理学家道德养成所明晰的中国道德教育内核,在民族交融、民族认同方面起到了十分重要的作用。

三 教化人伦:宋代理学家道德养成思想与文化之互动

(一)宋代理学家的道德养成思想深刻影响两宋及以后的文化

两宋时期的文化,包括教育、文学、艺术等领域,都呈现出不同于以往的特色。一方面,宋代理学家道德养成思想采用多种方式进行传播与教化民众,如宋代绘画的文学化的倾向,有"丹青之兴,可比雅颂之述作"的说法,书法、绘画等艺术更被赋予道德功能,"成教化,助人伦","随着宋代商品经济的发展和院体画与民间画并行的格局,在绘画技艺和画理研究方面做了大量变革,不仅继承了唐、五代绘画讲究笔墨、崇尚气韵的优点,而开创了书画同源、讲究意境、突出情趣、托物寄情的文学化绘画艺术时期"①。另一方面,中华民族的民族情感与道德追求随着两宋文化的发展而不断成型,如文学创作方面,包拯、岳飞、寇准、杨业、文天祥等形象深入人心,他们身上忠君爱民、公正廉明、无畏权贵、英勇抗敌的品质,与宋代理学家道德养成的目标紧密契合。

(二)宋代理学家道德养成思想具有极强的文化辐射作用

宋代理学家的道德养成思想,深刻影响着包括中国在内的日本、朝鲜半岛、越南等亚洲国家和区域。

据记载,朝鲜半岛从高句丽王朝末期开始、日本从镰仓时代开

---

① 石训、朱保书主编:《中国宋代文化》,河南人民出版社2000年版,第290页。

始,深受宋代理学家道德养成思想的影响。这种影响从传播主体上看,以儒学家、政治家、渡来僧等为主,如朝鲜半岛的安裕、白颐正等。从传播内容来看,多以朱子学为主;从传播方式来看,多以中文书籍变为当地国家语言的译注的传播和学习为主;从传播时间来看,多以1315年元朝推行科举制度,将程朱理学作为元朝科举的权威参考书以后开始。

综上,宋代理学家的道德养成思想深刻影响着东亚文化圈内各个国家和地区,使这些国家提倡经国济民、修己治人、崇尚道德,在这种共同的道德信仰中走向文明互鉴、文化共生,形成了世界公认的东亚文化圈。

四 格物致知:宋代理学家道德养成思想与科技之互动

两宋时期是我国古代科学技术发展的高峰。两宋时期涌现出许多的科技发明与科技创新,还有一批总结中国古代科学技术理论的书籍出现。宋代理学家道德养成思想中的"格物""致知""物来顺应",都强调通过客观的观察研究来发现真理,与科学技术发展的价值取向趋于一致;宋代理学家试图运用象数学等方法来了解宇宙自然进而了解道德的思维方式,在客观上也有助于促进科学与技术的进步。甚至许多理学家本身十分重视通过验证等方式去探究自然原理、破除迷信,是具有丰富自然科学知识的学者。"茅山有龙池,其龙如蜥蜴而五色,自昔严奉,以为神物。先生捕而脯之,使人不惑。"[1] 程颢任职地方官时,乡里将茅山龙池中的五色蜥蜴看作神物,甚至顶礼膜拜,但是程颢却捕捉五色蜥蜴后食用,这一行为成功破除了当地民众将五色蜥蜴奉若神灵的迷信行为。

此外在宋代社会较为开放的环境下,宋代理学家在不同主张之间的自由探讨、学术交流过程中,往往寻找有利于自己学说的科学技术

---

[1] (清)黄宗羲等:《宋元学案·壹》卷13,中华书局1986年版,第537页。

成果作为支撑，这无疑也对两宋时期科学技术的发展产生了重要的影响。

本章小结

宋代社会政治、经济、文化、科技发展为宋代理学家道德养成思想发展提供了坚实基础，而宋代社会在政治、经济、文化、科技等方面取得的长足发展也是宋代理学家道德养成思想发展与践行的硕果。在宋代理学家的道德养成涵养之下，中华民族精神得以进一步扩充——有范仲淹的"先天下之忧而忧，后天下之乐而乐"的胸怀天下，有文天祥的"留取丹心照汗青"的为国尽忠，有岳飞的尽忠报国，有包拯的刚正不阿等；中国科技得以进步，中国文化得以不断发展和传播。

宋代理学家的道德养成思想在漫长的历史发展过程中，积淀成为稳定的文化心理结构，深刻影响着中国人的气质性格，影响着中国社会的发展。宋代理学家的道德养成思想已渗透在中国人的观念、行为、习俗、信仰、思维方式、情感状态之中，自觉或不自觉地成为人们处理各种事务、关系和生活的指导原则和基本方针，构成了民族共同的心理状态和性格特征，进而积淀和转化为一种文化心理结构。

这种文化心理结构虽历经时代变迁，却依然保有某种稳定性，有其相对独立性和自身发展的规律，构成了某种民族文化和民族心理的特征。这种心理结构一方面劝导人们"从逃避现实的出世法中又回到讲求人事关系和社会关系的入世法，从打坐参禅超尘绝俗的修行中又回到孝悌力田等行为的笃实践履上去，从不关心国家民族的兴亡而回到讲求尊王攘夷、关心国家民族的命运上去"[①]，一改儒学自汉代以来作为思想意识形态化学说的痼疾，使得唐代以来被佛老不断冲击的儒学在两宋后

---

① 邓广铭：《辽宋夏金史讲义》，中华书局2013年版，第159页。

成为兼具思想意识形态、社会伦理与学术魅力的学说。另一方面，宋代理学家道德养成思想"主要目的则是要配合政治上的统治，在思想方面加强对于劳动人民的束缚，训练其对于忠孝纲常名教的盲目服从，以维持封建秩序。这是完全替封建社会的支配阶级服务的，自然是宋代的理学家们不进步的一面"①。

宋代理学家道德养成思想是历史与时代的产物。宋代理学家将恢复儒家向往的三代之治作为其道德养成思想的理想化社会功效，以先秦儒家的典籍作为其原典和重要内容，以儒学思想的复兴作为道德养成思想的重要学术基调，这些都表明宋代理学家道德养成思想具有历史继承性。可以说，不能用历史的原则去认识与研究宋代理学家的道德养成思想，就无法理解宋代理学家道德养成思想的精神内核。

值得一提的是，宋代理学家道德养成思想不仅仅是先秦儒学在宋代的复兴，还在于宋代理学家的道德养成思想中蕴含着"传统中的现代性"，是宋代理学家对已有的儒家道德养成思想的重新审视，是宋代理学家构建更具哲学思辨精神的道德养成思想的勇敢尝试，是宋代理学家肩负历史使命，顺应时势求索前行的重要体现。所以，在历史背景下对宋代理学家道德养成思想体系的考察还有需要跳脱出"盘"之窠臼的必要。宋代常常被称为是中国历史上的变革时期，甚至有学者基于宋代的种种社会现象提出"唐宋变革论"，都是基于对宋代"传统中的现代性"的描摹。可以说，某些状态下，宋代理学家的道德养成思想已经行于盘之边缘，体现出近世的特点，如强调人的主体性、自觉性，强调道德养成与社会历史之契合等。对宋代理学家的道德养成思想的描摹与研究既需要具有整体的观念，还应该审视"传统中的现代性"：宋代理学道德养成思想在中国文化现代化的过程中曾经发挥了重要作用，体现出独特的历史魅力，并非仅仅是被动回应历史。

反观历史可知，两宋时期儒学思想重构的过程，外因在于政治、经

---

① 邓广铭：《辽宋夏金史讲义》，中华书局2013年版，第159页。

济、文化、科技等社会因素，内因则是儒家思想契合社会伦理、学术伦理重构、思想伦理重构之需要，进而契合家国伦理（或者说社会伦理）重构之需要，宋代儒家思想体系重构则最终落实于契合中华民族民族精神重构需要之上。

第五章

宋代理学家道德养成思想之历史经验与现实观照

> 不同的阶级有不同的道德，不同的时代各有不同的修养道路。然而，不同时代的道德理论，也有一些共同的问题，如个人与集体的关系、个人与民族的关系，个人与个人相互之间的关系，知行关系，理想与现实的关系等等。各时代的修养论都必须解决这些问题，因而也就提出了一些既有时代的特殊性，又有一定的普遍性的理论原则，这至少值得我们今天借鉴。[①]
>
> ——张岱年

有研究者认为造成我国目前存在道德困境的原因在于，既存在道德文化传统向现代转化过程中的转型困难与价值断裂，又遭遇中西方文化的价值差异和社会结构差异；既有传统的价值观、道德规范被否定的历史既成现象，又因为新的主流核心价值体系尚待完善；既因为道德价值和规范没有一个价值引领，又因为人们拒绝对任何一种价值观念达成普遍认同并遵守与践履。[②]

---

① 张岱年：《中国伦理思想研究》，江苏教育出版社2009年版，第166页。
② 姚剑文：《政权、文化与社会精英——中国传统道德维系机制及其解体与当代启示》，吉林人民出版社2007年版，第22页。

这种困境并非在现代化进程中，中国文化所拥有的独特遭遇，而是不同历史时期、不同文化都会遭遇的共同困局。如何应对这一困境，将中国传统的教育文化资源进行现代转化，发现其"传统中的现代性"，能够在转化中保留中国传统文化的优秀精神内核，让中国文化在现代化进程中保有继往开来、顺势而为、批判创新的气度，是我们今天从事教育研究的重要课题。

宋代理学家的道德养成思想是中国古代独具特色又影响深远的教育思想体系之一，是中国传统教育资源的重要组成部分。之所以说宋代理学家道德养成思想独具特色，是因为宋代理学家道德养成思想继承了儒家道德养成传统的同时展现出不同于以往任何时代的特征，它实现了儒家人伦道德学说的回归，重拾了以伦理为本位的儒学特色，将儒家学术带入了兼具意识形态文化和理念形态文化双重功效的新阶段，恢复和再现儒学作为理念形态和学理性儒学的魅力。

之所以说宋代理学家道德养成思想影响深远，是因为宋代理学家们奠定了中国古代道德教育的理论基础和逻辑主线，将中国古代道德教育重视主体价值，重视德性自觉形成，关注实践的特征进行理论化、系统化的阐述，并将之定型为宋代以后中国封建社会的主流道德思想。宋代理学家道德养成思想成为南宋以后中国主流文化的重要思想来源，也是中国优秀传统教育文化资源的重要代表。可以说，这两点正是宋代理学家道德养成思想值得我们不断研究的重要原因。

仅仅享用宋代理学家道德养成思想带给我们的文化收益是远远不够的，我们还应该从教育、文化等视角去体察宋代理学家道德养成思想体系之全貌，在对其进行尽可能准确和详尽描摹之后归纳宋代理学家道德养成思想的特质，以期了解宋代理学家道德养成思想对个人道德之涵育、对宋代社会之影响何以成为可能，进而为中国现代道德养成的理论构建与实践提供经验与现实借鉴。

第一节 宋代理学家道德养成思想的历史经验

一 哲学基础：关注道德人格尊严，"参赞天地之化育"

中国儒家倡导"道不远人，人之为道而远人，不可以为道"(《中庸》)。宋代理学家道德养成思想的特质之一就在于重视人主体精神的觉醒，强调在道德养成过程中发扬人的主体性与自觉性，通过一定的修养方式与个人努力，实现道德水平提升。宋代理学家将道德人格之尊严视为其道德养成思想最重要的部分。

(一) 宋代理学家的道德养成思想以对人性的充分认识为基础

宋代理学家道德养成思想及其哲学基础就与前儒产生了根本的差异：汉唐儒家包括道德养成思想的伦理思想从属于宇宙论和认识论，但是宋代理学家则正好相反。——他们的宇宙论是讨论人性论的前提，对人性的充分讨论才是其道德养成思想的基础。

正是这样一种变化，使得"人性理论在搁置、淡漠了千年之后，之所以又重新掀起可与先秦媲美的炽烈讨论，都说明人性是联结、沟通'天''人'的枢纽，是从宇宙论到伦理学的关键"[①]。可见，宇宙论、认识论从来不是宋代理学家道德养成思想的关键，而人性论则是宋代理学家道德养成思想的核心。所以，宋代理学家在阐述其道德养成思想的时候毫无例外表达了对人之主动性、自觉性的关注，因为对人主动性的重视、对人格尊严觉醒的关注是宋代理学家探讨道德养成的重要原点，更是宋代理学家道德养成思想的理论依据。

(二) 宋代理学家道德养成思想的共同前提是承认人的重要地位

理学家们或将人与天地合一，"所过者化，所存者神，上下与天地合流"(《孟子·尽心上》)，将人作为天地之代表，人可以"参赞天地

---

① 李泽厚：《中国古代思想史论》，生活·读书·新知三联书店2017年版，第206页。

之化育";或将人的主体意识上升为道德的本体位置,认为人是道德的主体,道德本原在"心"不在天,"苟此心之存,则此理自明,当恻隐时即恻隐,当羞恶时即羞恶,当辞让时即辞让,是非至前,自能辨之"①。无论持哪种主张,宋代理学家们都相信人有无限的提升可能,并且此一可能必定源于一种力量。虽然对这种力量的描述,不同的宗教与学术流派会运用不同的概念,但是无论何种名号都是代表这种力量存在、运行与发展的象征性符号。宋代理学家在前人理论的基础上,将这种前人无以名状只能借由"神似"来说明的力量归结为人的主动性、主体性、自觉性在道德养成过程中所起到的作用,将其作为道德养成思想的认识论,从而更为体系化、理论化、完整化地论述道德养成问题。因此,周敦颐坚信"人得其秀而最灵,生而发神知,五性感动,而善恶分"②;邵雍则运用象数学阐述"即物而穷其理""以物观物";张载提出"民胞物与";二程认为"所以谓万物一体者,皆有此理,只为从哪里来……皆完此理"③;朱熹论断"性即理";陆九渊则直言"心即理""吾心即是宇宙"。宋代理学家在道德养成思想的论述中充分考虑了人在道德养成过程中的主体性、自觉性与主动精神的发挥,并且坚信人的精神领域的微妙境界与道德养成的最高境界是相通的,是高度一致的。"尊道崇道,只是尊崇人。人的尊严,在道德人格上具体显露了。"④

(三)"居敬""主敬"的道德养成方法是宋代理学家重视道德人格尊严的延伸

宋代理学家对道德人格尊严的关注,也深刻影响了其对道德养成方法的设计。在宋代理学家道德养成原则与方法中,"居敬""主敬"成为了高频词汇,如"敬为学之大要""涵养须用敬""敬字工夫,乃圣门第一要义""虽然格物有道,其惟敬乎"。在宋代理学家看来,"敬只

---

① 《陆九渊集》,中华书局2008年版,第373页。
② (宋)周敦颐:《太极图说》,上海古籍出版社1992年版,第6页。
③ (宋)程颢、(宋)程颐:《二程集·河南程氏遗书》,中华书局1981年版,第143页。
④ 钱穆:《中国历史精神》,九州出版社2012年版,第98页。

是此心自做主宰处","主一之谓敬"。"敬"就是道德主体能够意识到自己对心理活动具有控制能力,通过对道德人格的尊重,对道德主动性、自觉性的重视,有意识、自觉地运用认知、情感、态度、意志、行动等因素,这些对良好道德之养成,具有十分重要的意义。

二 目标定位：以内圣外王为旨归

先秦道家最早提出了"内圣外王"的概念命题。庄子最早论及"内圣外王","是故内圣外王之道,暗而不明,郁而不发,天下之人,各为其所欲焉,以自为方。"(《庄子·天下》)"内圣外王"思想虽然由道家最早提出,但却经由儒家发扬光大,最终成为儒家学说最基本的命题之一。儒家道德养成思想所要探讨的就是如何实现"内圣外王"的问题,因此从某种程度上说,"内圣外王"是儒家道德养成思想的最终归宿。

(一) 宋代理学家道德养成思想对前儒"内圣外王"思想之继承

从先秦创始儒家到汉唐儒家,都曾经论述"内圣外王"这一命题。先秦儒家没有将学说称为"内圣外王"之道,但是先秦儒家思想无不体现"内圣外王"思想之内涵。孔子的思想以"仁"为中心,主张通过"修己以敬""修己以安人""修己以安百姓"实现"内圣外王"的目标,将"修己"即提升个人道德修养作为"内圣外王"的起点,进而通过榜样引领、社会习染等途径实现"安人""安百姓",使社会各阶层都能各安其位。所以,先秦儒家内圣外王的逻辑就是实现了"安己"("内圣"),才能"安人""安百姓",能够达到"安人""安百姓",就实现了"外王"。《中庸》提出"诚者非自成己而已矣也,所以成物也。成己,仁也;成物,知也。性之德也,合内外之道也,故时措之宜也。"(《中庸·第二十五章》)强调了"内圣"是个人修为提升,是"仁"之体现;"外王"是外在世界秩序的合规律发展,是"知"(智)之体现,内圣外王统合才能成就"性之德"。孟子继承孔子"仁"

的思想，向内挖掘"仁"之本原，认为"仁"源自人心之中的"四端"，向外挖掘"仁"之外在表现，即施行仁政，制民之产，才能"得乎丘民而为天子，得乎天子为诸侯，得乎诸侯为大夫"（《孟子·尽心下》），最终实现"外王"之结果。荀子则反孟子之道，认为先有"治"（良好的法度、习俗），后有"道"（良好的个人道德表现），先有"外王"，才有"内圣"，荀子将遵从外在道德规范内化作为"内圣"之过程，历经"礼""法"等外在力量的磨砺，"习俗移志，安久移质"（《荀子·儒效》），之后才能促进"圣人"之形成，之后圣人"起礼义，制法度，以矫饰人之情性而正之，以扰化人之情性而导之也。始皆出于治，合于道者也。"（《荀子·性恶》）

到汉代儒家，将内圣与外王统一起来，统治者顺应天意是为"天子"，因此固有"外王"之必然与"内圣"之应然。按照汉儒的逻辑，达成内圣，顺应天意，必然外王，实际上偷换了先秦儒家内圣外王的概念，将外王之合理性提升到一个更为崇高的地位，"内圣"最终沦为顺应外王的摆设，而之后的唐代儒者并没能超脱汉儒构建的内圣外王范畴。唐末五代朝世变更频繁，统治者与掌权者鲜廉寡耻、仁义扫地，却并不影响他们的宏大事业，儒家的"内圣外王"之说遭受了极大的挑战。

（二）宋代理学家道德养成思想对前儒"内圣外王"思想之发展

"道德是必须见之于行动的，因而必然有一定的社会效应。考察道德的实际效应，才能认识道德的实际意义。"[①] 到了宋代，儒家的内圣外王学说出现了新的发展。宋代理学家普遍认为"内圣"是"外王"的先决条件，只有做好"内圣"功夫才能达成"外王"。强调"内圣"是外王的起点，外王是内圣的目的；同时继承汉儒"内圣外王"一体的观点，将"内圣""外王"高度统摄在"天理"之下，内圣是"理"

---

① 张岱年：《中国伦理思想研究》，江苏教育出版社2009年版，第31页。

之内涵,外王是"理"之外延,内圣外王互为表里,高度统一,具有质的高度一致性。

"入乎耳,存乎心;蕴之为德行,行之为事业。彼之以文辞而已者,陋矣!"(《通书·陋》)周敦颐认为衡量"圣人之道"应该有德行与事业两个维度;"精义入神,事豫吾内,求利吾外也;利用安身,素利吾外,致养吾内也。穷神知化,乃养盛自致,非思勉之能强,故崇德而外,君子来或致知也。"(《正蒙·神化》)张载认为精研义理,至于神化,精神上做了充分准备,物质生活自然顺利。物质生活顺利可以为提高精神生活水平做基础,即"内圣""外王"相辅相成。程颐评论程颢说:"知尽性至命必本于孝悌,穷神知化由通于礼乐。……其言曰:道之不明,异端害之也。昔之害近而易知,今之害深而难辨。昔之惑人也乘其迷暗;今之入人也因其高明。自谓之穷神知化,而不足以开物成务;言为无不周遍,实则外于伦理。"[1] 在程颐看来,道德养成与否,也应合其志功而观,既要有孝悌礼乐在内的道德修为,更应该有开物成务的外在追求,二者合一才能达成完美的"内圣外王"境界。

在儒学发展的不同阶段,儒家视域中的"内圣外王"具有不同的内涵。先秦儒家认为内圣与外王存在先后顺序,先有内圣,才能外王,内圣是外王的起点,外王是内圣的扩大。在宋代理学家道德养成思想之中,"内圣外王"则超越了内与外、我与他、个体与群体、生活日常与伦理哲学、知与行、理论与实践的界限,内圣外王在宋代理学家道德养成思想视域中达成了大统一,"合内外之道以成人",共同统摄于穷尽天理的概念之下。在研究宋代理学家道德养成中"内圣外王"这一命题的时候,很多研究者认为"内圣"是宋代理学家最突出强调的内容,也是宋代理学家道德养成思想的最高目标,"外王"仅仅是附带的结果而已,由此得出宋代理学家道德养成思想是儒家"内圣外王"思想重心由"外王"转移到"内圣"的过程,"总的来说,新儒家哲学倾向于

---

[1] (宋)程颢、(宋)程颐:《二程集·上》,中华书局1981年版,第632页。

强调儒家道德思想中内向的一面,强调内省的训练,强调根植于个体人心当中的内在化的道德观念,而非社会模式的或政治秩序架构当中的道德观念"①。并由此得出宋代理学道德养成"内圣外王"的论述是中国儒家学说转向内向的标志的结论。还有研究者评价宋代理学家的道德养成思想往往是重内心而轻外显,重自省而弱躬行。

尽管宋代理学家高度评价道德自觉、道德修养之于人的重要意义,"外王"一直是宋代理学家最为渴求的目标:两宋时期内忧外困的政治、外交环境,五代以来物欲横流、崇尚奢华的社会氛围,释道两家带给儒学生存发展的巨大压力,无一不是"外王"才能解决的困局。所以宋代理学家道德养成思想也依然是以"内圣外王"为旨归的,且并不因为强调内省、修养而放弃对"外王"的期待,即使是宋代理学道德养成思想成熟时期的代表——朱陆的思想,对儒学的不朽贡献毫无疑问是在"内圣"方面,但是他们生前念兹在兹的仍是"外王"的实现。

通过对"内圣外王"目标的反复讨论,宋代理学家道德养成思想的旨归日益鲜明。"内圣"代表了宋代理学家道德养成思想中道德修为的理想境界,它以人的主体性为根基,通过激发人的道德自觉,内外兼容,内外兼修,从而使"内圣"含义不断扩充,将"外王"收摄于己,而"外王"成为宋代理学家道德养成思想中以德性修为而展开的德治最高境界。内圣与外王的完美结合表达了儒家伦理政治的理想境界。所以,冯友兰在论述中国儒家"内圣外王"思想的时候指出:"内圣,是说他的内心致力于心灵的修养,外王,是说他在社会活动中好似君王。这不是说他必须是一国的政府首脑,从实际看,圣人往往不可能成为政治首脑。'内圣外王'是说,政治领袖应当具有高尚的心灵,至于有这样的心灵的人能否就成为政治领袖,那无关紧要。"②

---

① [美]刘子健:《中国转向内在:两宋之际的文化内向》,赵冬梅译,江苏人民出版社2002年版,第141页。
② 冯友兰:《中国哲学简史》,生活·读书·新知三联书店2014年版,第5页。

三　内容选择："身心""内外""知行"与"纲常名教"

（一）宋代理学家道德养成思想的主要论题

宋代理学家的道德养成思想是围绕着对几对关系的辨明展开的：其一，身心关系；其二，内外关系；其三，知行关系。对这些问题的探讨程度，决定了宋代理学家道德养成思想的发展水平与趋势；对这些问题的思考，也是宋代理学家道德养成思想的共性特征之一。

"身""心"关系。在宋代理学家的道德养成思想体系中，身心代表了不同层次的含义。首先，是关于道德本体的探讨。有理学家将"心"作为道德之本体，因为宇宙即我心，我心即是宇宙，所以关于身心的探讨上升为宋代理学家有关道德本体、宇宙本体的探讨；其次，部分宋代理学家延续了先秦儒家关于"身心"的概念界定，将"心"作为人类的认知器官，将"心"作为体察"理"的媒介，是人感知道德的重要途径，因此部分宋代理学家强调修养身心，实际上体现了宋代理学家的一种共识，即对道德自觉性的关注，是宋代理学家道德养成思想中对人价值强调的体现。

"内""外"关系。"内外"也是宋代理学家阐释道德养成过程中必须论述的论题，不同的理学家对内外的含义阐释不同，大致分为三种：其一，将"内"界定为主体，将"外"界定为客体，内外关系就被界定为主体与客体、我与物之间的关系；其二，将"内"界定为精神世界，将"外"界定为物质世界；其三，将"内"界定为德行，将"外"界定为事功。无论是哪一种界定方式，宋代理学家在论述其道德养成思想过程中往往体现出兼顾内外的取向，尽管宋代理学家的道德养成思想体系不断发展的过程中出现重"内"轻"外"的倾向，有的研究者甚至将这种倾向界定为中国学术思想逐渐走向内向的标志。事实上，宋代理学家对"内圣"的强调仍然是以"外王"为外在表现和现实归途的，只不过理学家们在论述道德养成思想的过程中重视本体论与哲学基础的构建，而在政治治理与社会建设方面的理论构建则较少，对道德养成的社会功效的论述更显局促，因此在理学内部也开始出现批评这种思想倾向的学派，如以反对空谈心性、强调事功为特征的事功学派。

"知""行"关系。在宋代理学家的道德养成思想体系中，"知"代表道德认知，是道德主体对道德规范的认知；"行"包括身体力行和躬身实践两个层次，身体力行指道德主体在社会活动和个人行为中主动遵循道德原则，躬身实践则强调道德主体有意识地将道德原则在日常生活中体现出来。在道德养成过程中的知行关系方面，宋代理学家继承了先秦儒家有关道德认知和道德实践的论调，在知行次序、知行二者孰轻孰重方面都进行了的论述。

尽管"身心""内外""知行"是中国儒家学术思想的传统命题，对这些问题的论述极多。但是宋代理学家在构筑道德养成思想体系的时候将这三对命题的讨论推向更为细致与精深的程度。宋代以前的儒家探讨"身心""内外""知行"的命题，多以经验论去探讨道德养成的固有前提，如孟子在论述道德本原的时候，曾经述及"恻隐之心，人皆有之；羞恶之心，人皆有之；恭敬之心，人皆有之；是非之心，人皆有之。"(《孟子·告子上》) 意指"心"为道德情感的来源，认为向善之道德倾向是固有于人心之中的；宋代理学家则运用更为严密的逻辑去论证道德的本原，他们或是将"身"作为体察道德的器官，或是直接将"心"作为道德本原，这为道德养成思想奠定了坚实而庞大的哲学基础。

所以，对"身心""内外""知行"等命题的探讨，虽是儒家学术之传统，而到宋代理学家这里，已经发展成以全然不同于以往的内容、理论高度与哲学深度来论证道德养成以及人生的根本问题。如果以往儒者所强调的"涵养本心"、谨于言行、自勉为善，是温言软语的规劝，那么宋代理学家则是从修身、持养上做大功夫，发明和构建起一套体系、总结出一套道理去论证儒学的根本问题、人生的根本问题。

(二)"纲常名教"：宋代理学家道德养成思想的内容属性

宋代理学家在阐述道德养成具体内容时差异虽大，却无一例外重视纲常名教在道德养成过程中的重要作用。

周敦颐认为道德养成的主要内容为"诚",因为"诚,五常之本,百行之原也"①,用"诚"这一概念总括仁、义、礼、智、信等良好道德品质,"诚"这一理论形态化的道德成为周敦颐道德养成思想的主要内容;邵雍从儒家经典入手,认为道德养成的主要内容应该是以"道德功力"为核心;张载更是将儒家一直以来倡导之"礼"作为道德养成的主要内容,认为"礼即天德之德也"②,继承儒家礼教传统,将"礼"提升到出乎人之本性的高度,将"礼"这一社会外在约束与规范作为顺应天地之气的重要载体,将习礼、知礼、践礼、守礼等作为道德养成的重要内容与途径。二程直言"九德最好"③,"盖孝弟是仁之一世,谓之行仁之本则可"④,将儒家一直以来倡导的"仁"作为道德养成的核心内容,以"仁"为中心生发出来的"义""孝悌"等均作为其道德养成的重要内容。

朱熹道德养成思想的内容体系较为庞大,朱熹将人的发展划分为两个阶段,其一为"小学",其一为"大学"。"小学"阶段道德养成的内容是儿童生活日用、待人接物过程中的良好行为规范,如"夫童蒙之学,始于衣服冠履,次及言语步趋,次及洒扫涓洁,次及读书写文字,及有杂细事宜,皆所当知"⑤"凡对父母长上朋友,必称名。凡称呼长上,不可以字,必云某丈。……凡出外及归,必于长上前作揖,虽暂出亦然。凡饮食于长上之前,必清嚼缓咽;不可闻饮食之声。凡侍长者之侧,必正立拱手。一有所问,则必诚实对,言不可妄。凡侍长上出行,必居路之右,住必居左。凡路遇长者,必正立拱手,疾趋而揖"⑥;"大

---

① 陈克明点校:《周敦颐集》,中华书局1990年版,第25页。
② 《张载集》,中华书局1978年版,第264页。
③ (清)黄宗羲、(清)全祖望:《宋元学案·壹》,中华书局1986年版,第632页。
④ (宋)程颢、(宋)程颐:《二程集·上》,中华书局1981年版,第138页。
⑤ 朱杰人等主编:《朱子全书》第13册,上海古籍出版社·安徽教育出版社2002年版,第371页。
⑥ 朱杰人等主编:《朱子全书》第13册,上海古籍出版社·安徽教育出版社2002年版,第375页。

学"阶段道德养成内容以伦理道德为主,从层次来讲,最高层次的道德即"理"或"天理",不同社会阶层的人都应该接受道德养成,虽然不同阶层的人道德养成的目标和途径可能不同,如作为最高统治者的封建帝王,道德养成的内容选择应该遵循"格正君心"的目标,作为社会精英人士与道德养成最重要承载群体"士"则以"穷理""去欲"秉持儒家传统道德为主要目标,而社会其他阶层则是作为教化之对象以实现伦常之遵守。虽然两个阶段的道德养成内容不同,一个说事,一个说理,但都统摄在"去欲""存理""明伦"的道德养成目标之下。朱熹明确指出"所谓天理,复是何物?仁义礼智,岂不是天理!君臣、父子、兄弟、夫妇、朋友,岂不是天理"[①]"三纲五常,礼之本也"[②]"其张之为三纲,其纪之为五常,盖皆此理之流行,无所适而不在"[③] 因此,朱熹的道德养成思想是以"三纲五常"等伦理纲常名教为核心内容的。

纵观宋代理学家道德养成的主要内容可以发现,尽管宋代理学家在阐述道德养成思想具体内容时差异较大,但是宋代理学家道德养成思想都以儒家传统的伦理道德作为主要内容,如仁、义、礼、智、信、忠、恕、勇、和等;而这些内容是围绕人与自己,人与他人,人与自然展开的,涵盖了个人修养、人伦道德、自然伦理等领域;而在论述道德养成主要的思想内容时,往往又以对基本道德养成的关键概念的探讨展开,如义利之辨、理欲之辨、公德私德之辨、自然名教之辨等。

宋代理学家道德养成思想的主要内容在继承先儒对道德问题关注的同时,将道德养成置于整个教育的中心位置,所有内容的展开都是以修身、穷理为中心。而这种以对人德性、德行为中心的道德养成思想内容之发展,最终随着某一理学流派成为封建社会的主流思想之后,获得统治阶层在政治措施、经济力量、文化价值、军事势力等方面之支持,最

---

① 《晦庵先生朱文公文集》第 8 册,商务印书馆 1929 年版,第 2832 页。
② (宋)朱熹:《四书章句集注》,岳麓书社 2004 年版,第 68 页。
③ 《晦庵先生朱文公文集》第 9 册,商务印书馆 1929 年版,第 3376 页。

终会扩而化之，被推广成为整个社会、所有个体必须遵循的规范。而宋代理学家道德养成思想中那些与小农经济相契合、顺应封建统治思想经过过滤与转化，成为个体与群体必须依据的道德圭臬，成为约束个人与全体行为的枷锁，也成为扼杀自由、平等、理性等精神的桎梏，更成为消解中国文化中包容创新、批判论争的枷锁。

以程朱一派为例，其道德养成思想的理论建构较为完备，但是从其在两宋时期发展历程来看，较之其他理学流派，在社会影响方面并无压倒性的优势，甚至在南宋时期，统治者为防止朱熹等"道学家""士之好名，陛下疾之愈甚，则人之誉之愈众，无乃适所以高之。不若因其长而用之，彼渐当事任，能否自见矣。"[1] 多次任命朱熹从事地方琐碎的政事与工作，"以州县为烦"，其间朱熹被几次贬抑，被人质疑朱熹"本无学术，徒穷张载、程颐绪余，谓之'道学'。所至辄携门生数十人，妄希孔、孟历聘之风，邀索高价，不肯供职，其伪不可掩"[2]。被时人称为"伪道学"，甚至被余嘉"上书乞斩熹"[3]。朱熹政治生涯虽长，却是一个不断被统治者贬抑的过程，"熹登第五十年，仕于外者仅九考，立朝才四十日"[4]。

在五十年的政治生涯中，朱熹实际上从政的时间不足十年，能够在中央任职、接近统治核心的时间仅月余，剩下的时间多为被贬抑和故辞不仕的状态。朱熹在世之时，因为屡遭贬抑，子弟甚至不敢承认其师从关系，"从游之士，特立不顾者，屏伏丘壑；依阿巽懦者，更名他师，过门不入，甚至变易衣冠，狎游市肆，以自别其非党"[5]。朱熹去世前担心"四方为徒期会，送为师之葬，会聚之间，非妄谈时人短长，则缪议时政得失"[6]。为了消弭朱熹的影响，地方官不许其学生为其送葬，

---

[1] （元）脱脱等：《宋史》第36册，中华书局1977年版，第12754页。
[2] （元）脱脱等：《宋史》第36册，中华书局1977年版，第12756页。
[3] （元）脱脱等：《宋史》第36册，中华书局1977年版，第12768页。
[4] （元）脱脱等：《宋史》第36册，中华书局1977年版，第12767页。
[5] （元）脱脱等：《宋史》第36册，中华书局1977年版，第12768页。
[6] （元）脱脱等：《宋史》第36册，中华书局1977年版，第12768页。

可见对朱熹思想忌讳之深。

直至南宋晚期,这种状态悄然发生了变化,此时,封建统治阶层对程朱理学思想维系政权、推动社会稳定的作用认知更为清晰,这从客观上促进了程朱理学思想中压制个性的部分被突出强调出来,成为中国封建社会伦理纲常的重要组成部分。可以说,虽然宋代理学家道德教育思想中"纲常名教"的思想只是其思想中论证个体道德、伦理道德、自然道德统一于"天理"的内容之一,但是却在历史发展、政治裹挟的过程中成为阻碍中国古代个人精神向近代转化的羁绊。这并非宋代理学家道德养成内容的理论预设,但却在中国古代道德养成思想流变与道德实践过程中成为中国古代社会奉为圭臬的"纲常名教"的既定事实。

宋代理学家道德养成内容是对两宋这一特定历史时期、特定社会秩序所要求的行为规范和道德准则的归纳,宋代理学家将其升华为所谓的"天理"。但是,这种归纳不能够也不会成为放之四海皆准或古今通用的金科玉律。这种归纳在统治需要、政权倡导之下,历经中国古代封建社会的过滤、积淀与发展,开始呈现出禁欲主义、封建主义、等级主义的鲜明特征。"亲亲之杀,尊贤之等,皆天理也"[1],"所谓天理,复是何物?仁义礼智信岂不是天理?君臣父子兄弟夫妇朋友岂不是天理?"[2]一方面,在理论上肯定了感性自然的生存发展,并不要求本体与现象世界的分离;另一方面,在实践层面又要求禁锢、压制甚至否定人的感性自然要求。宋代理学家道德养成思想也因此遭遇了难以解决的矛盾。

四 原则方法:"躬行""事上磨炼"的实践品格

"(中国学问)与其说是知识的学问,毋宁说是行为的学问。"[3] 宋代理学家道德养成思想有着完备的道德修养论,能够详细论述道德养成的全过程,构建出一套完备的修养体系。宋代理学家在论述道德养成过

---

[1] (宋)朱熹:《四书集注》,岳麓书社2004年版,第25页。
[2] 《晦庵先生朱文公文集》第8册,商务印书馆1929年版,第2832页。
[3] 梁启超:《儒家哲学》,中华书局2015年版,第2页。

程中以实现人的精神的全面发展而提出具体的修养方法,这些方法的条目主要来自"四书"及早期道学的讨论,宋代理学家则特别集中于力行的功夫,这已经成为宋代理学家道德养成思想的最重要的特质之一。柳诒徵认为宋代理学家道德养成思想对于修养方法的论述之精微与完备是造成宋代学术超越前代的原因之一,"(宋代儒家)修养之法之毕备也。躬行实践,不专事空谈,此宋儒之共同之点。虽其途术各有不同,要皆以实行有得。人人能确指修养之法,以示学者"[1]。可以说,在宋代理学家们构建的完备的道德养成思想体系之中,不坐而空论,"躬身实践""实行有得",成为宋代理学家道德养成思想方法论的共性特征。

(一)躬身实践是宋代理学家道德养成思想方法论的共性特征

周敦颐强调,"圣人之道,入乎耳,存乎心,蕴之为德行,行之为事业"[2],意指道德养成是"圣人之道",养成过程要有"入乎耳""著乎心"的道德感受、体悟,要有不断内化为主体道德,即"蕴之"的修养功夫,更重要的是将这种内在的道德通过躬行实践,成为道德主体的重要生命任务,即"行之为事业"。

邵雍提出"慎独"而"尚行",体现了邵雍道德养成思想体兼重"事心"与"行得"的倾向以及"虽闻言语处,更看作为时"的对良好、稳定道德行为习惯养成的重视。张载则强调"事中明理",在进行道德养成过程中,"教童子以洒扫应对",因为在张载看来,"洒扫"不仅是家务,"应对"不仅是日常交往,而是"诚心所为,亦是义理所当为也",洒扫应对变成了使心返"诚"的途径。

二程同样重视身体力行,提出"凡育人材也教之在宽,待之以久,然后化成俗美"[3],"人之进于贤德,必有其渐,习而后能安,非可凌节而遽至也"[4]。二程将道德践行作为道德养成最重要的手段与途径,重

---

[1] 柳诒徵:《中国文化史·中册》,中华书局2015年版,第873页。
[2] 陈克明点校:《周敦颐集》,中华书局1990年版,第34页。
[3] (宋)程颢、(宋)程颐:《二程集》第9册,中华书局1981年版,第1183页。
[4] (宋)程颢、(宋)程颐:《二程集》第6册,中华书局1981年版,第940页。

视以良好稳定的行为习惯培养。

朱熹注重道德行为训练，强调良好的道德行为习惯的养成，认为日常行为应该遵从"礼"与"理"的规范，只有从细微处养成遵从的行为习惯，才能实现良好道德品质的塑造养成。《童蒙须知》就是很好的代表，"夫童蒙之学，始于衣服冠履，次及言语步趋，次及洒扫涓洁，次及读书写文字，及有杂细事宜，皆所当知"①，该书提出了"事上磨炼"的力行功夫。

陆九渊认为"'履，德之基'，谓以行为德之基也。基，始也，德自行而进也。不行则德何由而积？"② 陆九渊将践行道德作为道德养成的基础，将道德行为看作道德养成思想形成的重要表现，道德只有通过不断践行才能实现。

张栻强调躬行实践是提升个人道德修养水平的必经之途，"此非躬行实践则莫由至。但所谓躬行实践者，先须所见端确为之，此谓之知知常在先可也"③，至于强调事功的吕祖谦、陈亮、叶适则更是立场鲜明地反对空谈性理，主张学以致用，明理躬行。

（二）宋代理学家道德养成思想重视道德实践的意义

宋代理学家在论述道德养成问题时无一不强调道德践履，这是宋代理学家道德养成思想的共性特质。宋代理学家道德养成过程中的"行"包括身体力行和躬身实践两个层次，身体力行指道德主体在社会活动和个人行为中主动遵循道德原则，躬身实践则强调道德主体有意识将道德原则在日常生活中体现出来。宋代理学家对于道德践履的重视，综合体现了宋代理学家对"人人皆可尧舜"的人的道德水平发展的无限可能的确信；对"仁以为己任，不亦重乎？死而后已，不亦远乎？"的社会道德责任感的理解以及通过躬身实践、身体力行并最终实现"内圣外

---

① 朱杰人等主编：《朱子全书》第13册，上海古籍出版社·安徽教育出版社2002年版，第371页。
② 钟哲点校：《陆九渊集》，中华书局1980年版，第416—417页。
③ 《张栻集》，岳麓书社2010年版，第668页。

王"之最高人格理想的信心。

重视践行的特质对当今德育有重要启示意义，甚至某种程度上解答了人们对道德实效性的质疑，"理论在一个国家实现的程度，总是决定于理论满足这个国家的需要的程度……理论需要是否直接成为实践需要呢？光是思想力求成为现实是不够的，现实本身应当力求趋向思想"[①]。因为对道德理想的践行，不仅体现为人类个体力求无限趋向道德理想与最高境界的努力，更代表了道德可教、习惯可成、人可以兼顾道德现实与道德理想，这是儒家对于道德发展的终极构想。

五 思想传播：构建多元化、多途径的传播体系

可以说，宋代理学家道德养成思想对中国封建社会伦理、道德思想影响深远，是中国封建社会思想统治、社会治理的重要途径和有效手段。宋代理学家道德养成思想深刻影响了中国的历史进程，这种影响在时间维度、空间维度、影响范围等方面都是其他学说，或者其他历史时期的儒家学说难以比拟的。宋代理学家的道德养成思想之所以产生如此深厚的影响，其原因之一在于宋代理学家道德养成思想形成多元化、多途径的传播体系。

（一）士阶层：影响宋代理学家道德养成思想传播之主体

两宋的经济发展，为宋代理学家道德养成思想的传播提供了经济基础；两宋经济的发展推动了社会关系的变革，其中最突出的体现就是封建等级之间的流动加强，市民阶层开始崛起，这为宋代理学家道德养成思想传播提供了受众。再加之两宋"右文轻武"政策的引领，科举取士数量的提升和范围的扩大，使得宋代"士"阶层范围扩大，这扩大了宋代理学家道德养成思想的传播范围。这些都促使宋代理学家道德养成基础的拓展和范围的扩大。

在宋代理学家道德养成思想传播体系不断形成的过程中，儒家学者

---

① 中共中央马克思恩格斯列宁斯大林著作编译局编：《马克思恩格斯选集》第1卷，人民出版社2012年版，第11页。

或者说"士"在其中扮演了十分重要的角色。中国古代的士人,一直以来有着"劝学兴礼",淳化风俗的社会责任感。这种社会责任感发轫于先秦,曾子提出"士不可以不弘毅,任重而道远。仁以为己任,不亦重乎;死而后已,不亦远乎"(《论语·泰伯》),将传播"仁"的社会理想作为"士"的毕生目标;孟子发出"如欲平治天下,当今之世,舍我其谁也?"(《孟子·公孙丑下》)的感叹,是因为清晰地认识到了儒者在社会进步、平治天下过程中的重要性。汉代以来,随着"罢黜百家,表彰六经""独尊儒术"政策的推广实施,儒者道德垂范,整饬风俗,淳化民情的作用不断强化,并得到政策的支持。

> 从《汉书·儒林传》中引公孙弘关于"劝学兴礼、崇化厉贤,以风四方","为博士官置弟子五十人,复其身""以治礼掌故以文学礼仪为官,迁留滞"的建议开始,到所谓徇吏在汉宣帝时"生有荣号,死见奉祀",受到格外重用,实际上是把儒家思想学说世俗化道德化,并作为一种荣誉象征,向社会垂范,儒生成了整顿风俗与生活的教官。[①]

宋代理学家道德养成思想的广泛传播与两宋市民的崛起、"士"阶层的进一步扩大有着直接的关系。再加之两宋时期社会骄奢之风泛滥,整顿儒学、重建儒家伦理遂成为此时儒者的历史使命。宋代理学家体察到这种变化,以此为契机,设计和实施了其道德养成的传播方式。因此,两宋时期理学家道德养成思想的传播以士为主体,深刻影响了社会的各个阶层。

(二) 宋代理学家道德养成思想传播的主要途径

宋代理学家道德养成思想的传播兼顾个人、家庭、学校和社会多个层面,采用了家训、童蒙教材、书籍出版、讲学、以身示范等多种方

---

① 葛兆光:《中国思想史:七世纪前中国的知识思想与信仰世界》第1卷,复旦大学出版社2001年版,第271页。

式，逐步形成一个多方位、立体化的道德养成思想传播体系。

1. 家庭层面

宋代理学家十分重视家庭在道德养成思想传播和践行方面的重要性。宋代理学家道德养成思想在家庭中主要采用家训、家庭活动等方式，助益个人道德养成与家风门风的形成。

宋代理学家道德养成思想传播的重要方式是家训的编纂和学习。中国有着悠久的家训传统。所谓家训，又称"庭训""家范"等，是中国古代在家庭内部代际传承的意志信条和道德行为准则，以及为贯彻和养成这些信仰和准则的一系列方法。家训可以看作是中国古代家庭内部进行道德养成、信仰教育的内容。中国自古就有家训教育的传统，"庭训"一词，源自孔子对其子孔鲤的教育片段。一些著名的家训文本至今仍然具有极高的教育意义与借鉴价值，如《琅琊王氏家训》《颜氏家训》《家范》等。"传统家训家规内容十分广泛，道德教育始终是其不变的主题。"① 宋代理学家继承了家训传统，重视家训在道德养成过程中的作用，理学家们亲自编写家训家范以传播与贯彻其道德养成思想。

邵雍著《教子吟》《诫子孙文》劝诫子弟。《教子吟》中邵雍强调道德养成的关键在于了解自己，"为人能了自家身"②；强调道德养成的实施途径就是践行道德，"虽用知如未知说，在乎行与不行分"；并指出人性之有善恶之分，既受天性的影响，又与后天勤于进行道德修养和道德践履有着密不可分的关系。在《诫子孙文》中，邵雍强调在道德养成过程中应该按照"礼"之标准时刻检查自己的行为，注意道德养成过程中环境的重要性，亲"吉者"（道德品德善良高尚，行为以"义"为标准）远"凶者"（动止阴险，好利习非）③。朱熹作《与长子

---

① 明成满：《中国古代家庭德育环境及其当代启示》，《教育学术月刊》2017年第6期。
② 翟博：《中国家训经典》，海南出版社2002年版，第383页。
③ 翟博：《中国家训经典》，海南出版社2002年版，第384页。

受之》①，告诫长子从善，择益友而处，学习"嘉善行"以加强自身修养。吕祖谦作《辨志录》②，通过预设一种道德情境，如"发人私书、拆人信物""借阅、人书册器用""与人同坐"，告知子弟什么样的行为是不道德的，什么样的行为是道德的，进而使得道德养成变得更为生活化、日常化、实用化。宋代家训是中国古代"尊祖宗、重人伦、崇道德、尚礼仪"③的道德价值与宋代理学家道德养成中的持礼尽性、敬义兼持、居敬持志等思想内容的重要载体，是宋代理学家道德养成思想内化为儿童道德修养的重要桥梁，也是宋代理学家道德养成思想通过影响个体进而影响社会的重要媒介。宋代家训以其深厚的理学思想基础与条理化、规范化、生动化、温情化的特征，将传统道德规则、道德信仰与家庭日常、儿童生活、生活实践相融合，成为宋代理学家道德养成的重要方式。

家训的编写和流传体现出较强的局限性，其一就是对家庭成员文化修养程度的要求。只有那些具有学术修养和文化底蕴、重视家庭教育的富裕阶层才能够有实力、有能力编写家训并加以贯彻，这对大多数普通市民来讲，是难以企及的。

除了家训之外，宋代理学家还采用举行家庭活动等方式在家庭中进行道德养成。张载在对自家子弟进行教育的过程中，重视"礼"对道德养成的重要性，"女子未嫁者，使观祭祀，纳酒浆，以养逊弟，就成德"④。张载主张所有的子弟都应该知礼、践礼，甚至连家中年幼未及婚配的女子，也必须接受"礼"的熏陶；在进行祭祀的过程中，家中子弟要观礼且参与到祭祀事务中，如传递酒浆俎豆等祭品、祭器，"观于祭祀，纳酒浆、笾豆、菹醢，礼相助奠"（《礼记·内则》），从而使子弟在参加祭祀等家庭活动时体会到道德的仪式感，增强其对道德伦理

---

① 翟博：《中国家训经典》，海南出版社2002年版，第435页。
② 翟博：《中国家训经典》，海南出版社2002年版，第465页。
③ 司马云杰：《文化社会学》，山东人民大学出版社2001年版，第398页。
④ （清）黄宗羲、（清）全祖望：《宋元学案·壹》卷17，中华书局1986年版，第664页。

的体认。

2. 学校层面

宋代理学家普遍将学校作为人才培养和道德养成的重要场所。宋代学校类型多样，按照办学性质可以划分为官学与私学，按照修学年龄可以划分为"小学"与"大学"，按照行政区划可以分为中央学校和地方学校等。宋代理学家重视学校建设，常常以创办书院作为宣传道德养成思想的阵地，同时制定学规，以外部约束促进道德养成。"书院教育最大的精髓在于它的德育和智育并举。书院的教育不甘沦为官学的附庸、科举功利的工具。书院运动兴起，本身就是理学家为了矫正科举带来的功名利禄之心……书院定期会对学生的德行进行考核……书院的德育做到了两手准备，贤德之人学规导之，无德之人，学规惩之。"① 宋代理学家编纂众多童蒙教材，以适应儿童道德养成之需要，使之"谐于口吻"，适应儿童道德养成之规律，《小学》《童蒙须知》《性理字训》《训蒙绝句》《伊洛精义》《毓蒙明训》《小学诗礼》《家塾常仪》《小学绀珠》等童蒙教材，用以促进儿童良好的生活习惯、礼仪和道德行为的形成；宋代理学家还以身作则，以其高尚的品格和良好的德行促进弟子德行之形成。"告诸生以学必如圣人而后已，以为知人而不知天求为贤人而不求为圣人，此为秦汉以来学者之大蔽也。"② 张载告诫学生，在求学过程中应该以圣人为目标，立德为志。

宋代理学家重视通过学术交流的方式扩大其道德养成思想的传播，不同学派理学家们之间的学术交流往往采用"会讲"的形式。"会讲"指宋代书院不定期召开的学术交流活动，邀请不同学派的理学学者介绍其道德养成思想，进行辩难与沟通，以实现不同学派思想之交流，会讲在南宋时期已经存在。宋代较为著名的会讲包括：南宋乾道三年（1167）在岳麓书院，朱熹、张栻围绕知行、已发未发问题展开的"朱

---

① 罗晓东：《书院教育的复兴与儒家人格的培养》，《当代青年研究》2018年第1期。
② （清）黄宗羲、（清）全祖望：《宋元学案·壹》卷17，中华书局1986年版，第663页。

张会讲";南宋淳熙二年(1175)由吕祖谦召集,以调和朱熹与陆九渊学术分歧的讲会"鹅湖之会",在此次会讲上,朱熹、陆九渊对道德养成本原问题进行了激烈而精彩的讨论。道德养成与伦理问题是这些会讲的重要议题,宋代书院的会讲制度为宋代理学家道德养成思想的传播和发展起到了重要的推动作用。

3. 社会层面

在《宋史》《宋元学案》中,有多处记载理学家们通过其社会活动以影响君上、同僚、友人、乡邻的事例。宋代理学家作为"士"阶层的一员,不仅有着极强的社会责任感与历史责任感,在进行学术探索与政事活动时更多出一份"格正君心""化民成俗"、修己安人的责任感。《宋史》《宋元学案》以及专门记述宋代理学家政治、学术、教育、生活轨迹的"行状"类史料中,都有宋代理学家劝谏君主修德、行德政、做臣民表率的相关记载。宋孝宗即位,朱熹上封事言:

> 陛下毓德之初,亲御简策,不过风诵,吟咏情性,又颇留意于老子、释氏之书。夫记诵辞藻,非所以探渊而出治道,虚无寂灭,非所以贯本末而立大中。帝王之学,必先格物致知,以极夫事物之变,使义理所存,纤悉毕照,则自然意诚心正,而可以应天下之务。①

从这一记述可知,朱熹认为重视宋孝宗对佛老之学,喜爱诗词文学是本末倒置,作为合格的君主应该以"帝王之学"为重。帝王之学就是通过格物致知、诚意正心,以存义理,养道德,最终游刃有余地应对天下之务。这体现了宋代理学家认为帝王必须经由道德养成才能"君心正",才能成为一名合格的君主。

宋代理学家劝谏帝王的上疏十分普遍,可见宋代理学家对于"格正

---

① (元)脱脱等:《宋史》卷429,中华书局1977年版,第12752页。

君心"重要性的关注以及在这种关注之下对宋代帝王的影响。宋代理学家的道德养成思想之形成,不仅体现了宋代理学家作为儒家知识分子的"士志于道"的承道意识,还体现了宋代理学家自身道德风范的示范意义。宋代理学家试图通过影响家人、乡邻、友人甚至统治者,来实现社会风俗的敦化与道德养成的传承。

"二程先生父珦……视其(周敦颐)气貌非常,因与为友,使二子受学焉。"[1] 程珦十分仰慕周敦颐聪明正直的为人,与周敦颐成为挚友,将自己的两个儿子(即程颢、程颐)送到周敦颐门下学习;张载为官"以敦本善俗为先……月吉具酒食,召父老高年者,亲与劝酬为礼,使人之养老事长之义,因问民所苦。每乡长受事至,辄谆谆与语,令归谕其里闾。"[2] 张载以敦化风俗作为其做官为政的首要目标,常备酒菜宴请乡里老人,宴饮中对老者十分恭敬,以身作则向其治下的民众说明养老事长的道理,每次与地方小吏因为公事见面,都要谆谆讲授道义,希望这些地方小吏能够以此教导乡邻。在社会风俗方面,张载"患近世丧祭无法,期功以下未有衰麻之变,祀先之礼袭用流俗,于是一循古礼为倡"[3],使关中风俗为之一变。邵雍为人智慧幽默,与二程交往颇多,临终时程颐询问有何遗言,"先生举双手示之",程颐不解,邵雍告诉程颐"前面路径须令宽。路窄,则自无著身处,况能使人行也"[4]。邵雍以双手之间的距离比喻程颐为人气量颇窄、格局过小,善意提醒程颐气量过小不仅难以悦纳自我,更不必说教导和影响他人了。

"道德典范的存在不仅可以提供一种行为的道德标准,而且给道德标准提供一个具有人格魅力的道德载体。因此,塑型道德典范和象征物,在给当事人的道德行为以激励的同时,也能引导和感化着芸芸众生

---

[1] (清)黄宗羲、(清)全祖望:《宋元学案·壹》,中华书局1986年版,第481页。
[2] (清)黄宗羲、(清)全祖望:《宋元学案·壹》,中华书局1986年版,第663页。
[3] (清)黄宗羲、(清)全祖望:《宋元学案·壹》,中华书局1986年版,第663—664页。
[4] (清)黄宗羲、(清)全祖望:《宋元学案·壹》,中华书局1986年版,第366—367页。

趋向于对道德行为的践行。"① 宋代理学家以身作则的道德典范作用深刻影响了自己与他人,成为宋代理学家道德养成思想传播的重要方式之一。

值得一提的是,宋代理学家并不推崇孔子"述而不作"的主张,而是凭借宋代快速发展的印刷技术和纸张制造技术,凭借官职和政治权利作为道德养成思想传播的政治支持,编写发布劝俗文,如《劝谕榜》《示俗》《再守泉州劝农文》《五戒》等,劝课农桑,批评不良风俗,旨在提升民众道德修养水平,进而实现敦风化俗的目的。宋代理学家还通过"乡约"的方式促进民间思想道德意识发展,如《吕氏乡约》等,其目的在于"使地区与家族共同承担道德教化的社会责任,使民众自觉遵守道德规范与行为准则"②。

两宋时期的理学家们,无论是撰写家训,编写童蒙教材,还是颁行劝俗文和乡约,都是致力于将其理学道德养成思想转换为民众的自觉意识,使得两宋时期的道德养成出现了温情化、生活化、世俗化的倾向。至此,宋代理学家的道德养成与前代相比,有了更为庞大的群众基础,也有了更为丰富的教育实践活动,还有更为深远的社会、历史、文化影响力。

综上可知,宋代理学家在进行道德养成思想的传播过程中借助了宋代最先进的技术(印刷术),也把握住了两宋时期最重要的社会历史发展机遇(重视儒学,重建社会伦理道德);宋代理学家道德养成具有与生俱来的传道意识:对于新儒学的构建(儒学在意识形态上的权威)、对于道统的追寻(理学在儒学内部的权威)、对于儒学正统的追寻(程朱理学在理学内部的权威构建)、对于儒学原典的推崇(学术典籍的权威性。借助权威学术典籍,塑造自身学术典籍的权威性)、寻求政治力量以保障权威,对受众主体性、差异性的尊重,能

---

① 姚剑文:《政权、文化与社会精英——中国传统道德维系机制及其解体与当代启示》,吉林人民出版社2007年版,第103页。
② 张世欣:《中国古代思想道德教育史》,浙江大学出版社2010年版,第269页。

够营建良好的传播环境与媒介,这些都促使宋代理学家道德养成思想产生发展,并最终成为影响两宋以后中国封建社会意识形态、文化与精神生态极为重要的思想。

六 文化立场:兼顾文化继承与文化互鉴

(一)尊德性,道问学:宋代理学家道德养成思想对儒家思想的复兴

宋代理学家的道德养成思想与先秦儒学有着十分密切的关系,主要表现在:

其一,宋代理学是儒学发展的一个阶段,宋代理学家道德养成思想是以对先秦儒学思想的继承为基础的。先秦时期,孔子、孟子、荀子等儒学大师关注道德养成问题,提出了许多有关道德养成的原创性思想,确立了儒家道德养成思想基本框架,其中包括价值导向、理论体系、行为准则和原则方法等。先秦时期奠定的儒家道德养成思想历经汉唐儒者的继承与发展,成为宋代理学家道德养成的思想来源与理论基础。

其二,宋代理学家的道德养成思想以"复兴儒学"为目标。这一"复兴"具有双重含义。

"复兴"的第一重含义,是宋代理学家认为历经汉儒、唐儒的改造,儒学已经失去了先秦儒学原有的生命力,"由于儒学的经学化、谶纬化,它已经成为一种烦琐的章句训诂之学或荒诞的谶纬迷信之学"[①]。理学家们坚持认为,儒家教育的根本精神是"明人伦"的道德教育,但汉代以来的儒家学者或沉溺于记诵、训诂、文辞,或追名逐利,从而违背了孔孟等儒家学者目的的本来。他们在批评汉唐学校教育问题时,要求复兴先秦儒学重视德育的精神。朱熹在其为白鹿洞书院所作学规时指出:"熹窃观古昔圣贤所以教人为学之意,莫非使之讲明义理,以修

---

① 陈谷嘉、朱汉民:《中国德育思想研究》,浙江教育出版社1998年版,第397页。

其身，然后推己及人，非徒欲其务记览为词章，以钓声名取利禄而已也。今人只为学者，则既反是矣。然圣贤所以教人之法，具存于经，有志之士，因当熟读精思而问辨之。苟知其理之当然，而责其身以必然。"朱熹倡导"古昔圣贤所以教人为学之意"，代表了宋代理学家道德养成重新确立了孔孟以德教为本的宗旨。因此宋代理学家将复兴先秦儒学作为其重要的目标。

"复兴"的第二重含义，是指对儒家思想作为一种意识形态的权威地位的复兴。南北朝开始，佛老盛行，对统治者、士大夫和社会各个阶层产生了深刻的影响，甚至一度影响到儒家思想的主流地位。两宋时期，这种趋势有增无减，宋代理学家试图重建儒学，以复兴儒家思想的统治地位。

以这两重含义的"复兴"为标的的宋代理学家，自然更为关注如何使儒家伦理得到振兴，并将其传播到民间社会中去的问题，这种关切极大促进了宋代理学家加强儒家德育思想研究的迫切性。所以，加强对先秦儒家德育思想的再认识、复兴孔孟之道，是宋代理学家道德养成思想的重要特征之一。理学家们不仅要求恢复儒家教育宗旨，而且在德育内容、方法、过程等各个方面，对儒学进行更为精密的改造与发展，所以在儒学复兴的旗帜之下，宋代理学家道德养成思想呈现出高度的体系化、理论化的特征。

（二）圆融佛老，"致广大尽精微"：宋代理学家道德养成思想的学术魅力

前文述及宋代理学家道德养成思想遭遇了前所未有的挑战：魏晋南北朝至唐五代，道教、佛教的发展与传播为儒学带来了前所未有的压力，这种压力促使着儒、释、道三教的不断争鸣，相互借鉴。唐代至两宋时期儒学对释道两家的态度大致可以分为三种。

第一种态度为坚守儒学立场，对释道展开批判，其中尤以对佛教的批判为主。韩愈《论佛骨表》、李翱《复性书》从社会效用、现实利害立论，对佛教在政治影响、社会影响、经济影响等方面进行了猛烈批判，认为佛教对社会发展、政权稳固有百害而无一利，认为佛教教义教

人断绝家庭、舍妻弃子、不事君父,是违背伦常的。佛教、道教僧侣众多,不事生产,广畜良田,消耗民用,对社会进步无益,所以应该禁绝对佛教、道教之崇拜,"付之有司,投诸水火,永绝根本,断天下之疑,绝后代之惑"[①]。北魏太武帝、北周武帝唐武宗的"三武灭佛"就是这种态度在实践层面的表现。

第二种态度为"统合儒释",代表人物是柳宗元与刘禹锡等儒家学者。这些儒家学者既有深厚的儒学底蕴,也与佛教、道教有一定渊源,他们钻研佛教典籍,寻找佛教教义之中与中国传统儒家价值观相互契合之处,通过佛教与儒家思想之间的"形似"论证二者之"神似",以寻找儒学与佛教、道教精神层面存在的一致性。这实际上是儒家学者开始意识到佛老与儒学相比,在解释一些人生根本问题的时候存在优势,是儒家学者吸纳佛老思想成果以重建儒学的有益尝试,为宋代理学家"援佛入儒""援道入儒"提供思想之可能。

第三种态度以宋代理学家为代表,他们大多对儒学和释道有着较为深刻的了解。周敦颐被质疑为"穷禅客",程颢直言自己"出入佛老",朱熹更通过对儒家思想和佛教思想的对比,指出:"佛书说六根、六识、四大、十二缘生之类皆极精妙,故前辈谓此孔孟所不及。"[②] 承认佛教哲学思想之精密,而这种严密的哲学论证正是儒家所或缺的,进而提出应该利用佛教的哲学思维与辩证方法,"某于释氏之说,盖尝师其人,尊其道,求之切至矣"。两宋时期的儒家学者试图在思维方法上实现"以儒摄佛""援佛入儒",以实现振兴与重建儒学的目的。

宋代理学家对佛老的借鉴深刻影响了宋代理学家道德养成思想。佛老对宋代理学家道德养成思想的影响集中体现于对道德养成思想的哲学基础、原则和方法等方面。

"本体二字不见经传,此宋儒从佛氏脱胎而来。"[③] 佛老思想深刻影响了儒学的思维方式与论证方式,使宋代理学家借助佛教所优长的哲学

---

① 《韩昌黎全集·下》,北京燕山出版社2009年版,第870页。
② (宋)黎靖德编:《朱子语类》卷126,中华书局1986年版,第278页。
③ 《陈确集·下》,中华书局1979年版,第466页。

思辨为道德养成思想构筑一个极为精密的理论基础。

> 释道（佛老）二教一般以个体的生死心身为论证要点，来展开理论的体系构造。佛教宣扬教义，论证四大皆空，万般俱幻，大讲宇宙论、世界观和认识论，出现了各种精巧完整的思辨哲学，如唯识（印度）、华严和禅宗（中国）。道教比较简单，但因为要讲炼丹、长生、静坐，也必须讲宇宙理论和世界图式。释道两教这两大特点（个体修炼和讲求宇宙论、认识论）正是宋明理学借以构造其伦理哲学的基本资料。①

对理学具有"破暗之功"的周敦颐，在其《太极图说》中以"无极"为宇宙万物创生的本原。"无极"这一概念就引申自道家思想，而以"太极动而生阳，动极而静，静而生阴，静极复动，一动一静，互为其根"② 来论证宇宙万物从无到有的过程，与佛教思想是一致的，再加上周敦颐将人性作为宇宙一部分的论述，是对佛教思想的引申。二程道德养成思想深受佛老影响，佛教华严宗有"理事无碍"一说，认为存在一种形而上的"天理"统摄万物，客观世界中蕴含着"天理"。作为客观世界的一部分，人也蕴含"天理"。人生而含有"天理"，现世生活中的所有遭遇、诸多享乐是"天理"存在于人生的一种方式，信徒应当包容忍受，泰然处之，勤加修养，以修来世之福，这种思想深刻影响了宋代理学家。

二程将人性分为"天地之性"与"气禀之性"，就是用以解释本来秉承天理的人性为何有善与不善之别，这种划分为二程提出道德养成的必要性提供了理论基础；禅宗有"观心""顿悟"之说，认为世界万物皆为虚幻，人生更是如梦亦如幻，客观世界万事万物变幻莫测，主张反观一心，只有如此才能达成佛境。"心"不仅是认识真理、达成"佛

---

① 李泽厚：《中国古代思想史论》，生活·读书·新知三联书店2017年版，第203页。
② （宋）周敦颐：《太极图说》，上海古籍出版社1992年版，第6页。

境"的工具,更与"佛境"一体,因此才有"心即佛"之说。这种思想深刻影响着宋代理学家道德养成思想,陆九渊"心即理",将"心"视为"理"之本原与佛教"心即佛"有着相似的思维路径。佛教有"性""情"之说,主张"情者性之邪也",情即是人欲必须灭除,而理学家道德养成思想的任务在于"存天理,灭人欲"。佛教主张"一一事中,理皆全遍"(《华严法界关门》),"一即多而无碍,多即一而圆通"(《华严经探玄记》),"一即一切、一切即一"(《华严一乘教义分齐章》),认为佛理能够概括万事万物之理,即"一即多而无碍",同时认为人能够通过观察反思万事万物从中体会佛理,达成人生更高境界,即"多即一而圆融"。

从一般到特殊,再由特殊到一般的说理方式被宋代理学家用来阐述"理一分殊"的概念,这些是佛老思想对宋代理学思想影响的突出体现,宋代理学家正是以对佛教思想主张、论证方式的借鉴为其重要特质之一。

"佛法以有生为空幻,故忘身以济物;道法以吾我为真实,故服饵以养生。"(《广弘明集》卷8《道安二教论》)佛教与道教对中国古代的文化、中华民族民族性的形成产生了深刻的影响。即使是佛教与道教在其对中国文化、意识形态影响最为直接的时候,仍然没有撼动儒学思想在政治体制、生活行为以及日常生活观念等许多方面对中国文化的影响,但却以其精密严整的哲学思想体系通过深刻影响宋代理学家道德养成思想,从而对中国人的价值观念、道德观念产生了深刻影响。

宋代理学家通过"出入佛老",深刻理解佛教与道教的精神含义、思维逻辑、论证方法、哲学思考等后,开始通过吸纳二者在哲学思辨方面的优长,实现了不同于前儒的理学道德养成思想之创生,促进了儒学第二次飞跃,这使得宋代理学家道德养成思想有着独特的学术魅力。正如梁启超曾评价宋代理学家道德养成思想的宗教性问题"儒家的朱陆,有无极太极之辩,诚然带点玄学色彩。然这种学说,在儒家道术中地位极其轻微,不能算是儒家的中心论点……再说无极太极之辩,实际发生于受了佛道影响以后,不是儒家本来面目。而且此种讨论,仍由扩大人格出发，乃是方法，不是目的，与西洋之玩弄光景者不同"①。

第二节 宋代理学家道德养成思想的历史局限

宋代理学家道德养成思想在中国教育、中国文化悠久历史发展进程中"使顽夫廉，懦夫立，闻者兴起……在中国民族性格、中国实践理性的形成发展中，在中国民族注重气节、重视品德、讲求以理统情、自我节制、发奋立志等建立主体意志结构等方面"②起到了十分重要的作用，在与封建统治共生的过程中对中国教育、中国文化、中国人文化心理结构都产生了消极影响。

一 宋代理学家道德养成思想成为封建制度、封建思想延续的有效手段

宋代复杂的政治环境深刻影响了宋代理学家道德养成思想发展。从政治发展来看，宋代社会从藩镇割据、政权更迭的唐末五代走来，立国于兵变之中，政权延续之间兵燹频仍；从外部政治环境来看，强邻交逼，民族矛盾凸显；从内部政治环境来看，宋代统治者在两宋经济发展、土地兼并日盛的背景下依然不抑兼并，使得两宋阶级矛盾激化，农民战争时有发生。宋代理学家道德养成思想在与封建制度的发展相生相伴、选择与被选择、抗争与顺应的过程中，不自觉地从地主阶级的立场出发，开始从文化教育角度为封建统治秩序提供合理的思想证据，为封建统治思想提供传播手段。通过宋代理学家道德养成思想的熏染，以三纲五常等封建思想为内核的封建礼教成为一种无形却难以撼动的力量，对人民思想的控制空前加强，并体现为对社会进步、人性发展的束缚。宋代理学家道德养成思想对儒家"君臣父子"的人伦思想不断加以改

---

① 梁启超：《儒家哲学》，中华书局 2015 年版，第 12 页。
② 李泽厚：《中国古代思想史论》，生活·读书·新知三联书店 2017 年版，第 235 页。

造，使之与封建宗法制度互为表里，为人们提供了封建伦理道德规范，也为培养符合封建社会要求的臣民提供了巨大的助力。宋代理学家道德养成思想中重尊卑等级、抑自由抗争的精神，使其成为延续封建制度、传播封建思想的有效手段。

"一个民族一个时期的统治思想，就是其统治阶级的思想。从阶级观点看，这种统治思想是统治阶级所用以维护其阶级统治的工具。这是说列宁所说的统治阶级的牧师的职能所用的工具。其目的是麻醉被统治者，削弱他们的反抗意志，消灭他们的反抗行动。"[1] 宋代理学家道德养成思想的历史责任之一是论证封建统治与纲常名教的合理性。因此，后代统治者敏锐地发现了宋代理学家道德养成思想的这一特征，充分利用宋代理学家道德养成思想以实现思想禁锢的作用。

两宋之后，元朝曾多次追封孔子，元仁宗于1313年下诏恢复科举，自此元代科举经义考试以程朱理学对经义的解释为标准，在制度上肯定了宋代理学家的价值倾向，用科举取士的方式来引导道德的发展；明代统治者则意识到了道德教化于无声中塑型民众思想的功效，"愚民犯法，如啖饮食，嗜之不止；设法防之，犯益重。推恕行仁，或能感化"[2]。明代统治者认为民众犯法犹如饮食般无法戒断，法律等外在的规约无法预防，甚至触犯者更多。通过以忠恕、仁为核心的道德养成思想对民众进行教化，是禁锢民众思想、防止犯上作乱的最好方式。

宋代理学家的道德养成思想历经发展与演变，在中国明清时期甚至被提高到了比法律更高的地位，许多维护封建思想与维护封建统治者既得利益的陈词滥调顶着"名教"的帽子，让人将其奉若天命不敢违抗，敬畏最高的法律而不敢置喙，道德养成遂成为"以理杀人"的工具。

所以，以宋代理学家道德养成思想为主要内容的封建道德，目的是封群众之口，禁锢群众的思想，最终达到维护封建统治的目的。到了近代，宋代理学家道德养成思想几经过滤，一切倡导科学、关注人

---

[1] 冯友兰：《从中华民族的形成看儒家思想的历史作用》，《哲学研究》1980年第3期。
[2] （清）张廷玉等：《明史》，中华书局2015年版，第2637页。

性的思想湮没不闻，对封建道德的无条件依从则被持续保留，最终成为"吃人的礼教"的重要组成部分，禁锢着近代中国的民族精神。

清代启蒙思想家戴震曾经痛斥宋代理学家的道德养成思想使得当时中国社会发展成为一种等级尊卑的绝对化社会，经由宋代理学家强调和整合确定的道德成为保证阶层尊卑的有力武器。人与人之间的关系不再是以人伦道德和正义公平等作为标准，"尊者以理责卑，长者以理责幼，贵者以理责贱。虽失，谓之顺。卑者、幼者、贱者以理争之，虽得，谓之逆……上以理责下，而在下之罪，人人不胜指数，人死于法，犹有怜之者，死于理，其谁怜之？"[1] "其所谓理者，同于酷吏之所谓法。酷吏以法杀人，后儒以理杀人，浸浸然舍法而论理，死矣，更无可救矣"[2]。宋代理学家道德养成思想中的"理"成为使人集体无意识的工具，成为戕害人性的合理手段。宋代理学家道德养成思想的"异化"是后世学者批判宋代理学家道德养成思想的主要原因。

二 宋代理学家道德养成思想具有因循性与守旧性

宋代理学家道德养成思想中的因循性与其创生以来就带有的创新性是一对巨大的矛盾。宋代理学家道德养成思想与前代道德教育思想相比具有明显的创新性：一方面，宋代理学家道德养成思想为中国传统儒家德育思想构建了坚实的哲学基础，其整个思想体系具有极强的包容性，援引释道两家哲学改造儒家思想，使之呈现出前所未有的生命力。另一方面，宋代理学家道德养成思想之中因循守旧的倾向与宋代理学家道德养成思想的发展一道深刻影响着中国封建社会的教育文化与中国人的民族文化心理。宋代理学家道德养成思想的因循性体现在对"道统说"的坚持，一定程度上限制了宋代理学家道德养成思想的发展。

宋代理学家道德养成思想以前儒道德教育思想为根基，以儒家理论为依托，受到佛老启示，以"道统说"印证其思想的正统性。所谓

---

[1] （清）戴震著，何文先整理：《孟子字义疏证》，中华书局1961年版，第12页。
[2] 《戴东原集》，商务印书馆1912年版，第32页。

"尧以是传之舜，舜以是传之禹，禹以是传之汤，汤以是传之文武周公，文武周公传之孔子，孔子传之孟轲。轲之死，不及其传焉。"① "盖自上古圣神继天立极，而道统之传有自来矣"（《四书章句集注·中庸章句序》）"由孟子而后，周、程、张子继其绝，至熹而始著"②。对"道统论"的坚持，为宋代理学家道德养成思想的产生发展提供了弘道意识、正统意识和认同意识的同时，也使得宋代理学内部学派林立，互相攻讦，限制了宋代理学家道德养成思想的发展。

宋代理学家道德养成内容选择均以儒家典籍为主，或延续先秦儒家"六艺"框架。这种内容选择的倾向，坚持了宋代理学家道德养成思想作为儒家思想的正统性、权威性和经典性，同时也使得宋代理学家思想体系显现出"自以为得正心诚意之学者，皆风痹不知痛痒""举一世安于君父之仇，而方低头拱手以谈性命"的空洞性。

宋代理学家道德养成思想中的因循性也直接导致其守旧性的出现。儒家文化一直有着对"黄金时代"的向往，即对所谓"三代之教"的崇尚。这既是对现实问题的深刻反省，也是儒家思想固有的一种复古情结。而宋代理学家道德养成思想作为儒家思想的重要组成部分，也无可避免存在这种复古倾向。鲁迅曾直指宋代理学家道德养成思想中因循守旧这一弊端，"宋朝的读书人，讲道学，讲理学，尊孔子，千篇一律。虽然有几个革新的人们，如王安石等等，行过新法，但不得大家的赞同，失败了。"③

宋代理学家道德养成思想的因循守旧倾向一定程度上禁锢了中国思想创新之可能。虽然宋代理学家道德养成思想存在着"以物观物"的客观胸怀和"格物致知"的研究精神，但是宋代理学家道德养成思想中对道德规范依循的强调无疑限制了中国人思想与实践层面创新和探索的可能。在理学成为久居两宋乃至以后中国社会主流思想的境遇之下，

---

① 马其昶校注：《韩昌黎文集校注》，中华书局1980年版，第2467页。
② （元）脱脱等：《宋史》第36册，中华书局1977年版，第12769—12770页。
③ 《鲁迅全集》第7卷，人民出版社1981年版，第309页。

以信奉儒家思想的中国封建士大夫为代表的中国社会各个阶层开始将精力投诸自我修养。宋代之后的这种矛盾倾向早在宋代两位理学家在讨论道德养成的目标时就已经初露端倪。[①]

三 宋代理学家道德养成思想在不断发展的过程中逐渐僵化

近代对宋代理学家道德养成思想的评价，更多集中于对理学"以理杀人"问题的批判之上。近代中国面临在现代转型的过程中裹挟着与中国传统文化的痛苦揖别，宋代理学家道德养成思想中固有的缺陷也随着社会的发展而逐渐显现。宋代理学家道德养成思想中重气节、强调以高尚道德标准要求个人的倾向逐渐演变成了将道德规范作为现世生活隐形"法律"的现实。

四 宋代理学家的道德养成思想对认识道德与法治关系认识的混乱

宋代理学家深切意识到道德养成不是解决道德问题的唯一出路，因此宋代理学家并非局限于从道德教育本身去达到道德教育的目标。虽然宋代理学家们深深懂得，因教成德，要以教为本，以教为先，以教育德，以教兴德；无论是个人的人格健全，还是社会进步均依靠教育来完成。

教育不是万能的，道德不是万能的。德生于威，道德的神圣性要靠法治的威严来维护，道德的传播要靠法治的威严来推动，一种道德意识只有成为时代的统治思想，才能普遍推行到社会性的道德实践中去；道德的养成应该是一个由外部普遍认同的，包括法律在内的道德规范内化为主体道德，再外显为道德行为习惯的过程。这种重内在而轻外在，重道德而轻法制的导向与现代社会强调道德与法治的价值取向并不相融。

---

① 即朱熹在与陈亮进行学术交流的时候，曾经建议陈亮做一个"醇儒"，而陈亮则认为放弃对现实问题的思考，放弃理学对政治和经济的影响，做一个"醇儒"是毫无意义的。

"任何真正的哲学都是自己时代精神的精华"①，宋代理学家道德养成思想创生、发展于中国封建社会发展的高峰时期，其思想以封建社会发展为土壤，不可避免带有封建社会的烙印，而宋代理学家道德养成思想的时代局限也为我们当今的教育提供了宝贵的历史经验和沉痛的历史教训。

第三节　宋代理学家道德养成思想的现实观照

"贬斥势利，尊崇气节，遂一匡五代之浇漓，返之淳正。故天水一朝之文化，竟为我民族遗留之瑰宝。"② 宋代理学家道德养成思想以其对人生切要问题的讨论，对道德人格尊严的关注，对道德养成过程中实践品格的回归，对"内圣外王"之兼修，对先秦儒家道德养成传统的继承与复兴，以纲常名教为道德养成的内容载体，通过圆融佛老，最终构建起一个多层次、多途径的独具特色的道德养成思想体系。

宋代理学家道德养成思想是中国传统教育文化的重要代表，它在中国漫长的封建社会时期起到了提升个体道德水平、促进道德发展、传承传统美德、维系社会稳定的重要作用；通过对个体与社会的影响，最终成为中国传统文化的重要组成部分，成为我们文化中固有的道德信仰和价值取向，诚如冯友兰所说，"世界有许多的国家，都要立一种哲学，以为'道统'，以'正人心，息邪说，距跛行，放淫辞'。我们在那一种社会里，我们即在那一种'道统'里，不过我们如同呼吸空气一样，久而不觉其有罢了。"③

宋代理学家道德养成思想从产生开始，一直深刻影响着中国教育文

---

① 《马克思恩格斯全集》第 1 卷，人民出版社 1956 年版，第 121 页。
② 《陈寅恪集》，生活·读书·新知三联书店 2015 年版，第 182 页。
③ 冯友兰：《三松堂全集》第 5 卷，河南人民出版社 2000 年版，第 341 页。

化的发展，不断塑型着中华民族的民族精神，汇集成中华文化的重要组成部分。虽然如今社会经济发展水平、社会意识形态、国际形势等方面都发生了巨变，宋代理学家的道德养成思想不再是教育活动中处于主导地位的思想，但是宋代理学家道德养成思想与实践活动仍然像空气一样，虽然不觉其有，但是依然以教育文化价值取向等形式作用于中国人的精神世界，某种程度上依然起着"正人心，息邪说，距跛行，防淫辞"（《孟子·滕文公下》）的作用。

对宋代理学家的道德养成思想的研究，从来不仅仅是以描摹、阐述宋代理学家道德养成思想为最终目的，更不是要将宋代理学家道德养成思想直接嫁接在今天的社会现实中使其"复活"。对宋代理学家道德养成思想的研究，是以对宋代理学家道德养成思想的梳理为基础，以对其对个人、社会、国家的影响为阐释途径，最终得出其对我国当今道德教育的启示。"整理、研究文化遗产和继承文化遗产是有关系而又有分别的两回事。前者是历史科学方面的事；后者是理论、文艺创作方面的事。"[①] 然而教育却需要兼顾这"两件事"：整理研究文化遗产和继承文化遗产。因为教育是科学，必须拥有坚实的理论基础和完备的理论体系；教育同时也是一种助人向上的艺术，是一种自我发展的艺术，所以要育人，育好人，必须以文化经验、历史经验作为基础加以继承。不对中国优秀的教育传统进行研究，就不知道中国教育文化中有哪些优秀的遗产，更谈不上对优秀教育遗产的继承。

对宋代理学家道德养成思想的研究，是对中国文化遗产继承的一部分，其最重要的意义并非仅仅是"整理国故"，而是要探赜索隐，启示当今。继承的目的是使道德养成适应新的历史时期的需求，继承的方法是批判地运用宋代理学家道德养成思想的一些内容、思维方式和优良传统。只有真正了解包括宋代理学家道德养成思想在内的中国传统文化，并且对中国传统文化加以继承、改造，才能建设适合当下人民需要、社

---

① 冯友兰：《论中国哲学遗产的继承问题》，《哲学研究》1965 年第 5 期。

会发展的新的文化。因此，对宋代理学家道德养成思想的借鉴以及道德养成的实施路径，应该集中于以下几个方面。

一　准确定位：以"立德树人"为根本任务，坚持民族特色与文化立场

（一）使道德养成成为新时代"立德树人"的有效手段

"立德树人"是中国教育的古老命题，早在《左传·襄公二十四年》与《管子·权维》之中就已经提及"立德"与"树人"的问题。"立德树人"一直是中国教育的优秀传统，更是新的历史时期、新的社会背景下我国教育的根本任务。

习近平总书记为传统文化中"立德树人"的古老命题赋予了新的理论内涵。习近平总书记2014年、2018年在北京大学师生座谈会、2016年全国高校思想政治工作会议上发表的重要讲话和2017年参加十三届全国人大一次会议重庆代表团的讲话中多次提及"立德树人"。党的十九大报告也指出，"要全面贯彻党的教育方针，落实立德树人根本任务，发展素质教育，推进教育公平，培养德智体美全面发展的社会主义建设者和接班人"[1]。习近平总书记在全国教育大会上提出"要把立德树人融入思想道德教育、文化知识教育、社会实践教育各环节，贯穿基础教育、职业教育、高等教育各领域"[2]。"健全立德树人的落实机制，扭转不科学的教育评价导向……坚决克服唯分数、唯升学、唯文凭、唯论文、唯帽子的顽瘴痼疾，从根本上解决教育评价指挥棒问题"[3]。

"立德树人"何以成为可能，以及如何实现"立德树人"，是新时代我国教育理论研究亟待解决的问题。宋代理学家的道德养成思想在一定程度上为我国现阶段实现"立德树人"的根本任务提供了历史借鉴。

---

[1] 习近平：《决胜全面建成小康社会　夺取新时代中国特色社会主义伟大胜利——在中国共产党第十九次全国代表大会上的报告》，人民出版社2017年版，第45页。

[2] 《培养德智体美劳全面发展的社会主义建设者和接班人》（2018年9月11日），习近平《论党的青年工作》，中央文献出版社2022年版，第178页。

[3] 习近平：《论坚持全面深化改革》，中央文献出版社2018年版，第472—473页。

"博大精深的中华优秀传统文化是我们在世界文化激荡中站稳脚跟的根基。中华文化源远流长,积淀着中华民族最深层的精神追求,代表着中华民族独特的精神标识,为中华民族生生不息、发展壮大提供了丰厚的滋养。"①"立德树人"要根植于中华优秀传统文化,尤其是优秀传统教育思想,从中汲取营养才能真正发挥持久的作用。宋代理学家道德养成思想可以为新时代立德树人的有效实施提供精神养料。宋代理学家重视道德养成的重要作用,并且构建了一个体系完整、论证严密、重视实践的道德养成思想体系,为当今立德树人的切实贯彻与实施提供了宝贵的历史经验。

宋代理学家道德养成思想为新的历史时期"立德树人"任务实现提供了思想资源。"立德树人"是一项系统性的工作,教育是实现"立德树人"的重要手段与途径。宋代理学家继承了儒家道德养成"其必由学"的传统,认为"学"既包括文化知识的学习,也包括个人修养的形成。宋代理学家认为道德养成应该经由教育实现,教育应该始终贯穿以德树人之目标,北宋时期的司马光就提出"才者,德之资也;德者,才之帅也"②的论断,认为树人的途径在教育,教育的根本在立德。宋代理学家普遍主张通过强调"明体达用""养心""学为圣人""教之、养之、取之、任之""学以变化气质"等教育方法和修养方法来实现"育德""成人"的目标。在新的历史时期、新的社会条件下,"立德树人"的内涵更为充实深刻,"立德树人"得以实现的最主要的途径就是教育,而教育要在坚定学生的理想信念、厚植学生的爱国主义情怀、加强学生的品德修养、增长学生的知识见识、培养学生的奋斗精神、增强学生的综合素质等六个方面下功夫,如此才能真正实现教育"立德树人"的根本任务。

宋代理学家道德养成思想的实践品性为新时期"立德树人"提供践履

---

① 习近平:《习近平谈治国理政》,外文出版社2014年版,第164页。
② (宋)司马光著,(元)胡三省音注:《资治通鉴》第1册,中华书局2013年版,第13页。

智慧。宋代理学家道德养成思想最突出的特点是强调道德践履，重视良好、稳定的行为习惯的养成，宋代理学家大多将实践当作实现"立德树人"的基本途径。新时代立德树人要重视发挥实践的作用，只有把培育和践行社会主义核心价值观贯穿到自身的生活实践中，才能在实践中感知领悟，逐步内化为人们的精神追求，外化为人们的自觉行动，实现知行合一。

此外，宋代理学家道德养成思想中多层次的实施途径为"立德树人"提供制度保障。宋代理学家道德养成思想重教育者的以身作则的榜样示范作用是新时代"立德树人"得以真正落实的关键。

"立德树人"要以立德为重点，建立具有中国气派、彰显中国精神的社会主义道德，其核心内容就是社会主义核心价值观之德，才能以人的成长和发展为中心，在塑造灵魂、塑造生命、塑造新人的过程中尊重人的独特性、和谐性和主体性，进而提高人全面发展的能力，由此促进人的全面发展。

（二）道德养成应该坚持民族特色与文化立场

"从当今国内与国际社会的道德文化总体的内在联系，拒绝将道德从文化母体中孤立出来。无论是国内的道德建设，还是世界各国道德价值观的交流、冲突，都是以民族文化的形式进行的。离开文化母体，道德现象难以获得准确的解释，道德生存难以维持长久的生命力。"[1] 我国的道德转型在传统与现代之间出现令人不安的断层，"从19世纪中叶到现在，道德经历几次历史巨变，以儒家思想为核心的传统道德体系以及中华人民共和国成立后形成的政治极端主义道德体系被先后否定。当我们欢庆中国社会终于走上现代化的正轨时，却突然发现道德的无所依靠和价值标准的茫然失据，在否定了原有的道德体系后，没有及时建立起新的道德体系，于是在传统和现代之间，产生了让人担忧的空白"[2]。

所以，在道德养成的实施过程中，必然涉及一个问题：包括宋代理学家道德养成思想在内的传统道德教育被长久以来冠以"封建糟粕"

---

[1] 魏则胜：《道德建设的文化机制研究》，广东人民出版社2005年版，第12页。
[2] 魏则胜：《道德建设的文化机制研究》，广东人民出版社2005年版，第13页。

的帽子，认为正是他们造就了我们中华民族民族性格中因循守旧、顺从迂腐的一面，并且常常以"吃人的礼教""饿死事小失节事大"来描述包括宋代理学家道德养成思想在内的中国传统德育思想和德育理论。我们一面深受影响而不自知，一面又批判这种思想的消极意义，同时试图寻求"更强""更有效"的道德教育思想以为己用。然而无法忽略的是道德养成思想是历史性、文化性、民族性的统一，是普遍性、变革性、继承性的统一。

所以在设计和构建适合时代需要的道德养成的过程中，必须将道德养成置于民族文化的母体之中，必须将其置于中国教育文化发展的历史进程中进行考察，必须在充分思考中国古代道德养成思想对当今道德养成的影响基础之上把握道德养成的实质。

那么，在设计和构建适合新时代需要的道德养成思想过程中如何处理"古"与"今"、"中"与"外"的关系呢？

其一，关于"古"与"今"。

对宋代理学家道德养成思想进行研究，目的在于探赜索隐，观照当下。

宋代理学家的道德养成思想是应时而生、应时而成、因时制宜的结果，宋代理学家的道德养成是以先秦时期原创性的儒家思想为基，结合两宋时期强敌环伺、历经唐末五代战患频仍后经济凋敝的现状，以及以兵变获取政权的王朝，儒释道三教争鸣合流，人民对安定平和、有道德的生活的期望的时代背景下相应而生的。宋代理学家的道德养成思想自产生开始，就以回答人类最为关切的问题为己任，试图设计一种有道德的生活，为人构建一个风俗淳厚的社会环境以及一个有理性、可以安之俯仰的宇宙观念，为儒家君臣父子伦理与敦风睦俗的社会理想实现提供了一种可能的路径。宋代理学家的道德养成思想实现了这一目标，最突出的表现就是南宋以后，对个人道德水平的要求已经提升到了前所未有的高度，教育的目标越来越关注道德个体的内心与自我，理想的儒家人格开始走向"内圣"，将人伦道德与宇宙天道密切相连，将道德养成的核心定位于天道人性，中国道德养成的基本内容与基本方法得以确定。而伴随着宋代理学家道德养成思想不断走向成熟与完备，中国古代封建社会时期的伦理思想、教育思想也走向了高峰。宋代以后的历史时期，基本上是在宋代道德养成思想奠定的框架下不断推进的。

"非新无以为进，非旧无以为守"，文化创新以对固有文化传统的继承为基础，同时也必须体现时代之特色，宋代理学家道德养成思想同样具有现代价值。宋代理学家们倡导的高尚的道德境界，成为中华传统美德的重要组成部分，并且镌刻在中国人的文化基因之中。总结宋代理学家的道德养成思想的共性特质，就是对中国优秀的教育文化传统的分析，是在对中国优秀的传统教育资源的重新审视。这种分析与审视，目的不仅在于还原宋代理学家道德养成思想的本来意蕴，更在于汲取宋代理学家道德养成思想之经验，结合当今时代发展的背景，以中国优秀的传统教育资源为基，以满足个体发展与社会发展的需要为标的，以不断促进和优化中国现代道德教育进步和发展为作用，以实现符合时代精神和现实需要的中国文化的现代转化为目的。总结宋代理学道德养成思想特质的意义在于揭示宋代理学家道德养成思想对于前代的继承、直面时事的创新以及对中国古代教育、中国传统文化之影响。

宋代理学家的道德养成思想具有深刻的教育价值，这种教育价值可以从个人、社会和民族的不同角度予以拆解。

首先，宋代理学家的道德养成思想具有强化公平正义等法治精神的教育价值。宋代理学家在先秦儒家重仁、贵义思想的基础上进行了发展与创新，将仁作为道德养成的主体，将义作为判断是非、涵养正确道德判断，促进个体道德理性形成的重要思想指标。在宋代理学家道德养成思想体系之中，仁是对人类本身的情感，是同情、是友爱，是民胞物与，义是仁的体现，是对是非曲直的判断，是对正义、公道的追求。冯友兰认为，对是非曲直的正确判断，对正义和公道的追求，就是义，就是法治的内理，"义是事之'宜'，即'应该'，它是绝对命令。社会中的每个人都有一定的应该做的事,必须为做而做,因为做这些事在道德上是对的。如果做这些事只出于非道德的考虑,即使做了应该做的事,这种行为也是不义的行为"[①]。法治精神是现代公民对现实理想社会的一种信仰与依托,公平正义是该信仰的本体与目的,"行仁就必然履行在社会中的责任与义务,这就包括了义的性质"[②]。对于现代社会法治精神的失落和精神文明的倒退,对公平正义的强烈渴求实则是人们对"义"的呼吁以及对井然有序的理想社会的诉求。因此,实现民族振兴必须重拾"义"为核心的公平正义的信仰,而这与弘扬法治精神和健全法治社会息息相关。

其次,宋代理学家道德养成思想中重建讲信明义的道德秩序具有社会伦理教育的价值。马克思指出,"人的本质不是单个人所固有的抽象物,在其现实性上,它是一切社会关系的总和"[③]。一方面,道德是社会关系的基石,道德教化有助于社会进步;另一方面,人的自由而全面的发展也包含道德的发展。道德不仅仅是一种外部的约束力量,更是一种符合人性、符合社会发展需要的理念,个人只有生活在他人和自然的和谐关系中,自我决定才是可能和现实的,人类只有摆脱由必须的和外在的目的规定之后,才能进入自由王国。无论是出于对公共利益和伦理秩序的考量,还是出于内心自尊和利他之情的考虑,人们在社会中都需要讲求道德并以之维护公共利益。儒家思想主张社会秩序的根基由人的礼、义、廉、耻铸成,强调君子行礼以义至上。道德约束比显性制度更为有效,其核心在于仁义文化对社会心理行为的导向作用往往先于制度的形成过程。社会秩序混乱崩坏的根本解决之道在于使道德主体能够自觉遵守道德规范,提升个人道德修养水平,从而实现整个社会道德水平之提升。

---

① 冯友兰:《中国哲学简史》,北京大学出版社1985年版,第49页。
② 冯友兰:《中国哲学简史》,北京大学出版社1985年版,第51页。
③ 中共中央马克思恩格斯列宁斯大林著作编译局编:《马克思 恩格斯 列宁 斯大林论宗教和无神论》,人民出版社1999年版,第21页。

再次，宋代理学家道德养成思想中崇尚自律慎独的主张具有公民修身教育价值。道德修养是个人发展的重要内容，运用到个人修身层面意味着将自我概念投入广义的人类进步范畴中，遵循"天理"，追求儒家提倡的至善之德而达到超我境界。个人的道德修养过程中，能够慎独，谨言慎行、洁身自好，自觉遵循法律道德的约束，摒弃一切侥幸之念，反思日常生活。这不仅有助于个人道德的形成，实现"内圣外王"的理想人格，从而有助于净化社会风气，完善道德体系的作用。崇尚自律慎独，不仅要坚守内心抱负，不断检视自身行为，更应该将道德养成作为内化个人意识与社会群体意识的有力途径，凸显勇于担当的高风亮节，最终汇聚成社会凝聚力。"道德先验论者所教授的，实际上是道德养成的新方法，它比政策制定更具基础性。"[1]

新时代的道德养成，应该具有民族特色与文化立场，应该以对中国优秀文化的认同为前提，以对中国优秀教育传统的继承为基础，以新的历史时期、社会需要为指引，以与不同文化的交流互鉴为契机。因此，2013年在全国宣传思想工作会议上，习近平总书记提出"四个讲清楚"的民族文化根基论述，强调中华文化积淀着中华民族最深沉的精神追求，是我们最深厚的文化软实力；2014年中共中央政治局第十三次集体学习时，习近平总书记重申丢掉传统、丢掉根本，就等于割断了自己的精神命脉，必须立足中华优秀传统文化，要认真汲取中华优秀传统文化的思想精华和道德精髓，历史文化特别是先人传承下来的价值理念和道德规范，要古为今用，推陈出新；2014年中共中央政治局第十八次集体学习时，习近平总书记强调古代思想文化对今人仍然具有深刻的影响，要把长期以来我们民族形成的积极向上向善的思想文化充分继承和弘扬起来。2019年习近平主席在出席亚洲文明对话大会上曾经指出："一切生命有机体都需要新陈代谢，否则生命就会停止。文明也是一样，如果长期自我封闭，必将走向衰落。""文明交流借鉴

---

[1] [美]刘子健：《中国转向内在：两宋之际的文化内向》，赵冬梅译，江苏人民出版社2002年版，第136页。

应该是对等的、平等的，应该是多元的、多向的。""激发人们创新创造活力，最直接的方法莫过于走入不同文明，发现别人的优长，启发自己的思维。"①

这些论断表现出对中华传统文化如何深入挖掘和阐发其时代价值，如何继承和创造性发展等仍是当前迫切需要我们思考的重要问题。

其二，关于"中"与"外"。

在新的道德养成构建与设计过程中必须关注"中"与"外"的问题。这就涉及如何保持道德养成的文化特色的同时积极吸纳其他教育文化中优秀经验，以及如何更好利用并为我所用的问题。

道德发展是人全面发展的重要组成部分，甚至在人的全面发展过程中起到价值引领的重要作用。因此，宋代理学家的道德养成思想所关注与研究的问题在宋代具有重要理论价值，对中国教育史乃至整个人类发展史都是具有重要意义的。可以说，对道德养成的关注，对德性与德行问题的讨论，是古今中外思想家、教育家普遍关注且必须回答的问题。宋代理学家认为人应该"尊德性，道问学"；康德感慨"有两样东西，我们愈经常、愈持久地加以思索，它们就愈使心灵充满日新又日新、有加无已的敬仰和敬畏：在我之上的星空和居我心中的道德法则"②。因此，在对宋代理学家道德养成思想进行研究的过程中，必须关注宋代理学家道德养成思想中的共性特质与共性问题，必须关注在同一历史时期，不同的文化对于道德养成问题的关注，甚至是不同的历史时期对于宋代理学家道德养成思想所关注与阐释的问题的研究。只有这样，通过横向的比较与纵向的研究，才能真正认识到宋代理学家道德养成思想在整个中国道德教育历史过程中、在中国文化发展史中、在整个人类道德进步史所居的地位和作用。尽管因为篇幅和主题的限制，无法在中外文化对比的视域中研究宋代理学家道德养成思想，但这仍然不失为归纳宋

---

① 习近平：《习近平外交演讲集》第二卷，中央文献出版社2022年版，第197—198页。
② ［德］康德：《实践理性批判》，韩水法译，商务印书馆2003年版，第177页。

代理学家道德养成思想特质的重要维度之一,也成为本书后续努力的重要方向。

宋代理学家道德养成思想研究的理论前提是承认中国教育发展的历史、中国文化发展的历史具有独特的文化立场。本书的基本假设和理论前提是中国教育文化既遵循历史的逻辑,又具有中国教育文化历史发展的独特魅力。因此,对宋代理学家的道德养成思想的研究,不能照搬西方教育研究、文化研究的范式,更不能套用西方文化、西方哲学、西方教育的一些概念或名词来解构宋代理学家的道德养成思想。有研究者将宋代比作中国的"文艺复兴"时期,有将宋代理学家的教育思想比作"思想的启蒙",还有研究者对比西方资本主义萌芽时期的经济、社会、文化标准来衡量宋代发展,并最终得出宋代是具有近世特征的历史时期,中国从宋代开始走向近代的"变革论","10 世纪到 11 世纪后半叶北宋鼎盛时期是近代型高速经济增长和合理精神充溢的'东洋文艺复兴',甚至是超越它的'亚近代'"[①]。这些类比和思想确实能够从某一个侧面揭示宋代理学家道德养成思想产生的时代背景抑或某种特征,但是却无法解释宋代理学家道德养成思想的理论渊源以及对于中国社会和群体发展的历史作用,也无法解释为何宋代理学家道德养成思想从被宋代的主流价值观轻视、斥为异端,再到官方承认的过程,无法解释所谓具有"启蒙精神"的宋代理学道德养成思想为何发展至明清却将中国文化发展趋势转化为"内向",成为中国传统文化僵化异化的助推剂,成为桎梏人自由的精神枷锁。因此,在对宋代理学家道德养成思想进行研究,尤其是总结宋代理学家道德养成思想的同时,必须坚持中国文化的主体立场,以民族性与文化独特性作为准绳以考察宋代理学家道德养成思想的发展流变、共性特质与历史意义。

---

① [日]堺屋太一:《知识价值革命》,黄晓勇等译,生活·读书·新知三联书店 1987 年版,第 151 页。

二 目标设计：关注人的全面发展，兼顾个人修养提升与社会能力增强

（一）道德养成是人全面发展的应有之义

如果将宋代理学家道德养成关注人的人格发展、重视道德养成过程中教育对象主体性、自觉性的养成作为宋代理学家促进人全面发展意识的觉醒之标志，不免有强搬概念之嫌，但是以教育史视角研究宋代理学家道德养成思想的魅力正在于此：挖掘宋代理学家道德养成思想之特质，就是为当今教育如何更好促进人的全面发展服务。在教育历史的挖掘过程中，发现中国古代德育思想智慧，为处于不同历史时期的我们提供了看待问题的不同角度。这是发掘中国古代优秀教育文化资源的过程，也是弘扬民族优秀文化传统，促进人们对中国教育文化的再认识、欣赏与认同的过程，也是助益文化自信、增强文化软实力的过程。而这一切都应该有一个最根本的旨归——实现人的全面发展，促进人的不断进步与完善。

（二）道德养成兼顾个人修养提升与社会能力增强

> 中国传统哲学的主要精神，如果正确理解，既不能把它称作完全是现世的，也不能把它称作完全是出世的。它既是现世的，又是出世。有一位哲学家在谈到宋朝道学时说它："不离日用常行内，直到天地未画前。"这是中国哲学努力的方向。……按中国哲学的看法，能够不仅在理论上，而且在行动中实现这种综合的，就是圣人。他既入世，又出世；中国圣人的这个成就相当于佛教中的佛和西方宗教里的圣徒。但是，中国的圣人不是不食人间烟火、漫游山林、独善其身；他的品格可以用"内圣外王"四个字来刻画；内圣，是说他的内心致力于心灵的修养，外王，是说他在社会活动中好似君王。[①]

---

① 冯友兰：《中国哲学简史》，生活·读书·新知三联书店2011年版，第5页。

宋代理学家将"内圣外王"作为其道德养成的重要目的。看似一致的教育目的之下，却是宋代理学"在以儒学占据主要统治地位的传统思想中，由于从一开始就具有宗教性和政治性因素的交融合一，使'修身'与'治平'、'正心诚意'与'齐家治国'，亦即所谓'内圣'与'外王'，呈现出两极性的歧异关系"①。宋代理学家们对于"内圣"与"外王"的关注和分歧，成为我们今天道德养成过程中必须关注并加以解决的问题，那就是如何评价和处理个人内在的道德修养水平与个体道德的社会功效之间的平衡关系。

前文已经述及，宋代理学家道德养成思想是兼重"内圣"与"外王"，即兼重内在的道德修养与外在的政治修养、为政时务和建立事功的，但是宋代理学家的"内圣外王"思想却存在着不容忽视的问题。

其一，宋代理学家道德养成虽然有着合内在修养的"内圣"与外在事功而一的理论设想，也有着积极参与政治活动，注重时务的社会活动，但是宋代理学家道德养成思想始终围绕着"内圣"构建内省修身、外在践行的理论思想体系，却始终不能进行透彻的有关经世致用的讨论。即使是王安石、司马光、陈亮、叶适等崇尚事功的理学思想家，其道德养成思想也无法将内在修养的提升与经世致用的社会功效有机结合，并提出一套行之有效的方法论。

其二，宋代理学家道德养成思想在不断发展的过程中开始逐渐出现对"内圣"即主体道德修养的倚重，而对外在的经世致用学问却耻于提及，尤其是到了中国封建社会晚期，这种"'内圣'之学对于一般个体来说，明显地成了某种准宗教的修养与体验，把人生意义的追求指向内在的完善和超越"②。所以很多的封建士大夫成为不关心政治，空谈心性，脱离社会现实之人，将儒家的内圣外王之说变成了仅仅关注内在的道德心性、耻谈事功的阻碍社会发展和进步的空论，所以明清时期本该在政治、经济、文化等各个领域发挥重要作用的宋代理学家道德养成

---

① 李泽厚：《中国古代思想史论》，生活·读书·新知三联书店 2017 年版，第 246 页。
② 李泽厚：《中国古代思想史论》，生活·读书·新知三联书店 2017 年版，第 247 页。

思想，变成了流传广泛而又影响深刻的无益空论，"（宋代理学家）把宗教还原为世俗伦常，又把世俗伦常赋予宗教本体的神圣性质，再次建立起中国式的政教合一的统治系统……理学成了一种具有宗教功能的准宗教，也可以说是某种道德的神学"①，封建知识分子们"无事袖手谈心性，临危一死报君王"，道德养成过程中对个人内在的道德修养水平的重视完全压倒道德的社会功效，道德养成成为毫无时效性的空谈。

如今我们倡导另外一种倾向。一方面，我们要始终将道德养成作为一种工具和桥梁，搭建起人从外部教育到自我教育的桥梁，从外在道德到内在修养的提升，从内在修养再到良好稳定的习惯养成。另一方面，我们还应该关注，道德养成虽然肇始于内，但是必须要发扬于外，"道德是必须见之于行动的，因而必然有一定的社会效应。考察道德的实际效应，才能认识道德的实际意义"②。对于道德养成实效性的考察应该作为评价道德教育是否成功的重要标尺。这一标尺的确立，是以宋代理学家道德养成中的兼顾"内圣""外王"的思想为基础，在新的历史条件下，坚持因事而化、因时而进、因势而新，兼顾内在道德修养和道德的社会功效，是道德养成的重要价值标尺。对于道德教育而言，以实践性的文化精神推动理想与功利的和谐通融也是其重要的时代使命。

道德理想与功利的关系是伴随着人类道德教育发展全过程的议题，马克思曾经指出，"一切人类生存的第一个前提，也就是一切历史的第一个前提，这个前提是：人们为了能够'创造历史'，必须能够生活"③。马克思没有将道德理想放置在现实功利追求的对立面上，而是承认功利是道德理想实现的前提和物质基础。因此，在当今的道德教育过程中，应该明确对物质利益的追求并非道德低下的表现，道德与功利不存在矛盾，功利的追求应该以道德理想的追求为价值导向。将二者整

---

① 李泽厚：《中国古代思想史论》，生活·读书·新知三联书店2017年版，第252页。
② 张岱年：《中国伦理思想研究》，江苏教育出版社2009年版，第31页。
③ 《马克思恩格斯文集》第1卷，人民出版社2009年版，第531页。

合为一的关键点在于实践性的文化精神。

20世纪80年代以来,市场化成为中国经济改革的基本取向,构建和完善社会主义市场经济体制是经济体制改革的基本目标。然而,在市场经济的实践中,优绩主义忽略了人的自由全面发展以及人的理想信念以及个人道德修养水平对于人和社会发展的重要性。物质主义、消费主义蔓延,绵延千年的伦理道德体系遭受冲击,培养社会主义核心价值观的紧迫性凸显出来。在培育和弘扬社会主义核心价值观的过程中,如果能够很好地借鉴中国传统道德养成的思想精华,既要突出强调远大的社会理想,站在推进社会主义制度发展、维护和发展中国广大人民利益、人类文明发展的高度,正确处理民族性文化与全人类共识的关系,充分体现中国特色社会主义的制度特征和实践要求,反映中国人民的共同愿望和理想追求,反映人类共同的理想愿望和价值追求。这种追求既是一种软实力,看不见摸不着,但是必须要落到实处,转化为每一个中国人实实在在的道德实践和价值追求,转化为整个社会的精神文明建设实践。

三 内容选择:聚焦人生根本问题,精选道德榜样

(一)道德养成内容选择应该关注人生的根本问题

任何历史时期、任何国家的道德教育都难以逃出对其"空洞性"的质疑。诚然,任何道德教育都是希望能够解决社会问题,但是,社会问题的解决,道德水平的提升却是难以仅凭道德养成来实现。对于当今道德教育的质疑,也存在道德教育内容针对性不强,生活化不够,道德教育方法刻板陈旧,道德教育效果不良等问题。这些问题的解决,除了要结合当今我国社会发展现实,还应该在历史中汲取经验。

在宋代理学家道德养成教育思想体系中,人生切要的问题被作为重要内容,这是宋代理学家道德养成思想在形成过程中受到释道两家冲击的自然回应,因为佛教畅谈心性,道家主张养生,这对于主张立足现实、积极入世的儒家来讲,是一个艰难的挑战。正因为如此,宋代理学

家将适切人生的根本问题作为道德养成的重要命题。如周敦颐肯定人的道德生命即在当下，因为人的生命与万事万物一样有始有终，来于无极，又归于无极，所以必须在有限的生命中关注当下，不怅惘前世，不寄托因果；包括周敦颐、二程、张载在内的宋代理学家们对"孔子颜回之乐"都曾有提及，探讨孔子颜回为何在周游列国的过程中屡次遭遇困顿但是仍然"讲诵弦歌不断""不改其乐"，宋代理学家多次探讨的"孔子颜回之乐"应该是一种超越物质享受的精神之乐，是经由道德修养达到更高层次精神追求的精神愉悦，是道德养成过程中的一种积极心理体验。这种对道德养成过程中的精神享用性的注意，对人生实际问题的关注，是我们今天的道德教育值得借鉴的。

(二) 选择权威型、道德感召力强的道德榜样

宋代理学家关注"圣人气象"在道德养成过程中的感召作用。所谓"圣人气象"，指的就是以古代先贤高尚的道德品行作为道德养成过程中的重要内容，鼓励个体以古代先贤为榜样，在生活中不断提升自身的道德修养。

事实上，宋代理学家道德养成思想中以圣贤气象作为鼓励学生不断提升自己道德修养的主张实际上是心理学中"道德榜样"（moral model）的运用。所谓道德榜样，是指道德方面可资模仿和学习的范例和原型。道德榜样是道德原则与道德行为规范的集中体现，是个体道德理想的核心部分。道德榜样在道德养成过程中起到以榜样人物的品德、行为影响受教育者的道德认知，激发受教育者向道德榜样学习的热情，进而将榜样人物的品德转化为个人信念、行为的作用。

宋代理学家树立的道德榜样可以划分为两类：一类将具有优秀道德品质的先贤先哲、当世贤者作为道德榜样，一类是以自身良好的道德行为作为榜样影响子弟、讲友、邻里。宋代理学家道德养成思想中的道德榜样具有道德感召力强的特点。即使是生活在距离宋代较远的先秦时期的儒家学者，如孔子、孟子、曾子等，宋代理学家通过"人皆可以为尧舜"来拉近普通民众与先秦大儒之间的关系；在道德养成过程中虽然提

出了道德榜样，但是并不要求所有人都与道德榜样的言行一致，而是根据自己不同的社会地位、不同的时代背景、不同的道德问题尽可能学习道德榜样，这样无形中提升了道德榜样的感召力。此外，道德榜样们的道德行为、一言一行往往具有极强的权威性。根据《宋史》《宋元学案》的记载，邵雍、张载、周敦颐等理学家往往被乡邻视为道德楷模，教育子女时往往以将子女的不当行为告知某某作为威胁。

由这些事例可知，宋代理学家本身的形象与言行举止在其进行自我养成和社会教化中具有模范作用。无论是邵雍乡邻准备好酒美馔竞相邀约，还是张载二程所居之处被周围乡邻追随定居，都显示出宋代理学家在道德养成思想中有着强大的感召力。

宋代理学家道德养成过程中道德榜样的树立极具特色，对当今道德教育的开展具有重要的启示和借鉴意义。在当今的道德教育过程中，虽然重视道德榜样的作用，但是在道德榜样的选择和确立过程中存在权威性不足、可接近性不足、道德感召力不足等问题。某师范大学在对学生进行职业道德教育的时候将本校一位致力服务边疆基础教育一生的校友作为道德模范，可是学生在接受这样一种道德熏陶的同时，却因为该榜样晚年贫病交加无人赡养的境遇开始质疑教师职业的生存状态，进而动摇从教意愿。当今道德教育过程中树立的许多道德榜样不仅无法做到保有权威性和极强的感召力，甚至难以保证其真实性。

道德养成的过程如果不能树立一个适合的道德榜样，就无法为道德教育树立一个可能的方向和目标。正如钱穆评价当今中国文化存在的问题时指出，"当前的最大问题，仍在如何重建这一个'道'……重新提示出我们一向所看中的'人格尊严'和'道德精神'"[1]。如果说钱穆所指的"道"是对中华民族精神、中华文化中人格尊严和道德精神的重拾，那么道德榜样的树立就是这个"道"的可能的发展方向。没有合理的道德榜样的树立，就不会有可期的道德养成结果出现。

---

[1] 钱穆：《中国历史精神》，九州出版社2012年版，第103页。

四　原则方法：内在自觉与外在约束并举，坚守实践品格

（一）兼顾道德主体的主动性发展与法律规范约束的双重功效

"道之以政，齐之以刑，民免而无耻；道之以德，齐之以礼，有耻且格。"（《论语·为政》）儒家一直有着以礼仪和道德作为社会治理手段的传统。宋代理学家道德养成的目的之一是通过对个人道德水平的提升来实现整个社会道德的进步。众所周知，社会道德文明的建设，除去要经由教育实现个体的道德自觉，还要有以规范和约束人的社会行为的外在的道德规范。

宋代理学家并没有在道德养成过程中忽视外在规范，只不过是从不同的视角认识道德主体内在的道德养成与外在的道德规范约束。在宋代理学家看来，尽管构成道德的本体可能不同，或"理"、或"气"、或"心"；人感知道德本体的方式不同，或"敬"、或"静"、或"躬行"；但是可以肯定的是，人能够理解和学习"理"，能够领悟道德的意蕴，更加能够通过内省、涵养、力行等方式实现对道德的践行和对理想人格的无限趋近。因此，外在的道德规范是与内在的道德认识一体的，所谓"理一分殊"所体现的就是这样一种认识："理"附着于人即为社会个体的德性和德行，附着于家庭、社会，便体现为"人伦"，附着于人与自然的关系，就体现为"与天地合"的天人合一、天人同构境界。在这样一种认识论的指引之下，儒家道德养成的内在自觉与外在规范变成了同一原理的不同表现。再加之在儒家看来，个体的人只有存在于群体之中才能体现其意义与价值，"（儒家文化）把人看作是从群体需要出发，维护社会群体生存的伦理主体，要求人人都致力于道德人格的完善，加强个人道德自律，以便维持一种以道德理性为原则，用道德规范作为调节杠杆的稳定的社会秩序，建立一个道德的理想国。因此，儒家特别重视个人的道德修养，既要求统治者以自身道德修养为本，将儒家人伦道德发扬光大，又以此教化百姓，希望人人皆成为尧舜，以臻于至善的道德境界"①。也正为如此，宋代理学家道德养成思想既包含了倡导个体遵从"理"以不断发掘自身价值、主体觉醒的精神气质，又包含了将促进社会良性运转的伦理道德准则内化为社会个体内在德性、德性的任务。所以，当有学者批评中国没有法治精神、没有规则意识的时候，弗朗西斯·福山给出了这样的解释：

> 儒教包含了一系列据说可以使整个社会良性运转的伦理道德准则。而这样的社会并不是靠它所产生的宪法和法律制度来治理，而是靠儒教的伦理道德准则对每一个个体的内在化影响而政治的，这种内在化影响是在社会化进程中逐步形成的。②

事实上，人类长时间的道德教育与道德实践活动一直有一种分歧，那就是道德养成究竟应该是让人遵从外在的道德规范的过程，还是通过发挥人的主观能动性以实现道德自由发展的过程。事实上教育史上许多教育家关于道德教育主张之分歧也据此产生。

在道德养成乃至整个教育过程中重视人的主体价值，是中国文化的重要倾向，"中国哲学以研究人类为出发点，最主要的是人之所以为人之道"③。宋代理学家的道德养成思想"道不远人"的思想传统，一改汉唐儒家将道德标准神秘化的弊端，将至大无外、至小无内的抽象的"道"转化为能够便于人认识、体悟、感知的人伦道德之"道"，更是发扬了先秦儒家"人皆可以为尧舜"的对人的主体价值的确信，将人感受、认知、践行道德作为人的重要能力与人生之重要价值加以论述，进而发展和建构出一套可以通过格物致知、诚意正心、博学笃行的努力而无限向"道"靠近的方法论系统，这是宋代理学家道德养成思想的

---

① 姚剑文：《政权、文化与社会精英——中国传统道德维系机制及其解体与当代启示》，吉林人民出版社2007年版，第115页。
② [美] 弗朗西斯·福山：《信任：社会美德与创造经济繁荣》，郭华译，广西师范大学出版社2016年版，第87页。
③ 梁启超：《儒家哲学》，中华书局2015年版，第2页。

一大创举。

"居敬""内省""求放心"是宋代理学家道德养成的重要原则和方法。这种养成方式强调了道德主体的主动性、自觉性,强调"道德规范的约束力并不强大,道德的力量并不在人之外,而在人的内心存在于由稳定的道德认识、情感、意志、细腻所构成的道德品质中。只有德性才能标志人的发展程度,而规范则因为其强烈的现实性、时代性,在社会变迁中无法保持长久的生命力"①。

正是基于对这一点的科学认识,2013年2月,中共中央政治局第四次集体学习时,习近平总书记强调要坚持依法治国与以德治国相结合,把法治建设和道德建设紧密结合起来,把他律精神和自律精神紧密结合起来,做到法治和德治相辅相成、相互促进。这将成为道德养成发展的未来方向。

(二)道德养成应该坚守实践品格

"(传统的)德育凸显了'德识'教育的显性意义,在教育者的权威独白之下是受教育者主体参与式微与德育内容的空洞僵化,从而导致了德育实践陷入'失语'困境。"② 道德养成是个体存在于社会、将社会外在的道德行为规范内化为道德修养并外显为良好、稳定的行为习惯的过程,是个体在社会秩序中形成特定的道德伦理观念和个体德性的前提。道德养成应该成为新时代立德树人的重要手段,是合人的内在道德与外在道德的统一体,因此道德养成绝非仅仅从道德养成哲思中获得,而是在不断的社会生活实践中,在人伦关系的建构展开与实践中获得。

1. 道德养成应该坚持实践取向

取向是对事物进行权衡、比较、选择时所采取的态度和行为倾向。实践取向,是指在以实践(人改造客观世界以满足自身需要的自觉活动)为权衡、比较、选择事物的倾向性。道德养成坚持实践取向是指在

---

① 魏则胜:《道德建设的文化机制研究》,广东人民出版社2005年版,第152页。
② 王喜:《高校德育实践"失语"的独白归因和途径探析》,《华北电力大学学报》(社会科学版)2016年第3期。

道德养成过程中重视道德的实践性，将道德实践作为道德养成的重要手段与方式。将道德养成与实践结合，成为道德实践升华的道德养成理论与养成教育理论指导之下的道德养成实践。

其一，新时代的道德养成应该以实践为取向，这是由道德、道德教育内在的、质的规定性决定的。道德养成在本质上具有实践性，道德养成的过程就是主体进行道德实践的过程，是在实践中建构经验的过程。因此，将包括道德养成在内的教育描述为在实践中进行的人类活动并不为过。

其二，道德养成应该坚持实践取向，这是中国道德养成的优良传统。中国古代的道德养成思想一直将道德践履作为道德养成的重要原则。中国古代教育的学、思、行结合的思想在宋代理学家道德养成思想体系中得到了发扬。因此，我们可以预设，根据不同历史条件下社会实践的需求，通过道德实践，重视道德践履过程中的经验与反思，是道德养成的价值追求。

其三，道德养成应该坚持实践取向，这是新的历史时期"立德树人"的内在要求。立德树人是教育的永恒话题，是对新时代教育任务的定位。"立德树人"既包括道德主体道德修养水平的提升、道德目标的确立、道德智性的成长，还包括稳定、良好、持续出现的道德行为习惯。因此，"立德树人"应该是"静"与"动"的统一。立德树人需要"在参与教育实践，参与人与人之间的教育活动中成就并实现着自身"[1]。

至此可以回答有关"道德实效性"的问题，在理论构筑上应该关注道德养成的实践取向，在实施过程中应该关注道德养成的实践指导，在道德养成的实践过程中应该坚持以道德行为习惯养成并在此之上形成道德智性（道德判断、道德反思等），使得关切实践的道德养成成为一种帮助道德主体实现道德自觉的自我教育，这就从理论上回答了道德养

---

[1] 刘新成等：《教师专业发展：大学的责任——创设合作共同体、构建实践取向的教师教育模式》，首都师范大学出版社 2008 年版，第 72—73 页。

成何以可能成为具有道德实效性的道德教育的困惑。

2. 道德养成回归生活本真,"本体""工夫""发用"缺一不可

新时代的道德养成应该是实践化的理论与理论指导下的自觉实践活动。新时代道德养成成为实践化的理论,是因为道德养成从来不将空洞僵化的道德说教作为道德养成的方法,而是以充分发挥道德养成主体的自觉性为基础,在生活的场域中,通过生活事件来进行道德养成,进行道德行为习惯的养成。道德养成始终伴随着道德的实践,实践取向下的养成伴随着道德主体生命的始终。从这个意义上讲,道德养成是"本体""发用"相结合的。不能否认的是,这一过程并非道德养成主体先天具有的"心理—行为"模式,而是在有着深厚学理基础、精心设计的道德养成理论指导之下进行,还要经由经过时间与实践检验的一系列道德养成过程(即宋代理学家道德养成理论中常常论及的"为学功夫"或者"工夫")才能实现。综上,理想化的道德养成应该是回归生活本真的教育,是关注道德主体生命始终又聚焦当下的教育,还是兼顾"本体""工夫""发用"的教育。

五 实施基础:充分发挥教育主体作用,为道德养成奠定坚实基础

(一)充分发挥教育主体作用

从理论层面来讲,道德养成是置于一个具有主体间性的场域中进行的。宋代理学家道德养成思想在阐述如何培养道德行为习惯,提升个人道德修养水平的时候,对象不仅仅包括后学、子弟,更是将自己列为道德养成的重要主体。虽然宋代理学家没有注意到这个问题,或者说即使注意到这个问题,也没有从哲学层面去考虑,但是却在实然上实现了道德养成基础的扩大:道德养成不仅仅是儿童的事,也不仅仅是理学家与统治者的事——宋代理学家道德养成有关道德主体基础的论述已经扩展到社会关系和人群。道德养成是"我"的事,也是社会所有人的事。

(二)为道德养成奠定广泛的社会基础

在道德养成的实施过程中实现了这样一种基础的扩大:宋代理学家

道德养成思想的实践借助了政权的力量，借助了学术权威的力量，借助了教育制度的力量，借助了宗法社会血缘关系的力量。这种全方位的道德养成实践背后是广泛的道德养成社会基础的支持。也正是这样一种广泛的道德养成社会基础，才能够让宋代理学家的道德养成思想长期影响了中国教育、中国文化、中国人的气质性格。这种实践经验，为我们今天的道德养成实践提供了参照，我们必须在更为广阔的视域下进行道德养成，寻求多方的力量保障道德养成的实施与推进，才有可能真正通过道德养成来改善我们的道德水平和道德行为，才能提升我们的道德智性和道德实践能力。

除了本书所述及的道德养成思想的现代借鉴之外，宋代理学家道德养成思想为我们今天道德教育提供了可供借鉴的历史智慧。如宋代理学家对道德享用性的注意，在我们今天的道德教育过程中应该将道德享用性作为关注的对象之一，去关注社会之"利"基础之上的道德之"义"，并且在"行义"的过程中存在超越物质和感官享受的精神乐趣和愉悦体验；再如宋代理学家无一例外都关注"修养之方"和"为学之道"或"为学之要"，这是对道德养成方法论的关注，这对我们今天道德教育过程中仍然存在的教育方法单一、重视知识灌输的问题具有重要的启示与借鉴价值。

本章小结

对宋代理学家道德养成思想的评价从未停止。但是，宋代理学家道德养成思想作为一种系统完善的道德养成学说，决不能被简单定位为"好"或"坏"，"是"或"非"，其对中国教育文化的影响是持续的，对中国人气质性格的影响是持久而复杂的。所以本书没有对宋代理学家道德养成思想的评价固化在"好"或"坏"，"是"或"非"的二维模式之上，而是试图通过以特质归纳的方式——当然这种特质可能对宋代道德养成、中华民族气质性格产生不同程度的影响——来实现对宋代理学家道德养成思想的价值判断。

宋代理学家的道德养成思想的特质，体现为其与前代儒家道德养成思想相比更高的理论化程度，更为完整的思想体系，更为哲学化的思辨方式，更具实践性的道德养成方法。与道家思想、道教、佛教相比，宋代理学家的道德养成不以转为来世、为长寿永生为标的，不以养身服饵为寄托，不以脱离人伦的苦修为阶梯，而是在尊重道德人格尊严，充分关注人的主观能动性的基础之上，兼顾人的道德智性、道德主动性与人的道德习惯养成、道德践行能力，以更为生活日用又充满智慧的方式，将道德教育"温情化"地呈现出来。这不仅解决了前儒只说该如何道德不说因何道德的弊端，又解决了道德教育的实效性问题。从这个意义上来讲，宋代理学家道德养成无论与宗教相比，还是与前儒思想相比，能够在更深程度、更广范围影响中国人的道德修养、中国教育的价值取向、中国文化的历史趋势。这不是历史的偶然，而是一种合规律的存在。

宋代理学家道德养成思想饱含"立德树人"智慧。对宋代理学家道德养成思想的研究，不是为了使其在新的历史时期"复活"，还应该认识到宋代理学家道德养成思想蕴含的真理，这能够为新时代德育提供历史智慧，也能为"立德树人"这一新时代教育的根本任务的完成提供有益启迪。

事实上，宋代理学家道德养成思想就是"立德树人"的历史样态，是中国德育发展的重要历史基础，这对我们当今教育发展仍然具有十分重要的意义。包括宋代理学家道德养成思想在内的中国教育传统精髓在教育现代化变动中具有深层价值，而对宋代理学家道德养成思想价值的承认并非是文化保守主义者所倡导的"走孔家的路"，而是对包括宋代理学家道德养成思想在内的中国教育传统进行客观审视，科学分析，是对中华民族的"根"和"魂"的传承和弘扬。

宋代理学家道德养成思想特别关注个人的社会化成长，"其教育重心奠基于对个体学生的全方位观察、感知和理解。在此基础上，方予以随机点拨、因材施教，重启发，善诱导，务使学生在反复的磨炼和体悟中豁然贯通，进而修身立己"①。包括宋代理学家道德养成思想在内的儒家教育精神的深意在于，不能只满足于人际关系之和谐，更要祈求人与世界、人与自然之间的动态平衡。正如朱熹所说，"能尽仁之性，则能尽物之性，能尽物之性，则可以赞天地之化育；可以赞天地之化育，则可以与天地参矣"②。宋代理学家道德养成思想有着深层的文化扩充诉求以及潜藏的内在超越精神，这些对我们今天完成"立德树人"的教育根本任务贡献着历史智慧，值得我们理性分析，继承其中的合理性因素，继而进行创造性的转化，使之成为教育现代化变革的助推力。

---

① 黄书光：《教育现代化动变中的传统元素及其开掘》，《高等教育研究》2014年第12期。

② （宋）朱熹：《四书章句集注》，中华书局1983年版，第32页。

结 语

国无德不兴，人无德不立。中华民族早在先秦时期就已经意识到了道德对于民族、国家、社会存在的重要价值，因为"四维不张，国乃灭亡"；同样，人而无德，行之不远，"立德"是中国历代志士仁人对永恒价值追求的精神需要，是个人修养和社会进步的精神标识，是中国古代社会秩序井然有序、中华文明发展蓬勃绵长、中华文化张力柔远能迩的密码。从西周时期的"敬德保民"，到春秋战国时期的"君子怀德""道之以德，齐之以礼"，再到秦汉时期的"以仁安人，以义正我"，中国古代的教育思想也由此铺陈展开。

宋代理学家的道德养成思想在中国古代教育的历史长河中闪烁着令人瞩目的光芒。"教明于上，俗美于下，先王之道得以复明于世，而其遗风余韵又将有以及于方来。"以修德、明教、美俗为目标的宋代理学家道德养成思想自两宋走来，历经元、明、清几个世纪的发展与沉淀，至今已有千年。宋代理学家的道德养成思想代表了中国古代教育思想发展的高峰，是对中国古代道德养成思想的总结，深刻影响着中国道德教育的价值取向、中国教育文化的历史发展，也深刻影响着中国人的气质性格。省思宋代理学家道德养成思想形成的历程，揭示宋代理学家道德养成思想的深刻内涵、独特魅力、历史影响，是教育研究的应有之义。

与宋代理学家道德养成思想兼具重大的学术意义与历史影响相对的，是宋代理学家道德养成研究现状的不尽如人意。究其原因有三：一是关于宋代理学哲学思想、伦理思想的研究众多，却没有专门针对宋代理学家道德养成的研究；二是在通史类的教育专著中，宋代理学家的道德养成思想往往以教育家为单位，混杂于宋代教育思想的论述之中，着墨不多；三是纵观关于宋代教育思想的研究，以宋代理学家道德养成思想为题切入的研究少之又少。因此，尽管宋代理学家道德养成思想历史悠远，但是对于宋代理学家道德养成思想的研究仍有待推进。故此，本书立足于宋代理学家道德养成思想的历史梳理，将宋代理学家的著述（《周濂溪集》《邵雍全集》《张载集》《二程集》《王文公文集》《朱子语类》《朱子全书》等）以及《宋史》《建炎以来系年要录》《宋元学案》中有关其道德养成的思想摘录出来，以大量一手文献材料为基础，试图还原宋代理学家道德养成思想的本来面貌。

自北宋五子奠基以来，宋代理学家道德养成思想发展至今已历经千载。省思宋代理学家道德养成思想的影响因素可以发现，宋代理学家道德养成思想是在两宋时期生产力不断发展，商品经济繁荣，封建土地依附关系发生变化、经济重心转移的基础之上产生的。两宋时期中原王朝中央集权制的完善与巩固，迫切需要能够与之相适应的思想意识形态话语，宋代理学家道德养成思想是对两宋高度发展的农业经济、不断完善与巩固的封建中央集权制的适应，更是回应儒释道争鸣融合的需要。在继承先儒道德养成思想的基础之上，以两宋时期科学技术高度发展带来的人类自我认识能力提升的文化心态指引下对儒家道德的重构，而道德重构必须要关注两个基本点：其一是确立合社会发展、合人发展、合文化发展的道德目标；其二是构建尽可能完善的道德建设方式。而宋代理学家道德养成思想体系则较为完美地解决了这两个问题。

北宋时期，以周敦颐、邵雍、张载、二程、王安石为代表的宋代理学家试图为儒家思想构筑坚定的哲学基础，通过宇宙论、人性论的阐述构建其道德养成思想理论框架。北宋理学家不约而同地将人的道德养成置于宇宙万物之中，试图寻求道德养成的规律和逻辑，并提出"人之所以为人者，以有天理也""性情一也"的论断，又提出丰富而颇具开创性的道德养成原则与方法，如"物来顺应""敬义兼持""德以仁为主""德以礼为体"等；以朱熹、陆九渊等为代表的南宋理学家，运用严格的学术话语紧密构筑道德养成思想体系，使得宋代理学家道德养成思想不仅成为中国封建社会的主流思想和统治者的教化言说，更成为中国人修身立本的文化信仰。道德养成以"君子""圣人"为目标；以"尊德性""道问学"为核心内容；以事上磨炼、整齐严肃为践履举措；以"知行互发""其为有渐，其进有序"为原则与方法；以儒家文化与理学思想为主轴，适应时代变迁和社会文化要求，重视道德养成的实践品格；按照传统社会的伦理道德标准、行为规范而设计自我，追求儒家理想人格图式，实现个人道德养成与社会风气净化的双重目的。宋代文化不仅浸润本土，更将中国教育文化的影响辐射至当时的日本、朝鲜及南亚诸国。

宋代理学家道德养成思想特质鲜明。宋代理学家道德养成思想以"身心""内外""知行"等为主要论题，探讨人生根本问题，以"参赞天地之化育"的责任感关注人格尊严；"内圣外王"兼顾，重视社会效应；重视"躬行""事上磨炼"的实践品格；继承先儒的道德养成思想，以"纲常名教"为内容属性；圆融佛老，"致广大而尽精微"的学术魅力；多层面、多途径的道德养成思想传播体系以及宋代理学家道德养成思想对先秦儒学思想的继承与复兴。

宋代理学家道德养成思想影响深远。作为一种学术思想，它使得道德养成成为中国封建社会中后期教育的主要任务与个人发展的首要目标；道德养成成为维系社会稳定的重要手段，并在家庭、社会、国家等诸多层面影响了宋代社会、科学技术、文学艺术的发展；作为一种道德教育理论和中国教育传统，它以对道德精神核心的认同推动着中国古代民族交融、政权稳定，在提升民族凝聚力的同时辐射周边文化，推动东亚文化圈的形成。

宋代理学家道德养成思想存在的瑕疵难以掩盖其极强的时代价值与历史借鉴意义，具有"传统中的现代性"。宋代理学家的道德养成思想不仅在有宋一代，甚至对之后中国教育产生了影响。宋代理学家的道德养成思想以为人之学为思想指导，注重人在教育教学过程中的主动性、主体性与自觉性的培养，反对或以应试或以满足私欲或以沽名钓誉为标的。在进行道德养成的过程中，重视立志的引领作用，关注个性差异，因材施教，尊重个体生长发展规律，启发诱导，试图建设较为完备的道德养成思想理论体系尤其是方法论体系；重视内省穷理与躬行实践相结合，以知行并重、敬义兼持为原则，提出诸多影响当时荫庇后学的真知灼见。

"一种文化的活力不是抛弃传统，而是能在何种程度上吸收传统、再铸传统。"[①] 对教育文化传统的研究绝非孤立，需要从政治体制、经济形势、社会结构、思维方式等诸多方面考察，兼具横向研究各部分之间的相互联系，还需要追溯变迁轨迹才能窥其一斑。通过教育史的研究可获得有关中国教育传统、文化延续的基本认识，可以寻找中国教育文化的特色，这并非一人一时之力。

一个时代已经落下帷幕，但是这个时代的影响并未终结，因为对"内圣外王"理想人格的瞩目，对"敬义兼持""躬行实践"的生活本真的关注，对明伦肃纪的社会愿景的期盼以及天人一物、民胞物与的胸怀，依然是当今道德养成的旨归。宋代理学家道德养成思想不可能超越历史与时代的限制，不可能不加损益地适应一切社会、文化、政治的发展要求，不可能有一个一劳永逸的道德养成目标规定或道德养成方法论的体系构建。这是宋代理学家道德养成存在的问题，也是所有的德育存在的问题。正是在真理和永恒的不断探索中，才将道德养成发展到新的高度，这皆源于道德养成是促进个人发展、社会进步、民族进步、文化进步的永恒动力，以及包括宋代理学家道德养成思想在内的中国优秀教育传统所蕴含的"历史中的现代性"。

---

① 陈先达：《当代中国文化研究中的一个重大问题》，《中国人民大学学报》2009年第6期。

参考文献

马克思主义经典文献

中共中央马克思恩格斯列宁斯大林著作编译局编:《马克思　恩格斯　列宁　斯大林论宗教和无神论》,人民出版社1999年版。

《马克思恩格斯选集》第3卷,人民出版社2002年版。

《习近平谈治国理政》,外文出版社2014年版。

《习近平新时代中国特色社会主义思想三十讲》,学习出版社2018年版。

典籍

(战国)左丘明著,(晋)杜预注:《左传》,上海古籍出版社2016年版。

(汉)董仲舒著,张世亮等译注:《春秋繁露》,中华书局2018年版。

(汉)郑玄注:《礼记》,中华书局2015年版。

(汉)郑玄等注:《十三经古注》,中华书局2014年版。

(汉)许慎著,臧克和、王平校订:《说文解字》,中华书局2002年版。

(南朝梁)僧祐编撰,刘立夫、胡勇译注:《弘明集》,中华书局2011年版。

(北齐)颜之推著,檀作文译注:《颜氏家训》,中华书局2016年版。

(宋)程颐、(宋)程颢:《二程集》,中华书局1981年版。

(宋)李焘:《续资治通鉴长编》,中华书局2004年版。

(宋)沈括著,施适校点:《梦溪笔谈》,上海古籍出版社2015年版。

(宋)司马光编,邓广铭、张希清点校:《涑水记闻》,中华书局2017

年版。

（宋）司马光：《资治通鉴》，吉林文史出版社2016年版。

（宋）黎靖德：《朱子语类》，中华书局1986年版。

（宋）李心传撰，辛更儒点校：《建炎以来系年要录》，上海古籍出版社2018年版。

（宋）李心传撰，徐规点校：《建炎以来朝野杂记》，中华书局2016年版。

（宋）陆游：《老学庵笔记》，中华书局2016年版。

（宋）马端临著，上海师范大学古籍研究所、华东师范大学古籍研究所点校：《文献通考》中华书局2018年版。

（宋）王明清：《挥麈录》，上海书店出版社2009年版。

（宋）王之道著，沈怀玉、凌波点校：《〈相山集〉点校》，北京图书馆出版社2006年版。

（宋）文莹撰，郑世刚、杨立波点校：《湘山野录（续录）·玉壶清话》，中华书局1984年版。

（宋）徐梦莘：《三朝北盟会编》（附索引），上海古籍出版社2019年版。

（宋）朱熹、（宋）吕祖谦编，（宋）叶采等注，程水龙点校：《近思录》，上海古籍出版社2016年版。

（元）脱脱等：《宋史》，中华书局1977年版。

（明）黄绾：《明道编》卷一，中华书局1959年版。

（清）戴震著，何文先整理：《孟子字义疏证》，中华书局2018年版。

（清）顾炎武撰，阎文儒、戴扬本校点：《日知录》，上海古籍出版社2012年版。

（清）王夫之著，舒士彦点校：《读通鉴论》，中华书局2013年版。

（清）王先谦著，沈啸寰、王星贤整理：《荀子集解》，中华书局2012年版。

（清）徐松辑：《宋会要辑稿》，中华书局2014年版。

（清）颜元：《存学编（及其他一种）》，中华书局1985年版。

（清）赵翼著，王树民校证：《廿二史札记校证》，中华书局2016年版。

陈克明点校：《周敦颐集》，中华书局2019年版。

邓广铭点校：《陈亮集》，中华书局1985年版。

邓洪波校点：《张栻集》，岳麓书社2017年版。

郭彧、于天宝点校：《邵雍全集》，上海古籍出版社2016年版。

李之亮注译：《欧阳修集》，中州古籍出版社2010年版。

《陆九渊集》，中华书局2012年版。

《吕祖谦全集》，浙江古籍出版社2008年版。

马其昶校注：《韩昌黎文集校注》，上海古籍出版社2014年版。

《谭嗣同文集》，岳麓书社2018年版。

《王安石全集》，复旦大学出版社2016年版。

章锡琛点校：《张载集》，中华书局1978年版。

朱杰人、严佐之、刘永翔主编：《朱子全书》，上海古籍出版社·安徽教育出版社2002年版。

专著

蔡元培：《中国伦理学史》，中华书局2014年版。

蔡元培：《中国人的修养》，金城出版社2014年版。

陈独秀：《陈独秀文集》，人民出版社2013年版。

陈谷嘉、朱汉民主编：《中国德育思想研究》，浙江教育出版社1998年版。

陈谷嘉：《宋代理学伦理思想研究》，湖南大学出版社2006年版。

陈谷嘉：《张栻与湖湘学派研究》，湖南教育出版社1991年版。

陈鼓应注译：《庄子今译今注》，中华书局2016年版。

陈来：《宋明理学》，华东师范大学出版社2004年版。

陈来：《朱子哲学研究》，华东师范大学出版社2000年版。

邓广铭：《辽宋夏金史讲义》，中华书局2013年版。

邓洪波编著：《中国书院学规》，湖南大学出版社 2000 年版。

邓小南：《祖宗之法：北宋前期政治述略》，生活·读书·新知三联书店 2014 年版。

方东美：《新儒家哲学十八讲》，中华书局 2012 年版。

方克立：《现代新儒学与中国现代化》，天津人民出版社 1997 年版。

费孝通：《乡土中国　生育制度》，北京大学出版社 1998 年版。

冯友兰：《中国哲学简史》，赵复三译，生活·读书·新知三联书店 2009 年版。

葛兆光：《古代中国文化讲义》，复旦大学出版社 2012 年版。

葛兆光：《七世纪前中国的知识思想与信仰世界》，《中国思想史》第 1 卷，复旦大学出版社 1998 年版。

韩茂莉：《宋代农业地理》，山西古籍出版社 1993 年版。

胡杰、冯和一：《张栻经学与理学探析》，巴蜀书社 2015 年版。

黄书光：《理学教育思想与中国文化》，上海教育出版社 1993 年版。

黄书光：《中国社会教化的传统与变革》，山东教育出版社 2005 年版。

黄钊：《儒家德育学说论纲》，武汉大学出版社 2006 年版。

金观涛、刘青峰：《兴盛与危机：论中国社会超稳定结构》，法律出版社 2011 年版。

金良年：《论语译注》，上海古籍出版社 2004 年版。

李万健：《中国古代印刷术》，大象出版社 2009 年版。

李文：《东亚合作的文化成因》，世界知识出版社 2005 年版。

李泽厚：《论语今读》，生活·读书·新知三联书店 2008 年版。

李泽厚：《中国古代思想史论》，生活·读书·新知三联书店 2017 年版。

李致忠：《中国出版通史·宋辽西夏金元卷》，中国书籍出版社 2008 年版。

梁启超：《儒家哲学》，中华书局 2015 年版。

梁启超：《王安石传》，海南出版社 2001 年版。

梁漱溟：《东西文化及其哲学》，中华书局 2013 年版。

林崇德、杨治良、黄希庭主编：《心理学大辞典》，上海教育出版社 2003年版。

柳诒徵：《中国文化史》，中华书局2015年版。

吕思勉：《理学纲要》，商务印书馆2015年版。

罗国杰、夏伟东主编：《以德治国论》，中国人民大学出版社2004年版。

苗春德主编：《宋代教育》，河南大学出版社1992年版。

南怀瑾：《中国道教发展史略述》，人民东方出版传媒·东方出版社 2014年版。

潘富恩、徐余庆：《吕祖谦评传》，南京大学出版社1992年版。

钱穆：《中国历史精神》，九州出版社2012年版。

任继愈主编：《儒教问题争论集》，宗教文化出版社2000年版。

任剑涛：《伦理王国的构造：现代性视野中的儒家伦理政治》，中国社会科学出版社2005年版。

石训等：《宋代儒学与现代东亚文明》，河南人民出版社2003年版。

石训、朱保书主编：《中国宋代文化》，河南人民出版社2000年版。

司马云杰：《文化社会学》，中国社会科学出版社2001年版。

王凤贤、丁国顺：《浙东学派研究》，浙江人民出版社1993年版。

王棣：《宋代经济史稿》，长春出版社2001年版。

王凌皓主编：《中国教育史纲要》，人民教育出版社2013年版。

王凌皓：《继承与超越：先秦时期原创性教育思想研究》，吉林出版集团2015年版。

魏则胜：《道德建设的文化机制研究》，广东人民出版社2005年版。

杨伯峻译注：《论语译注》，中华书局2017年版。

杨伯峻译注：《孟子译注》，中华书局2018年版。

杨永亮：《近世视域下的宋代社会变革研究》，吉林人民出版社2017年版。

姚剑文：《政权、文化与社会精英——中国传统道德维系机制及其解体与当代启示》，吉林人民出版社2007年版。

衣俊卿：《文化哲学：理论理性和实践理性交汇处的文化批判》，云南人民出版社2001年版。

于述胜：《朱熹与南宋教育思潮》，山东大学出版社1996年版。

虞云国：《南宋行暮：宋光宗宋宁宗时代》，上海人民出版社2018年版。

翟博主编：《中国家训经典》，海南出版社2002年版。

张岱年主编：《中国哲学大辞典》，上海辞书出版社2014年版。

张君劢：《新儒家思想史》，中国人民大学出版社2006年版。

张世欣：《中国古代思想道德教育史》，浙江大学出版社2010年版。

张祥浩：《中国古代道德修养论》，南京大学出版社1993年版。

张秀民：《中国印刷术的发明及其影响》，上海世纪出版集团2009年版。

张耀灿等：《现代思想政治教育学》，人民出版社2006年版。

章柳泉：《南宋事功学派及其教育思想》，教育科学出版社1984年版。

周梦江、陈凡男：《叶适研究》，人民出版社2008年版。

周梦江：《叶适与永嘉学派》，浙江古籍出版社1992年版。

朱智贤主编：《心理学大词典》，北京师范大学出版社1989年版。

译著

［德］弗里德里希·包尔生：《伦理学体系》，何怀宏、廖申白译，中国社会科学出版社1988年版。

［德］康德：《实践理性批判》，韩水法译，商务印书馆1999年版。

［德］叔本华：《作为意志和表象的世界》，石冲白译，商务印书馆1982年版。

［古希腊］亚里士多德：《尼各马可伦理学》，廖申白译注，商务印书馆2011年版。

［美］狄百瑞：《儒家的困境》，黄水婴译，北京大学出版社2009年版。

［美］弗朗西斯·福山：《信任：社会美德与创造经济繁荣》，郭华译，广西师范大学出版社2016年版。

［美］马斯洛等著，林方主编：《人的潜能和价值》，华夏出版社1987

年版。

［美］田浩：《功利主义儒家：陈亮对朱熹的挑战》，姜长苏译，江苏人民出版社 2012 年版。

［美］约瑟夫·列文森：《儒教中国及其现代命运》，郑大华、任菁译，广西师范大学出版社 2009 年版。

［日］堺屋太一：《知识价值革命》，黄晓勇等译，生活·读书·新知三联书店 1987 年版。

［日］内藤湖南：《中国史通论》（上），夏应元等译，《内藤湖南博士中国史学著作选译》，社会科学文献出版社 2004 年版。

［英］卜道成：《朱熹和他的前辈们：朱熹与宋代新儒学导论》，谢晓东译，厦门大学出版社 2010 年版。

［英］亚当·斯密：《道德情操论》，焦维娅译，安徽教育出版社 2008 年版。

论文

白臣：《道德自觉论》，博士学位论文，河北师范大学，2014 年。

蔡春：《德性与品格教育论》，博士学位论文，复旦大学，2010 年。

陈根法：《德性与善》，《伦理学研究》2003 年第 3 期。

陈根法：《论德性的意义和价值》，《复旦学报》（社会科学版）2002 年第 2 期。

陈根法：《儒家诚信之德及其现代意义》，《南京政治学院学报》2002 年第 1 期。

陈海青：《德性视域下的美国当代品格教育研究》，博士学位论文，上海大学，2012 年。

陈先达：《当代中国文化研究中的一个重大问题》，《中国人民大学学报》2009 年第 6 期。

陈新专、符得团：《传统家训道德培育的当代启示》，《甘肃社会科学》2011 年第 5 期。

陈延斌、周斌：《当代美国中小学生道德养成的学校策略——托马斯·里克纳的理论与实践》，《齐鲁学刊》2007年第2期。

陈延斌、朱冬梅：《试论中西方未成年人道德养成教育的主要差异》，《道德与文明》2006年第5期。

程艳：《孔子德性伦理思想研究》，博士学位论文，南昌大学，2008年。

崔华前：《试析二程的德育方法》，《南京林业大学学报》（人文社会科学版）2005年第6期。

戴木才：《论德性养成教育》，《江西师范大学学报》（哲学社会科学版）2000年第3期。

邓广铭：《王安石在北宋儒家学派中的地位——附说理学家的开山祖问题》，《北京大学学报》（哲学社会科学版）1991年第2期。

邓名瑛：《论宋代理学发展的三个环节——兼评哲学史界关于宋代理学学派的一种划分》，《湖南师范大学社会科学学报》2004年第1期。

丁建军：《宋代教育发达原因探析》，《河北大学学报》（哲学社会科学版）2007年第4期。

丁静：《"二程"教化思想及其当代价值》，《贵州社会科学》2018年第2期。

丁为祥：《宋明理学对自然秩序与道德价值的思考》，《文史哲》2009年第2期。

董平：《论吕祖谦的历史哲学》，《中国哲学史》2005年第2期。

窦立春：《生态公民身份的伦理认同与德性养成》，《高等农业教育》2014年第8期。

杜华伟：《中国古代书院个体德性培育研究》，博士学位论文，中南大学，2012年。

杜时忠、程红艳：《"无德而富"与道德教育的根本性危机》，《华东师范大学学报》（教育科学版）2007年第1期。

杜时忠：《当前学校德育面临的十大矛盾》，《当代教育论坛》2004年第12期。

杜时忠：《全国德育理论重点课题研讨会综述》，《教育评论》1999 年第 2 期。

杜时忠：《制度比榜样更重要——新时期学校德育制度建设初探》，《人民教育》2001 年第 9 期。

杜时忠：《制度德性与制度德育》，《教育研究与实验》2002 年第 1 期。

范国睿：《教育生态系统发展的哲学思考》，《教育评论》1997 年第 6 期。

范国睿：《美英教育生态学研究述评》，《华东师范大学学报》（教育科学版）1995 年第 2 期。

方彦寿：《朱熹的"援佛入儒"与严羽的"以禅喻诗"》，《文艺理论研究》2009 年第 3 期。

冯丕红：《道德承续论》，博士学位论文，中南大学，2014 年。

冯友兰：《程颢、程颐》，《哲学研究》1980 年第 10 期。

冯友兰：《程颢、程颐（续）》，《哲学研究》1980 年第 11 期。

冯友兰：《从中华民族的形成看儒家思想的历史作用》，《哲学研究》1980 年第 2 期。

冯友兰：《论中国哲学遗产的继承问题》，《哲学研究》1965 年第 4 期。

冯友兰：《宋明道学通论》，《哲学研究》1983 年第 2 期。

冯友兰：《新理学的原形》，《哲学研究》1959 年第 1 期。

冯友兰：《再论中国哲学遗产底继承问题》，《哲学研究》1957 年第 5 期。

冯友兰：《朱熹哲学》，《清华大学学报》（自然科学版）1932 年第 2 期。

傅琳凯：《中国古代思想政治教育史研究》，博士学位论文，东北师范大学，2011 年。

高建立：《两宋时期"以儒摄佛"的思想暗流与传统儒学的新生》，《哲学研究》2006 年第 8 期。

高中建、孙嵩：《青少年同辈群体道德养成分析》，《教育探索》2009 年第 2 期。

郭芙蓉：《公民守法道德养成研究》，博士学位论文，南京师范大学，2013 年。

郭齐家：《弘扬中国文化，建设中华民族共有精神家园》，《北京科技大学学报》（社会科学版）2007 年第 4 期。

郭齐家：《论中国传统教育的基本特征及其现代价值》，《北京师范大学学报》（社会科学版）1995 年第 5 期。

郭齐家：《儒家的教育思想传统与未来教育》，《山西师大学报》（社会科学版）1999 年第 4 期。

郭齐家：《宋明理学道德教育思想散论》，《北京师范大学学报》1984 年第 3 期。

郭齐家：《中国传统教育精华与当今素质教育》，《江南大学学报》（人文社会科学版）2002 年第 1 期。

郭齐家：《中国传统教育哲学与全球伦理》，《教育研究》2000 年第 11 期。

郭娅：《宋代童蒙教育的主要特点》，《史学月刊》2001 年第 5 期。

郭忠羽：《宋代童蒙教育研究》，博士学位论文，福建师范大学，2012 年。

韩冬梅：《论大学生的道德养成教育》，《现代大学教育》2001 年第 5 期。

贺韧：《儒家传统道德教育思想探析》，博士学位论文，湖南师范大学，2016 年。

洪梅：《二程生态伦理思想研究》，博士学位论文，中南大学，2012 年。

黄书光：《教育现代化动变中的传统元素及其开掘》，《高等教育研究》2014 年第 12 期。

黄书光：《中国教育现代化变革的文化透视》，《教育发展研究》2017 年第 4 期。

黄心川：《"三教合一"在我国发展的过程、特点及其对周边国家的影响》,《哲学研究》1998 年第 8 期。

贾婕:《断裂的弥合:德育理论实践化的现实思考》,《教育理论与实践》2018 年第 19 期。

江畅:《论德性修养及其与德性教育的关系》,《道德与文明》2012 年第 5 期。

姜广辉:《论宋明理学与经学的关系》,《湖南大学学报》(社会科学版) 2004 年第 5 期。

姜锡东:《北宋五子的理学体系问题》,《文史哲》2007 年第 5 期。

金民卿:《传统文化中的道德养成路径及其当代价值》,《中国文化研究》2014 年第 4 期。

金其桢:《略论程朱教育思想对现代教育之借鉴》,《南京师大学报》(社会科学版) 1999 年第 5 期。

金昕:《美育与大学生人格养成》,博士学位论文,东北师范大学,2009 年。

瞿菊农:《中国古代蒙养学教材》,《北京师范大学学报》(社会科学版) 1961 年第 4 期。

孔妮妮:《居乡状态中的南宋理学士人——以朱熹为辐射中心的群体探讨》,《学术月刊》2012 年第 2 期。

雷结斌:《我国社会转型期道德失范问题研究》,博士学位论文,南昌大学,2013 年。

李娟:《宋代理学语录的勃兴与传播》,《兰州学刊》2012 年第 9 期。

李明友:《吕祖谦的理学思想》,《浙江大学学报》1992 年第 1 期。

李太平、黄洪霖:《方法论的思考:宋明理学道德教育论及其启示》,《湖北大学学报》(哲学社会科学版) 2017 年第 3 期。

李泽厚:《孔子再评价》,《中国社会科学》1980 年第 2 期。

梁君:《由思想而行动——南宋理学家伦理实践研究》,博士学位论文,上海师范大学,2012 年。

林建华:《论朱熹教育思想体系的生成与建构》,博士学位论文,福建师范大学，2010年。

林英典：《论青少年的养成教育》，《教育探索》2003年第1期。

刘芳、赵继伦：《德性养成的价值分析》，《学习与探索》2013年第8期。

刘芳：《论德性养成》，博士学位论文，东北师范大学，2013年。

刘华荣：《儒家教化思想研究》，博士学位论文，兰州大学，2013年。

刘胜梅、陈延斌：《道德养成、道德内化及其对未成年公民道德建设的启示》，《南京林业大学学报》（人文社会科学版）2007年第2期。

刘文波：《王安石伦理思想及其实践研究》，博士学位论文，湖南师范大学，2004年。

刘晓玲、黎娅：《岳麓书院批判性思维培养途径及其现代意义》，《现代大学教育》2015年第3期。

鲁洁：《边缘化 外在化 知识化——道德教育的现代综合症》，《教育研究》2005年第12期。

鲁洁：《道德教育：一种超越》，《中国教育学刊》1994年第6期。

鲁洁：《道德危机：一个现代化的悖论》，《中国教育学刊》2001年第4期。

鲁洁：《回归生活——"品德与生活"、"品德与社会"课程与教材探寻》，《课程·教材·教法》2003年第9期。

鲁洁：《教育的返本归真——德育之根基所在》，《华东师范大学学报》（教育科学版）2001年第4期。

鲁洁：《生活·道德·道德教育》，《教育研究》2006年第10期。

鲁洁：《实然与应然两重性：教育学的一种人性假设》，《华东师范大学学报》（教育科学版）1998年第4期。

鲁洁：《试论德育之个体享用性功能》，《教育研究》1994年第6期。

鲁洁：《行走在意义世界中——小学德育课堂巡视》，《课积·教材·教法》2006年第10期。

鲁洁：《再论"品德与生活"、"品德与社会"向生活世界的回归》，

《教育研究与实验》2004 年第 4 期。

鲁洁：《转型期中国道德教育面临的选择》，《高等教育研究》2000 年第 5 期。

鲁洁：《做成一个人——道德教育的根本指向》，《教育研究》2007 年第 11 期。

罗坚：《论儒家"知止"原则与中国社会精神主体的建构》，《湖南师范大学社会科学学报》2007 年第 2 期。

毛锡学等：《宋代功利主义思想研究》，《河南大学学报》（社会科学版）1993 年第 4 期。

明成满：《中国古代家庭德育环境及其当代启示》，《教育学术月刊》2017 年第 6 期。

聂立清：《我国社会转型与道德教育目的的嬗变》，《教育探索》2008 年第 7 期。

彭永捷：《论儒家道统及宋代理学的道统之争》，《文史哲》2001 年第 2 期。

冉华：《"援佛入儒"：缔造文化传播的新格局——传播视野下的梁漱溟思想研究》，《学术交流》2015 年第 7 期。

施常州：《传统道德教育内涵的当代解读与传承：以宋代理学为例》，《南京师大学报》（社会科学版）2015 年第 3 期。

石中英：《孔子"仁"的思想及其当代教育意义》，《教育研究》2018 年第 4 期。

宋若涛：《论南宋理学家陈亮的"明"思想》，《河南大学学报》（社会科学版）2004 年第 4 期。

宋志明：《论宋代理学二重人性论的演化》，《东岳论丛》2011 年第 1 期。

孙彩平：《传统与意义建构——一个时间哲学的视角》，《教育研究与实验》2015 年第 3 期。

孙彩平：《知识·道德·生活——道德教育的知识论基础》，《教育研究与实验》2012 年第 3 期。

孙喜亭：《学生德性或德行能由内而外地生成吗?》，《北京师范大学学报》（人文社会科学版）2000 年第 6 期。

孙燕青：《文化自觉与文化自信视野下的传统文化定位》，《哲学动态》2012 年第 8 期。

谭明冉：《外在规范和道德意识自觉在德性养成中的作用》，《社会科学研究》2002 年第 2 期。

檀传宝：《德性只能由内而外地生成——试论"新性善论"及其依据，兼答孙喜亭教授》，《清华大学教育研究》2001 年第 3 期。

檀传宝：《德育形态的历史演进与现实价值》，《教育研究》2014 年第 6 期。

檀传宝：《合乎道德的教育与真正幸福的追寻——当代中国教育的伦理思考》，《课程·教材·教法》2015 年第 8 期。

檀传宝：《中国教育的缺失》，《教育发展研究》2015 年第 6 期。

唐凯麟、刘铁芳：《价值启蒙与生活养成——开放社会中的德性养成教育》，《教育科学研究》2005 年第 2 期。

田建平：《宋代书籍出版史研究》，博士学位论文，河北大学，2012 年。

王丹：《传统家训文化中的德育思想及其现代意蕴》，《思想政治教育研究》2018 年第 1 期。

王东莉：《德育人文关怀与青少年德性养成》，《当代青年研究》2007 年第 10 期。

王金华：《论大学生道德养成教育的目标与内容》，《理论月刊》2008 年第 12 期。

王凌皓、王晶：《先秦儒家礼教思想的历史定位及现代镜鉴》，《社会科学战线》2015 年第 4 期。

王凌皓、杨冰：《先秦原创性教育思想的创生机制探析》，《东北师范大学学报》（哲学社会科学版）2012 年第 5 期。

王睿：《〈大学〉义理及现代启示》，《现代教育科学·高教研究》2011

年第 1 期。

王睿、王凌皓:《宋代理学家道德养成教育思想的理论与实践探赜》,《思想政治教育研究》2020 年第 6 期。

王睿、王凌皓:《朱熹的道德养成思想研究——基于其童蒙教材与读物的分析》,《古籍整理研究学刊》2017 年第 6 期。

王善:《试论王安石"性命道德之理"的思想教育意义》,《人民论坛》2015 年第 17 期。

王晓龙:《略论宋代理学教育传播的特点》,《云南社会科学》2004 年第 2 期。

王晓龙等:《宋代书院教育与宋代理学的传播》,《贵州社会科学》2005 年第 1 期。

王曾瑜:《宋史研究的回顾与展望》,《历史研究》1997 年第 4 期。

韦胜:《养成教育浅析》,《广西社会科学》1995 年第 1 期。

魏莉莉:《从养成教育之标准看学校教育》,《当代青年研究》2004 年第 5 期。

魏艳枫:《生命与永恒——程朱理学与印度吠檀多不二论哲学比较》,博士学位论文,浙江大学,2013 年。

温海明:《从认识论角度看宋明理学的哲学突破》,《中山大学学报》(社会科学版)2010 年第 2 期。

吴光:《从道德仁学到民主仁学——儒家仁学的回顾与展望》,《社会科学战线》2014 年第 10 期。

吴晓蓉:《法治实践中的德性研究》,博士学位论文,中南大学,2011 年。

夏锋:《人的文化存在与思想政治教育创新研究》,博士学位论文,山东师范大学,2014 年。

向世陵:《宋代理学的"性即理"与"心即理"》,《哲学研究》2014 年第 1 期。

肖永明:《事实与建构:"朱张会讲"叙述方式的演变》,《湖南大学学报》（社会科学版）2018 年第 1 期。

徐莹：《生态道德教育实现方法研究》，博士学位论文，山东师范大学，2013 年。

徐浙宁：《微观的养成教育：个体的自我发展与自我整合》，《当代青年研究》2004 年第 5 期。

鄢本凤：《思想政治教育面临的现代困境与超越》，《思想教育研究》2006 年第 10 期。

鄢健江：《朱熹养成教育思想探析》，《道德与文明》2006 年第 3 期。

杨雄：《养成教育与青少年发展》，《当代青年研究》2004 年第 5 期。

杨洋：《宋明理学及其发展脉络》，《云南社会科学》2007 年第 2 期。

杨玉荣：《中国近代伦理学核心术语的生成研究——以梁启超、王国维、刘师培和蔡元培为中心》，博士学位论文，武汉大学，2011 年。

尧新瑜：《主体精神：陆九渊道德教育理论的本真意蕴》，《华东师范大学学报》（教育科学版）2003 年第 4 期。

叶志衡：《援佛入儒，以佛疗伤——论柳宗元习佛的动因与目的》，《南京师大学报》（社会科学版）2007 年第 1 期。

殷慧：《论湖湘教育思想与精神》，《湖南大学学报》（社会科学版）2013 年第 6 期。

殷慧：《宋代理学教育视野中的〈四书〉教学》，《大学教育科学》，2012 年第 2 期。

于述胜、王全文：《论宋代理学教育哲学的本质主义特征》，《青海师范大学学报》（哲学社会科学版）2003 年第 2 期。

喻嘉乐、顾青青：《现代信任转向中思想政治教育的困境及其超越》，《思想教育研究》2014 年第 2 期。

袁芳：《新时代立德树人的生成逻辑》，《思想理论教育》2019 年第 5 期。

翟振明：《价值理性的恢复》，《哲学研究》2002 年第 5 期。

张劲松：《张栻在宋代道学中的宗主地位及其影响》，《四川师范大学学报》（社会科学版）2014年第3期。

张俊相：《论中国古代童蒙的道德养成》，《理论探讨》2007年第3期。

张俊相：《〈周易·蒙卦〉的童蒙道德养成观》，《伦理学研究》2008年第1期。

张苗苗：《习近平关于教书育人的重要命题》，《思想教育研究》2019年第4期。

张晓婧：《中国传统书院的仪式教育活动及其现代价值》，《高教探索》2016年第6期。

张学强：《以道德化的政府推行社会教育——理学社会教育实施的一种思路》，《华东师范大学学报》（教育科学版）2004年第1期。

张雪红：《传播与转型：走向生活世界的宋代社会教化研究》，博士学位论文，华东师范大学，2010年。

张勇：《朱熹理学思想的形成与演变》，博士学位论文，西北大学，2008年。

张玉璞：《宋前儒佛道三教关系论述》，《齐鲁学刊》2011年第2期。

章启辉：《试论二程性理合一的道德学说》，《齐鲁学刊》1998年第6期。

章羽：《非理性在个体道德养成中的作用》，博士学位论文，复旦大学，2008年。

周光华：《孔孟儒学与"玄学"及宋代理学的区别》，《管子学刊》2012年第3期。

周勇：《知识、教化与欲望——中国十一世纪的教育话语》，博士学位论文，华东师范大学，2002年。

朱道忠：《论周敦颐的道德教育伦理思想》，《求索》2001年第4期。

朱舸：《北宋社会经济的再认识——以军事财政与全国性市场为中心》，博士学位论文，首都师范大学，2013年。

朱鸿军、季诚浩：《经筵会讲：一种中国本土的政治传播仪式及其演变》，《现代传播》2016年第10期。

朱家安：《德育生态论》，博士学位论文，华中师范大学，2008年。

朱永新、赵振杰：《习惯——教育学意义上的重新解读》，《当代教育论坛》2003年第9期。

邹广文、杨景玉：《新时代教育如何立德树人》，《人民论坛》2019年第6期。

后　记

　　对宋代理学家道德养成思想的历史描摹，其实是我最不擅长也最不敢尝试的领域。作为一名教育史学人，最令我难以起笔的，就是宋代理学家们；宋代理学家们的思想中，最让我难以起笔的，就是宋代理学家的道德养成思想。然而，博士期间，我磕磕绊绊却尽力描摹宋代理学家的道德养成思想系统全貌，希望能够从意义隽永却常常令人忽略的角度来透视宋代理学家道德养成思想。

　　我无比崇拜那些能够将中国教育、中国文化的历史讲述得透彻又简明的人，因为他们可以用自己优雅的话语再现中国教育的历史；我又无比羡慕那些能够用极深、极严密的哲学思考构筑教育话题的人，因为他们为人类对教育的思索拓展了高度。我自问没有这样的才情与聪慧。所以我希望以最基础的工作、最扎实的思考来实现对宋代理学家道德养成思想的挖掘与思索。

　　我从来没有离那些深刻影响了中国教育、中国人气质性格的教育思想家如此近过，我翻阅查阅宋代理学家的思想典籍，在一行行由右及左的繁体字中寻找能够承载他们道德养成思想的碎片；在不断将这些碎片拼凑起来的过程中，我仿佛看到了濂溪先生推演五行理气以对性命道德有所认识；仿佛看到了百源先生"德气粹然""高明英达"的翩翩气度；仿佛看到了横渠先生吟诵"为天地立心，为生民立命，为往圣继绝学，为万世开太平"的磅礴气势；仿佛看到了明道先生光风霁月、伊川先生气质刚方；仿佛看到了晦庵先生"居家则寒泉谈经、武夷授课、沧州讲学，外任则白鹿书院、漳州道院、岳麓书院，随政兴学，门人弟子遍布天下"的道德养成实践；仿佛看到了象山先生"心即理""代天理物"的豪迈自信……他们的思想流经两宋、明清，最终汇聚成影响中国人道德修养和民族气质的重要内容。

事实证明，这是我人生一段最精彩而又最深刻的修行。然而这场精彩的精神之旅的背后，有着许多为我提供帮助的人。

我要感谢授业恩师王凌皓教授，我学业的点滴进步离不开王老师的殷殷教诲。感谢高英彤教授提供的真诚指导。感谢曲铁华教授、柳海民教授、杨兆山教授、王小英教授、黄书光教授、杨晓教授对本研究给予的富有价值的建议。老师们勤勉严谨的学术精神、深厚的学术底蕴令我受益颇深。

感谢在研究中与我并肩同行的朋友、同学和同事们，感谢霍东娇博士在本书撰写过程中提供的帮助。

感谢中国社会科学出版社，感谢编辑孙萍老师，为本书的出版所提供的帮助与支持。本书作为黑龙江省哲学社会科学研究规划项目"我国教师教育制度变迁研究（1949—2020）"（20EDC194）以及哈尔滨学院青年博士科研启动基金项目"宋代理学家道德养成思想研究"（HUDF2021101）研究成果，在出版过程中得到相关单位支持，在此一并感谢！

感谢我的家人，他们从不吝啬付出，也从未计较回报。他们的爱和期待是我前进的最大动力。

我将本书的出版作为一个重要节点——既是我博士阶段的研究成果之一，也是将成为我未来从事教育史研究的基础，我会带着这份感恩，踏实诚恳地投入教育史研究和教学工作中，将这一段精彩和深刻的修行持续下去。

王　睿

2024年1月于哈尔滨